帝國瑰色

张程 著

那些邂逅政治的紅顏

ZHEJIANG UNIVERSITY PRESS
浙江大学出版社

目录

浣纱女——春秋争霸和西施的牺牲

清晨，"踏踏"的马蹄声打破了苎萝山脚下的宁静，穿过轻纱般的雾霭，避开丝丝飘垂的柳枝，一位大夫骑着高头白马来到小溪旁。静静的溪水边有一位清纯秀丽的少女，一头飘逸的秀发遮盖不住俊俏的脸庞，一双纤纤玉手在碧波中划荡着层层舒展开的白纱。"多么美丽的女子啊！"大夫的赞美声惊动了浣纱的少女，她回头看到一位成熟英俊的大夫骑着白马，缓缓来到跟前……

这是越国大夫范蠡和浣纱女西施的第一次见面。范蠡发现了西施，并把她带到了国都，带进了吴越争霸的历史舞台。

金屋娇——皇恩多变和汉武帝的四段感情

汉武帝刘彻一生爱过四个女人：年幼的刘彻曾扬言要娶表姐陈阿娇为妻，还要盖一座金屋子把阿娇藏起来，最终陈阿娇却被贬至长门宫，忧郁而终；第二位皇后卫子夫家奴出身，深得刘彻宠信几十年，最终却以三尺白绫自缢身亡；李夫人因为一句"北方有佳人"而集三千宠爱于一身，却红颜薄命，家族倾覆；钩弋夫人陪伴了晚年的刘彻，并生下了继承人刘弗陵，却被刘彻勒令自尽。为什么刘彻爱她们，却又无情地伤害她们呢？

汉宫怨——权力重压和汉宣帝的爱情挣扎

当一个人获得荣华富贵的时候，贫贱时期的爱情会不会变质呢？从囚徒戏剧性地跃升为皇帝的汉宣帝刘病已就面临着内心真爱和强大权力压力

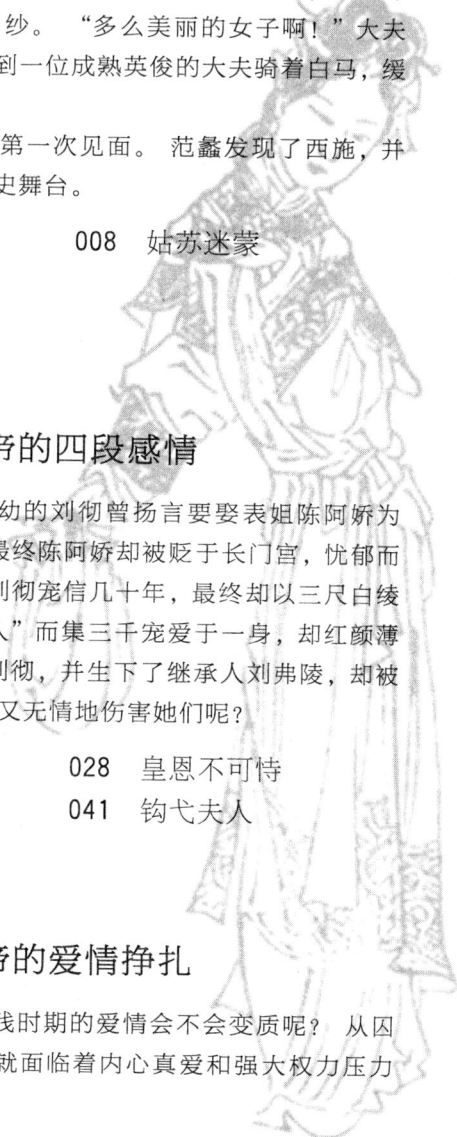

的抉择：一边是权臣强加的爱人，一边是贫寒时期的爱人。 作为一个立足未稳、受权臣掣肘的弱势皇帝，不管选择哪一个，刘病已都注定要付出沉重的代价。

双飞燕——深宫姐妹和汉成帝的绝嗣事件

鸿嘉元年（公元前 20 年）的一天，阳阿公主家来了一位贵客，家养的舞女赵飞燕照例要歌舞助兴。 赵飞燕不知道自己跳得好不好，她只看到座上那位年轻的客人自始至终一直死死盯着自己看，看得卑微怯弱的赵飞燕心里直发毛。 当天晚上，赵飞燕就被人从阴暗狭小的住所强行带走，跟跟跄跄地赶赴长安城内那座有高大围墙和被众多禁军把守森严的宫殿。 而在宫殿里，帅气的汉成帝刘骜正在焦急地等待着舞女赵飞燕的到来。

洛神赋——佳人才子和历史的误会

204 年，袁绍大本营邺城陷落。 血气方刚的曹丕提着宝剑冲进了袁府，在瑟瑟发抖的袁家女眷中发现了国色天香的甄宓，当时她还是袁家的媳妇。 曹丕和甄宓男有情女有意，原本可以成为美好的一对，却在短暂的恩爱之后以曹丕赐死甄宓的悲剧告终。 后人将可怜的甄宓和同样受到曹丕迫害的曹植联系了起来，演绎出了虚假却安慰人心的"绯闻"。 一纸《洛神赋》更为此情增添了若干真实的色彩。

中唐乱——女主乱国和唐中宗的家庭悲剧

唐中宗李显很特别。 他两次被立为太子，两度登基当皇帝；他的父亲、儿子、弟弟、侄子都是皇帝。 更加特别的是，他的母亲也是皇帝，而且是中国唯一的女皇帝——武则天。 强势而可怕的母亲塑造了李显悲剧性的一生。 更可怕的是，李显的妻子韦后和女儿安乐公主也想当女皇帝，正是这两个自己爱着的女人最终要了李显的命。

长恨歌——开元盛世和唐玄宗的自娱自弃

　　一曲《长恨歌》以欢宴长生殿、赐浴华清池开始，极力渲染了开元盛世的奢华富庶，更将唐玄宗李隆基和贵妃杨玉环的恩爱厮守烘托得入木三分。不想，皇帝和贵妃的恩爱只持续了十几年时间，便被安史之乱的外力打断了。 仓皇逃往途中，杨贵妃被唐玄宗赐死，唐玄宗则被帝国抛弃、孤身逃避四川，而他一手缔造的开元盛世也应声倒塌。 《长恨歌》只留下了绵绵无绝期的遗恨，长生殿上空余当年欢歌宴舞的回忆……

相见欢——南唐情迷和后主李煜的爱情往事

　　964 年，一个空气中弥漫着暗暗花香的月夜，金陵南唐宫廷走廊上响起了一串清脆急促的脚步声。 15 岁的周女英兴奋而胆怯地向御花园跑去，心中那头欢悦的小鹿撞得她娇柔的身躯轻微发抖。 前方，她的梦中郎君也是她姐夫的南唐后主李煜，正在明月底下花香深处迎接她的到来。 这段早熟而危险的爱情，将会赐予李煜和周女英的是幸福还是灾祸呢？

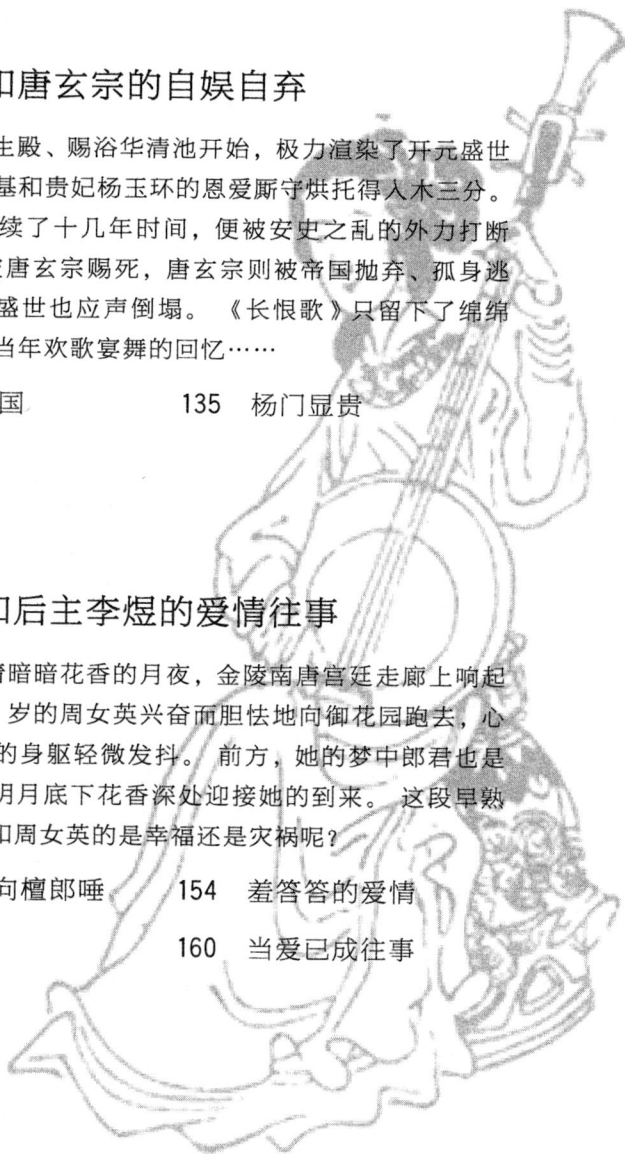

宫人累——宫廷对食和魏忠贤的兴衰沉浮

深宫高墙之内，宫女太监们看似锦衣玉食，生活无忧，但他们精神生活空虚，孑然一身，百无聊赖。"无性婚姻"就在其中滋生开来。宫女与太监之间，相互慰藉，共同生活，形同夫妻。从汉朝开始，这种被称为"配对"或者"对食"的假婚姻就遭到了宫廷的明令禁止，因此只能在暗地里进行。在深宫暗处，太监和宫女们借此熬过了漫漫的惨淡春秋……

明熹宗天启年间，一个太监和皇帝奶妈的"配对"，掀起了帝国的轩然大波。

圆圆曲——清军入关和陈圆圆的身世之谜

"冲冠一怒为红颜"，短短的 7 个字引发后人对陈圆圆与吴三桂故事的种种猜测。两人的爱情被明末清初的乱世推着往前走，难以自制。吴三桂看似手握重兵，可以决定自己的命运，但在起义军和清朝铁骑的双重压力下选择的余地越来越小，最后剃发降清；陈圆圆是一个歌姬，被作为一件工具从苏州带到北京，进出皇宫，跟随吴三桂行走了大半个中国，最后不知所终。抹去历史的尘埃，乱世已经远去了，但两人的爱情传说却愈演愈烈。

忆美人——爱不由己和顺治帝的出家之谜

顺治皇帝福临从母亲孝庄太后口中知道了爱妃董鄂妃的死讯，当时他刚刚从西山为董鄂妃祈福归来。太后话音刚落，顺治就晕倒在地。宫中一阵忙乱过后，顺治缓缓醒来，站起身来，突然要拔刀自刎，周边的太监赶紧拦住。顺治又冲着墙撞去，又被太监们团团围住。生已无趣，求死又不得，年轻的皇帝咆哮着，痛不欲生……

接下来的两天中，顺治一直在寻死。 因为这个世界上他最爱的人已经不在了。

叔嫂情——同治中兴和慈禧的掌权之路

隆裕太后曾对弟弟德锡说："其实老太后（慈禧）并不快乐，她的难处是我们外人想不到的。 就像宫里很多人都传言老太后并不喜欢我一样，其实再怎么说我也是老太后的亲侄女，有些事情还是我们自己家的人亲呢！ 这些日子，老太后有时候突然就会跟我唠叨一些她的过去。""不快乐"的慈禧太后的过去，是在一个个谋权的施展和与一个个搭档的合作与斗争中度过的。她把持朝政将近五十年，小叔子恭亲王奕䜣是慈禧前期最重要的合作伙伴。

珍妃井——晚清乱局和光绪皇帝的情感悲剧

光绪皇帝和隆裕皇后的新婚之夜，心情坏到极点的光绪一下扑在表姐隆裕的怀里，号啕大哭。 他对隆裕说："姐姐，我永远敬重你，可是你看，我多为难啊！"从在襁褓之中到走向坟墓，光绪皇帝从来就不能自己做主，一切都是被慈禧安排好的或者是投慈禧所好而为之。 唯一一次光绪皇帝想振作图强的维新变法，却导致了慈禧和光绪关系的彻底恶化。 光绪皇帝最后几年的悲惨生活从此开始了。

后记　中国历史的男尊女卑　280

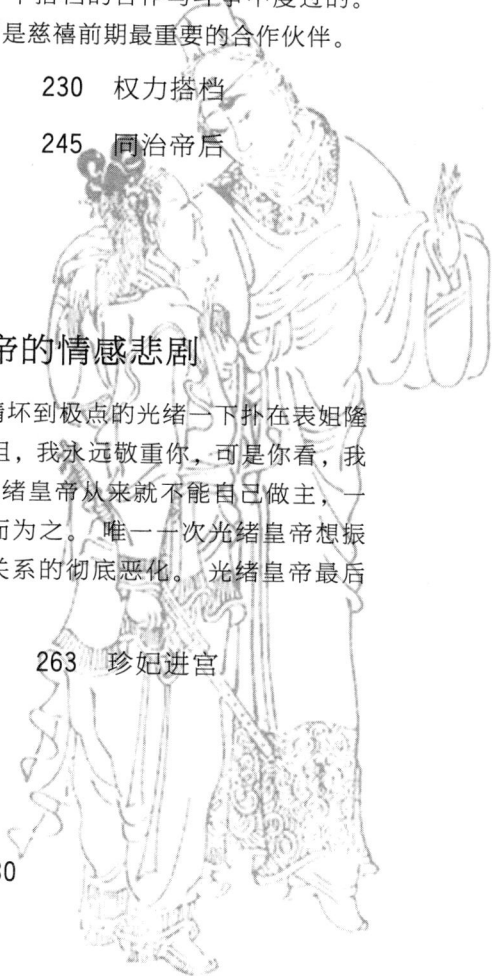

帝国瑰色

浣纱女——春秋争霸和西施的牺牲

诸暨有女名西施

姑苏迷蒙

江湖过眼

诸暨有女名西施

一

西施姓施，传说名字叫做夷光，世居诸暨苎萝山。苎萝山有东、西两个村子，施夷光住在西村，所以被叫做西施，意思是住在西村的施家女儿。西施父亲卖柴，母亲浣纱，家境贫寒，但西施天生丽质，倾国倾城，连皱眉抚胸的病态都被东村的施姓女子仿效，还发生过"东施效颦"的笑话。

相传西施在溪边浣纱时，水中的鱼儿也被她的美貌吸引，看得发呆，忘记游水沉入水底。于是，后世用"沉鱼"来形容女子的美貌，西施也因此与王昭君、貂蝉、杨玉环并称为中国古代四大美女，成为美的化身和代名词。四大美女都拥有"闭月羞花之貌，沉鱼落雁之容"。而沉鱼落雁闭月羞花，沉鱼为先，所以四大美女，西施居首。

当然这些都是后话，在当时西施只是村子里若干浣纱少女之一，清晨踩着露珠去西边浣纱，劳作之后哼着轻快的歌声结伴回家。秀丽的美女、轻柔的细纱、纯净的溪水，三者在苎萝山的美景映衬下动静一致，多像一幅美丽的山水画。如果西施终身都在溪边浣纱，倒不失为平静圆满的一生。可是，西施的美貌在那个村子旁响彻清脆马蹄声的上午，引起了路过的越国大夫范蠡的注意。那是个普通的日子，马背上的大夫和溪水边的少女四目相对。西施的命运从此改变了。

范蠡找到了西施的父母，拿出"百金"，希望能够带走西施。

父母恭敬而惶恐地看着峨冠博带的范蠡，又偷偷看看一旁的女儿。西施羞涩地低着头，好奇地偷偷瞄了范蠡几眼，脸上渐渐出现了红晕。父母见状，狠狠心，同意范蠡带走西施。

范蠡表示感谢，他用平静稳重的语言向两位家长保证，一定照顾好西施，不会让伤痕和痛苦出现在她身上。

就这样，西施离开了故乡。对于西施来说，她是跟着一位成熟稳重、值得信赖的大夫离开了家乡。怀着少女特有的美好憧憬，西施对这位大夫萌生了情愫。在西施父母的乡亲们看来，浑身散发着乡土气的西施撞了大运，正要拥抱光明的前途。贫穷的乡村能给予子女的最大机会，就是放手让他们到外面去闯荡。

对于范蠡来说，他是为了心中的一个宏大志向来完成国君勾践交代的任务——尽管才子爱佳人，他也对纯洁青春的西施暗生爱慕之心。可心中的志向让包括范蠡在内的越国男儿们义愤填膺、热血沸腾。那就是：报国复仇！

范蠡不是越国本地人，而是楚国宛（今河南南阳地区）人。他出身于平民家庭，却志向不凡，想成就一番惊天伟业。春秋时期还是贵族政治当道的时候，当官办事先看出身。平民子弟只能夹着尾巴从最底层干起，沉默着等待机会的降临。才华横溢的范蠡不吃这一套，总喜欢指点江山，品评人物，结果招人厌恶。结果范蠡在楚国处处碰壁，还被同胞看成是疯子。他觉得在楚国没有出头之日，便离开了楚国来到越国。到了越国，范蠡没有马上高调地指点江山，而是沉寂了几年。就像潜伏的猎豹等待猎物出来一样，范蠡也在静候机会的到来。

越国和北方邻国吴国是夙敌。周敬王二十六年（公元前494年），吴王夫差与越王勾践在夫椒（今江苏太湖中洞庭山）决战。勾践大败，只带着5000名残兵败将逃入会稽山。

越国到了危急存亡时刻，范蠡却认定这是自己大展宏图、施展平生抱负的大好时机。范蠡在勾践穷途末路之际投奔其麾下，献上了"卑辞厚礼，乞吴存越"之策。这无异于雪中送炭，勾践依计而行，忍气吞声、卑躬屈膝地向夫差投降讨饶。夫差提出了苛刻的受降条件，包括惩罚性的赔款、解散越军、拆除城池、吴国监督越国行政等，还要求勾践去吴国当人质。议和后，勾践心灰意冷，范蠡又向勾践慷慨陈述"越必兴、吴必败"，建议勾践"屈身以事吴王，徐图转机"。 于是，范蠡被拜为上大夫，陪同勾践夫妇在吴国做了三年奴隶。 他忍受了常人难以忍受的屈辱、艰难和困顿，还要时常劝慰一同身处逆境的勾践夫妇："忍以持志，因而砺坚，君后勿悲，臣与共勉！"疾风知劲草，板荡见忠臣，范蠡由此成了勾践的股肱之臣。 三年后归国，范蠡与同样从楚国逃到越国的文种拟定了兴越"灭吴九术"。

这"灭吴九术"是越国的国家战略，决定了当时越国人的命运。它自然和西施的命运息息相关，那么它究竟有什么内容呢？ 第一是要有越国必胜的信心。 第二是赠送吴王夫差奢华财物，既让吴国信任越国，疏于防范，又让吴王夫差习于奢侈，丧失锐气。 第三是先向吴国借粮，再用蒸过的大谷归还。 吴王夫差见越谷粗大，就发给农民当谷种，结果第二年长不出稻谷，导致吴国大饥。 第四是进献吴王夫差美女，让他迷恋美色，不理政事。 第五是向吴国输送能工巧匠、巨石大木，引诱吴王夫差大起宫室高台，空耗国家财力和民力。 第六是贿赂吴王夫差左右的奸臣，败坏吴国朝政。 越国选中的奸臣是伯嚭。 第七是离间吴王夫差和忠臣的关系。 这个忠臣主要是伍子胥。 伍子胥是吴国灭越战争的主将，是对越强硬分子，被勾践君臣视为眼中钉肉中刺。 第八是越国积蓄粮草，充实国力。 第九是铸造武器，训练士卒，寻找良机攻吴灭吴。 文种和范蠡在吴越争霸过程中，提出了一整套现实到惊人、坦白得不能再坦白的外交计划，可以说到了不择手段的地步。 千年后意大利的马基雅维利如果能够看到文种、范蠡的思想和实践，一定会认为发现了远古的知己。

在这宏伟计划中，进献西施迷惑吴王夫差和越王勾践在吴国违心品尝吴王夫差的粪便一样，只是一个小战术而已。

二

西施就是在这股报国复仇的大潮中，跟随范蠡，来到了越国的都城会稽（今浙江绍兴）。

西施看到的会稽城是一座蠢蠢欲动的火山。 吴国不允许越国的首都有防御设施，会稽城就只有城墙而没有城门，城里的越国人都枕戈待旦。 驻留会稽负责监督越国的少数吴国军队能明显感受到越国的仇视情绪，尽管越国人表面上都对吴国毕恭毕敬。 越王勾践带头卧薪尝胆的故事就不用说了，根据南北朝时期的《拾遗记》卷三记载，当时越国执行了一套无所不用其极、极为周密、可行的复仇计划：

> 越谋灭吴，蓄天下奇宝、美人、异味进于吴。得阴峰之瑶、古皇之骥、湘沉之蝉。杀三牲以祈天地，杀龙蛇以祠山岳。娇以江南亿万户民，输吴为佣保。越又有美女二人，一名夷光，二名修明，以贡于吴。

最后一句说到的两个美女，"夷光"就是西施，"修明"则是另一个美女郑旦的别名。 越国挑选了许多美女，最后选中她们两位进行培训。

西施以为是跟随范蠡出来过好日子的，不想却要接受早已安排好的角色，去吴国充当美女间谍。 这不是年少的西施预想的生活。 范蠡平静而郑重地向西施述说吴国的罪恶、越国受到的摧残，说到越军大败、君臣受辱时，范蠡强忍着热泪，说到全民动员、勒紧裤腰带复仇时，范蠡的语气变得坚毅了许多。 按照他的逻辑，复仇大业人人有责，西施也应该为国献身。 说到这儿的时候，范蠡的心隐隐痛了一下。 一开始，他是抱着寻找美女间谍的目的找到西施的。 但西施的青春美貌和纯真无邪，让范蠡犹豫了，是否要让这么纯洁的少女执行那么肮脏罪恶的任务呢？ 若干的犹豫最后被热切的复仇激情制止了，范蠡被自己的说辞说服了：报国大业，人人有责，况且舍生取义也是一件光荣的事。

其实，范蠡是被自己雄心勃勃的抱负说服了。 他认定西施能帮助自己建立名垂青史的功业。

范蠡的眼泪、恳切之语和爱国之情，传染给了西施。 她相信范蠡，才孤身一人走出乡村。 她更相信成熟稳重的范蠡能给自己带来美满的未来。 相处的日子里，西施越来越喜欢范蠡。 范蠡说要向吴国报仇，西施就相信要报仇；范蠡说报仇是每个越国人的责任，西施就认为自己也要为复仇大业作出牺牲。 只是，范蠡要求西施作出的牺牲是不是代价太大了呢？ 不过，既然范蠡热切地希望自己去做，既然国君和范蠡他们认为自己的牺牲能产生巨大的成果，西施就懵懵懂懂地答应了下来。

其实，西施是被心中对范蠡的信任、崇拜和爱慕之情说服了，一半被迫一半主动地投身于遥遥无期的复国大业。

巴尔扎克认为："人生的最高目的，男人为名，女人为爱情。"范蠡和西施的抉择就是一个注脚。

越国开始了对西施、郑旦两人的"包装"。 要让乡村女子成为惊艳宫廷的美女，光靠美貌是不够的，还要经过严格的仪态和礼仪训练。 经过两年的培训，西施从浣纱女蜕变成修养有素的宫女，一举手，一投足，均显出体态美，待人接物，十分得体。 再配上华丽得体的宫装，西施一出现，周边一切就黯然失色，旁人无不叹为天人。

范蠡看着西施一步步的蜕变。 每当训练中的西施看到范蠡，露出微笑，有礼貌地行礼的时候，表面平静的范蠡心中都不是滋味。他已经40岁了，西施的年纪还不到他的一半。 可范蠡心中仿佛有许多话要对西施倾诉。 西施越美丽，范蠡想告诉她的话就越多。 只是看到西施后，范蠡又不知道说什么了。 发现西施、挖掘潜质、培训仪态，这些都是范蠡安排好的。 他设计好了一条通向历史伟业的道路，怎么能半途而废、自己阻拦自己计谋的实施呢？

西施依然浅浅地笑着，看着范蠡。 范蠡远远地关注着西施的训练进度，忙着政务。

准备停当后，西施、郑旦被当做贡品进献给了吴王夫差。 夫差惊讶于两人的美貌，立即"笑纳"为妃子。 "朝为越溪女，暮作吴宫妃"（王维《西施咏》），西施实现了地位的突变。

然而，前方道路对西施意味着什么呢？ 她喜欢这样的人生安排吗？

姑苏迷蒙

一

勾践、范蠡君臣要对付的吴王夫差，也就是西施的丈夫，曾经是一位杰出的有志青年。

夫差即位后，重用老将伍子胥，操演军队，第二年就大败越国，迫使死敌越国臣服于吴国。 吴越争斗了几十年，夫差的父王阖闾因为对越国战争惨败而生病致死。 夫差不仅报了父仇，还胜利解决了吴越宿仇，创建了一份不小的功业。 可他还不满足，还开凿了连接长江和淮水的运河，叫做邗沟。 这条运河打开了东南地区通向宋国、鲁国的水道，为吴国进逼中原做了准备。 战胜越国后，夫差的眼光已经超越了东南的吴越地区，开始注意中原大地了。 不断的成功让夫差自信心满满，认定自己文武出众、吴国兵强马壮，可以逐鹿中原争当霸主了。

就在夫差志得意满地要追求更大功业的时候，谦卑的越国送来了西施等美女和金银珠宝等贡品。 夫差接受了。

夫差对越国越来越放心。 越国的军队被解散了，城池被拆除了，每年还及时、主动地向吴国缴纳沉重的贡赋，哪里还有能力造反？ 这不，越国君臣再三摇尾乞怜，一再讨好自己，不就是他们怯懦虚弱的表现吗？

至于西施，夫差想当然地以为是越国送来的一位美丽而天真的少女。

夫差正好需要美女和珍宝。 即位以来，夫差终日忙于政务、南征北战，太累了，需要休息。 年轻美丽又温柔听话的西施在一个非常恰当的时刻，进入了夫差的眼里，一下子俘获了夫差的心。 天底下竟然有这么美丽的女子！ 夫差在惊叹之余，庆幸自己是个成功的君主，威震东南，才能配得上这天下绝色。 在夫差眼中，西施及其背后的奇珍异宝是对自己已经取得的成绩的嘉奖，也是对他之后作为的鞭策。

夫差坦然接受了越国进献的财富，又拿出吴国的国库积蓄来营建宫室，安置美女，供自己享乐。 夫差非常宠爱西施，想方设法地为她提供奢华的生活，在姑苏建造春宵宫，筑大池，池中设青龙舟，长时间与西施嬉戏，又为西施建造了表演歌舞和欢宴的馆娃阁、灵馆等。 据说西施擅长跳"响屐舞"，夫差就专门为她筑"响屐廊"，排列数以百计的大缸，上铺木板。 西施穿木屐起舞，裙系小铃，舞蹈起来，铃声和大缸的回响声，"铮铮嗒嗒"交织在一起。 夫差很自然地陶醉在如梦如幻的情景中，专宠西施。

《东周列国志》描述夫差得到西施后，以姑苏台为家，四时随意出游，弦管相逐，流连忘返。 其中第八十一回《美人计吴宫宠西施 言语科子贡说列国》说：

> 且说夫差宠幸西施，令王孙雄特建馆娃宫于灵岩之上，铜沟玉槛，饰以珠玉，为美人游息之所。建"响屐廊"，——何为响屐？屐乃鞋名，凿空廊下之地，将大瓮铺平，覆以厚板，令西施与宫人步屐绕之，铮铮有声，故名响屐。

> 山上有玩花池，玩月池。又有井，名吴王井，井泉清碧，西施或照泉而妆，夫差立于旁，亲为理发。又有洞名西施洞，夫差与西施同坐于此。洞外石有小陷，今俗名西施迹。又尝与西施鸣琴于山巅，今有琴台。又令人种香于香山，使西施与美人泛舟采香。今灵岩山南望，一水直如矢，俗名箭泾，即采香泾故处。又有采莲泾，在郡城东南，吴王与西施采莲处。又于城中开凿大濠，自南直北，作锦帆以游，号锦帆泾。

> 又城南有长洲苑，为游猎之所。又有鱼城养鱼，鸭城畜鸭，鸡陂畜鸡，酒城造酒。又尝与西施避暑于西洞庭之南湾，湾可十余里，三面皆山，独南面如门阙。吴王曰："此地可以消夏。"因名消夏湾。

南北朝时期的《拾遗记》也描述了夫差对西施的宠爱："吴处以椒华之房，贯细珠为帘幌，朝下以蔽景，夕卷以待月。二人当轩并坐，理镜靓妆于珠幌之内。窃窥者莫不动心惊魂，谓之神人。吴王妖惑忘政。"

说夫差因为享受而"妖惑忘政"，其实并不准确。夫差将大量时间和精力投入到享受没错，动用国力征发徭役为西施大兴土木也没错，但夫差并没有放弃政务，放弃追逐更大的梦想。邗沟在修建，吴国军队密切关注着中原局势，夫差也在琢磨着如何登上春秋霸主的宝座。姑苏台和西施，只是夫差休憩的地方，是他对自己之前努力的犒赏。虽然他对西施投入的感情是昂贵的，虽然这样的犒赏显得那么奢侈，但夫差觉得值得。

重臣伍子胥多次劝谏过夫差，提醒他吴国的国力和个人的精力都是有限的，要把有限的力量投入到宏大的政治目标上去。可惜夫差不接受忠言。许多后人将伍子胥之后被夫差赐死当做是夫差从贪图享受堕落到昏庸无能的重要证据。实际上，夫差因为伍子胥的屡次逆颜劝谏很不满，但伍子胥的死主要是"通敌"导致的。吴国要称霸，必须要打败北边强大的邻国——齐国。伍子胥竟然把儿子送到齐国去寄居，在越国收买的吴国大臣们的联合攻击下，被诬陷为叛徒、内奸、卖国贼，最后被信以为真的夫差勒令自杀了。

在这里，夫差所犯的不是沉迷女色的错误，而是许多政治家取得成功后常犯的错误：盲目自大，好大喜功。

二

吴国的首都姑苏就是现在的苏州，是个温秀清丽的地方，就是《红楼梦》中渲染的那个"花柳繁华地，温柔富贵乡"，完全配得上西施这位绝世美女。

客观地说，西施在吴国首都姑苏的生活可能是她一生中最安逸、最受宠、最高贵的时光。

西施过着让乡间女伴们梦寐以求的生活：衣食无忧，生活优越，还有一个百般宠爱她的丈夫——夫差。 但是西施并不快乐。 因为和绝大多数女子不一样，西施不能自由自在地生活，她生活在虚假的欢乐之中；她没有真爱，她离已经占据心房的白马大夫越来越远了。 夫差是非常不错的丈夫，却不是她心爱的丈夫，可西施必须争取天天和夫差在一起，用美色和歌舞麻痹夫差，让他更加宠爱自己；因为这是她的任务。 她必须在真假两个角色之间实现完美的切换。

这个任务不是靠跳舞撒娇就能完成的。 既要让夫差感受到自己的魅力，又不能显露出"媚君祸国"的样子，装出在政治上的无知，装出对国家大事毫无兴趣的样子，免得让智商并不低的夫差起疑心。 更让西施心力交瘁的是，她还要应付错综复杂的后宫争斗。 西施集千百宠爱于一身，那将是宫中多少人的眼中钉、肉中刺啊！ 和西施一样到吴国执行任务的郑旦就在长期的冷落中郁郁而终。 台湾柏杨先生在他的《皇后之死》一书中这样写道：

> 两位美女没有辜负她们所受的长期严格训练，进宫后不久，就把吴王宫的其他得宠的漂亮小姐，统统排挤掉；把吴王夫差吃得死脱。不过，两位美女之间，西施与郑旦，美貌相同，生活背景相同，所受的教育相同，可以说没有一样不相同。可是，在吴王夫差色迷迷的尊眼里，却有了差异，大概西施的调调正适合他的调调，他也就特别宠爱西施。相形之下，郑旦就感觉到寂寞，美丽的女孩子最悲痛的是受到冷落，过了一年，她竟忧郁而终。吴王夫差难过了一阵，把她安葬在黄茅山，立庙祭祀。呜呼，郑旦这种下场，使人疑问丛生，可能两位同是越国的美女也发生内斗。然而，无论如何，西施名传千古，而郑旦却与草木同朽，默默无闻。

当年朝夕相处学礼、同时来到吴国、执行同样任务的好姐妹就这样撒手人寰了。 她的死多少和自己有关，西施的孤寂、内疚，可想而知。 之后的时光中，西施只能孤独地生活在异国宫廷中，把真实的想法深深埋入心底。

西施怂恿夫差在山陵上修建宫殿，也许是为了能够眺望南方的家乡；常常去姑苏城南游玩，也许是为了拉近和家乡的距离。 她的家乡在遥远的南方，那里有她的父母亲人，还有范蠡。

留在越国的范蠡在忙碌地应付吴国、发愤图强的间隙，也常常想起被自己葬送幸福的西施。 从反馈回来的信息看，西施等人的任务完成得相当不错，可范蠡老在想如果西施没有去吴国，或者自己当天遇到的不是西施，这个美丽纯洁的女孩如今会是什么样子呢？ 有否婚配？ 是否每天清晨还在溪边浣纱？

想的次数多了，范蠡告诫自己说，政治斗争原本就要让道德和软弱走开。 为了报国复仇，西施的牺牲是应该的，也是光荣的；为了追逐内心的梦想，范蠡也应该把西施送入吴国。 如果想早日再见到西施，那就发愤进取，争取早日灭亡吴国吧！

江湖过眼

一

公元前 473 年的冬天，吴国首都姑苏城被奔袭而来的越国大军攻破。夫差自杀，吴国灭亡了。

在吴国的最后几年，西施的生活更加压抑。吴越争霸的天平向越国倾斜了，而夫差还热衷于与中原诸侯争斗，常年奔波在外；被夫差的享乐和宏图大业折腾得筋疲力尽、民不聊生的吴国社会普遍视西施为祸国灾星。吴越大小战争不断，姑苏城内动荡不安。西施连表面的安逸和享受也失去了，心情陷入无边的黑暗中。

不知道夫差在生命的最后时光中，有没有怀疑西施？或许他东奔西跑，忙得焦头烂额，已经无法看破越国的诡计了。

随着吴国灰飞烟灭，西施仿佛也跟随吴国沉入了历史的深渊，不知所终了。

离西施时代很近的墨子在《墨子·亲士》篇中提道："是故比干之殪，其抗也；孟贲之杀，其勇也；西施之沈，其美也；吴起之裂，其事也。"历史学界认为这可能是关于西施最早的记录。"沈"和"沉"两字在先秦古文中是互通的。有人据此认为，西施在吴亡后被淹死了。

具体是怎么个淹法？后人众说纷纭。后汉赵晔的《吴越春秋·逸篇》说："吴亡后，越浮西施于江，令随鸱夷以终。""鸱夷"是装尸体的皮囊。这句话是说西施被越国人装入皮囊，沉到水底淹死了。那么问题又来了。吴国被灭亡了，越国人为什么要溺死有功之臣西施呢？《东周列国志》说西施是被越王勾践的夫人杀死的。因为勾践从姑苏凯旋，把西施带回了越国。越王夫人认为西施是"亡国之物，留之何为"——八成是这位越王夫人害怕西施威胁自己的地位，就让手下把西施诱出，绑上大石沉入江中。 此时，西施被认为红颜祸水，是政权的不祥之物，只能得到沉江被杀的命运。 还有民间传说认为西施是被愤怒的吴国百姓杀死的。 吴国灭亡后，百姓们迁怒于西施，认为是这个越国来的狐狸精勾引吴王，导致吴国灭亡的。 于是，吴国百姓们用锦缎将她层层裹住，沉在扬子江心。 这其实是"红颜祸国"说的另一个翻版。 《东坡异物志》记载："扬子江有美人鱼，又称西施鱼，一日数易其色，肉细味美，妇人食之，可增媚态，据云系西施沉江后幻化而成。"似乎可以作为西施被淹死在长江里的一个佐证。

西施葬身江底是有关西施下落的第一种说法，而且很有市场。后世文人在题咏西施时纷纷采信此说。 比如李商隐曾作《景阳井》绝句一首，云："景阳宫井剩堪悲，不尽龙鸾誓死期。 肠断吴王宫外水，浊泥犹得葬西施。"稍晚的诗人皮日休也有《馆娃宫怀古》第五首："不知水葬今何处，溪月弯弯欲效颦。"美人已去，芳踪难觅。 红楼中同为苦命人的林黛玉曾写下《西施》一诗，认为葬身江水是西施最好的命运：

> 一代倾城逐浪花，吴宫空自忆儿家。
> 效颦莫笑东村女，头白溪边尚浣纱。

吴亡后西施下落的第二种说法是越王勾践丧尽天良，竟在西施归国当晚就要她"伴寝"，也就是要把西施占为己有。 不得不说，越王勾践除了卧薪尝胆的一面外，人品很差，是那种只能"共患难"不能"同富贵"的小人。 如果让西施委身夫差还有为国复仇的精神激励，现在让西施伴寝就完全是为了满足勾践的淫欲了。 西施自然不愿意陪勾践睡觉，最后以"不能伴寝"的"抗君之罪"被勾践处死。

第三种说法则给西施安排了一个安逸平凡的后半生，说西施在吴亡后返回诸暨故里，重过平民百姓生活。 可好事的传说者又根据初唐诗人宋之问的《浣纱》诗"一朝还旧都，靓妆寻若耶；鸟惊人松梦，鱼沉畏荷花"的内容，说回到故乡的西施在一次浣纱时，不慎落水而死。可惜这种说法很少有人提及，流传有限。

二

有关西施下落的第四种说法流传最广。它和范蠡密切相关。

不愿意西施悲惨死去的人们考证出"西施之沈"中的"西施"并非特指越国的西施，而是在春秋战国时期对美女的一个泛称。也有人惊喜地发现，"鸱夷"除了包裹尸体的袋子的意思之外，还有另外一个意思。范蠡曾经自号"鸱夷子"，那么这里的是"鸱夷"会不会是指范蠡呢？如果是，那么原本以为西施被装在"鸱夷"里沉到江里淹死了，现在就应该解释为西施随着"鸱夷子"范蠡浪迹江湖去了。

明朝梁辰鱼写的《浣纱记》就描绘了一幕英雄美人归隐江湖的情景。灭吴后，范蠡功成隐退，携西施泛舟而去。范蠡与西施的姻缘，最后通过范蠡之口说的是："我实宵殿金童，卿乃天宫玉女，双遭微谴，两谪人间。故鄙人为奴石室，本是夙缘；芳卿作妾吴宫，实由尘劫。今续百世已断之契，要结三生未了之姻，始豁迷途，方归正道。"按照《浣纱记》的说法，敢情西施和范蠡的情缘早在天上就修成了，他们是下凡来美梦成真的——尽管过程曲折了点，西施的付出惨重了些。

这个结局很符合中国人的感情要求，得到了广泛传播。京剧、秦腔、越剧、婺剧、黄梅戏、川剧等剧种有关西施内容的剧目，虽然剧情各有千秋，男女主人公的结局都没有离开《浣纱记》描写的基本框架。有关西施与范蠡双宿双栖的说法在文学作品中出现最多。李白就说西施"一破夫差国，千秋竟不还"。苏东坡则写得更明白："五湖问道，扁舟归去，仍携西子。"两位大文豪都认为范蠡、西施这对爱侣驾一叶扁舟，悠游五湖而逝。

第四个结局之所以广泛流传，还有一个原因是范蠡的确是灭吴之后归隐江湖了。从历史真实性上来说，这个结局有一半起码是站得住脚的。

越国灭亡吴国后，范蠡觉得自己处于非常不妙的情境中。一方面，他是灭吴的大功臣、策划者和主要执行者，在国内声望很高，都功高震主了；另一方面，我们已经知道越王勾践是一个狭隘自私的小人，范蠡很自然遭到了勾践的猜忌和提防。于是，范蠡主动选择了功成身退，保全自身。当年，范蠡从楚国逃到越国，就是希望能施展才华实现抱负，现在已经证明了自己的价值。东南的局势平定了下来，对喜动不喜静、渴望创业的范蠡来说，越国也已经不是最好的停留地了。所以他离开越国，前往了北边的齐国。到了齐国，范蠡写信给老朋友、老同事文种说："蜚（飞）鸟尽，良弓藏；狡兔死，走狗烹。越王为人长颈鸟喙，可与共患难，不可与共乐。子何不去？"文种没有范蠡那么看得开，选择了留下，最后被猜忌他的勾践杀了。

在齐国，范蠡自号"鸱夷子"，带领家人和跟随者辛苦劳作，成为巨富。据说，齐国君臣和百姓见范蠡这么能干，推举他做了丞相。范蠡勉为其难，治理了几年齐国取得成绩之后，又觉得平静的生活不适合自己冒险的个性，再次挂冠而去，来到了陶地。陶地交通发达，范蠡积极开展商贸，多年后成为天下巨富，被称为"陶朱公"。

假设西施后半生跟随范蠡浪迹天涯，想必她也度过了丰富多彩却缺乏史料记载的后半生。但是，从感情上来说，西施算不上幸福。她依然在选择个人生活上没有丝毫主动权。范蠡的个人意志非常强大。他离开越国，不是因为要冒险保护西施，让西施过上平安生活挂冠而去，而是为了个人安危，避祸出逃。在齐国，范蠡又因为心中激荡不安的激情又一次选择迁徙。正如西施对是否要去吴国没有选择权一样，她的后半生也没有选择权。范蠡在做这些事情上有多大程度考虑了西施的感受，后人不得而知。

作为一名政治人物，西施是成功的；而作为一个女人，西施是失败的。她短暂的一生与夫差、范蠡联系在一起，前者给她带来虚假的荣华，却伴着真正的侮辱；后者给了她不可靠的爱情，却伴着真正的痛苦。

三

在整个吴越争霸的大局中，西施仅仅是一枚极小的棋子，作用有限。 她的感情经历非常惹人同情，结果如风中柳絮，闪过人眼就消失得无影无踪了。 那么，西施在夫差身边到底起了多大的作用呢？我们且不说西施不能向越国透露吴国机密，更不说西施没能操控夫差离间吴国君臣，单单在迷惑、软化夫差方面，西施的作用也很有限。夫差没有向西施透露国家机密，更没有让西施参与朝政，而且他本人在征服越国后依然保持着昂扬的政治斗志和精干的政治智慧。 吴国国际地位持续提高。 公元前 482 年，吴王夫差约晋定公、鲁哀公等中原诸侯到黄池（今河南封丘县西南）会盟。 在黄池，偏居东南的吴国在夫差的成功操作下获得了天下霸主的地位。 在"灭吴九策"的作用下，吴国的国力的确下降了，但吴越两国的实力对比并没有一边倒。 衰落的吴国和崛起的越国的实力对比相去无几。 从公元前482 年勾践趁夫差北上争霸，倾巢而出，偷袭吴国开始，一直到公元前 473 年，越军采取了长期围困战术，攻陷姑苏为止，吴越的争霸持续了 10 年。 因此不能说卧薪尝胆的越国实力远超过吴国。 越国胜得也很艰难。

西施在政治上仅仅是让夫差误信越国的忠诚，对越国疏于防范的道具之一。

西施虽是女儿身，但因为她柔弱的身躯承担了不平常的经历，所以吸引了后人不断猜测，留下了诸多的议论。 有否认西施存在的，有拔高或者低估西施作用的，有提出"红颜祸国"言论的，有将道德指责加于政治斗争之上的。 唐朝诗人罗隐曾有《西施》诗一首："家国兴亡自有时，吴人何苦怨西施。 西施若解倾吴国，越国亡来又是谁？"家国兴亡成败是各种复杂因素综合作用的结果。 吴国灭亡是各方面矛盾激化爆发的结果，而不应归咎于西施个人。 将一国的衰亡归结为个体的美色，是为亡国君臣摆脱责任的托词。 "西施若解倾吴国，越国亡来又是谁？"则用推论说，如果西施忠诚吴国，后来越国的灭亡又能怪罪于谁呢？ 在历史大势面前，个人的作用毕竟是有限的。 罗隐的评论可谓公允。

如今，西施已经隐没在江湖上超过 2000 年历史了。 她逐渐成为了一个传说，一种文化资源和东南子弟童年的记忆。 凡此种种，为西施的故事平添了无数情趣。

> 西施浣纱，要有纪念地，东晋大书法家王羲之一题字，浣纱石就此确定下来。西施从越国到吴国，是怎么走的？ 一路之上，也就出现了不少与之相关的风物：嘉兴的西施妆台、德清的马回岭……便令人有了无限遐想。到了吴国都城姑苏，文章自然更得做足，于是在苏州灵岩山一带，馆娃宫、西施洞、响屐廊、香水溪、脂粉塘、百花洲、锦帆径等一连串地名也都纷纷出现。甚至还出现了许多以西施命名的物产，诸如西施鱼、西施舌、西施乳、西施藕、西施花、西施银芽（茶）、西施豆腐（菜肴）、西施濮绸等，而且往往又有与之相应的传说流布。

史实只允许一说，传说却可以肆意蔓延。 抛却西施身上的恩怨悲喜，如今的纪念和传说可能是西施最好的归宿。

帝國瑰色

金屋娇——皇恩多变和汉武帝的四段感情

金屋藏娇

一

汉景帝时的一天，皇上的姐姐、馆陶长公主刘嫖把4岁的胶东王刘彘抱在膝上，玩笑着问他："你要不要娶老婆？"

胖嘟嘟的刘彘当然说要娶老婆了。

长公主指着周围上百个宫女问刘彘，有没有中意的人啊？

刘彘煞有介事地看看，摇摇头表示没有看中的人。

长公主就指着自己的女儿陈阿娇，对刘彘说："我将阿娇嫁给你做老婆，好不好？"

刘彘马上响亮地说："好！如果能娶阿娇姐姐为妻，我一定盖座黄金屋子给她住。"

童言无忌，馆陶长公主和在座的刘彘母亲王美人闻言哈哈大笑，一旁的宫女们也禁不住抿嘴偷着笑。而刘彘则睁大着眼睛，迷惑地看着大人们。

这段后来被提炼为"金屋藏娇"成语的对话，背后有着深刻的政治含义。

汉景帝的皇后薄氏因为长期无子，被废。没有嫡子，汉景帝就遵照"立长"原则立栗姬所生的庶长子刘荣为太子。一开始，馆陶长公主最想把女儿陈阿娇许配给太子刘荣，准备日后做个皇后。可找到栗姬说媒，栗姬并不领情。栗姬拒绝这桩婚事的原因是她的嫉妒心很强，最爱吃醋，知道馆陶长公主多次向汉景帝进献美女，怀恨在心，断然拒绝了这桩婚事。长公主吃了闭门羹，便恨起了栗姬。这个栗姬，儿子还没有登基做皇帝呢，就对我发泄不满了，日后儿子当了皇帝，栗姬当了太后，我的日子不是更难过了吗？于是，馆陶长公主暗暗下决心，要扳倒刘荣的太子位置，顺便打倒栗姬。扳倒太子是项系统工程，光凭一己之力办不成。 那么联合谁一起干呢？ 迎立谁为新太子？ 这些都得周密计划。 刚好，宫中美人王娡经常带着儿子胶东王刘彻来找长公主玩。 馆陶长公主自然把目光投向了刘彻，便试探性地有了上面的对话。

刘彻的回答让馆陶长公主非常满意。 刘荣的路子走不通，可以走刘彻的道路"迂回前进"，大不了多一个步骤： 更换太子。 可别小看了长公主，她的政治能量大得很。

汉文帝的窦皇后共有一女二子，女儿就是馆陶长公主，第一个儿子就是汉景帝刘启，第二个儿子就是梁王刘武。 长公主是窦太后唯一的女儿，最受太后宠爱。 窦太后早年失明，长子汉景帝刘启忙于政务，次子刘武按制常年驻守封国梁国，平时身边就是馆陶长公主陪着。 所以，窦太后对长公主非常信任，汉景帝也倚重这个姐姐照顾太后，协助处理后宫事务。 西汉初期，太后干预朝政是常态，窦太后在朝野说话很有分量，又安插娘家子弟身居要职，对政务有着非同寻常的影响力。 馆陶长公主既有母亲的宠爱，又有皇帝弟弟的倚重，随便出入宫闱，力量自然不可轻视。

栗姬轻易得罪了长公主，充分暴露了其政治上的幼稚。 而地位普通的王娡敏锐地发现了长公主和栗姬、太子之间的矛盾，马上带着儿子刘彻曲意迎合、百般讨好馆陶长公主，为刘彻谋夺太子之位。 两人很快达成了一致。 之后发生的三件事情，让刘彻一派的势力逐渐超越了刘荣，达到了更换太子的目的。

话说汉景帝刘启最担心两件事情。 一件是匈奴南侵，虎视中原；一件是弟弟梁王对龙椅觊觎已久，母亲窦太后力主"兄终弟及"，希望长子汉景帝将皇位传给次子梁王。 对于前者，汉景帝延续和亲政策，主动示弱。 王娡主动献出了一个女儿去当和亲公主，让汉景帝对其好感大增。 对于后者，汉景帝就没有太好的办法了。虽然立了儿子刘荣为太子，窦太后和梁王的反对声音一直没有停歇。在窦太后的默许下，梁王向京城派遣了大量说客、探子来营造舆论，企图扳倒太子。 馆陶长公主帮汉景帝解决了这一大难题。 她成功说服了母亲窦太后放弃"兄终弟及"的思想,从国家稳定的角度出发支持汉景帝传位给儿子。 窦太后对梁王的支持减弱后,梁王对汉景帝的威胁度大为降低。 汉景帝自然对姐姐长公主感激得很。 长公主再趁机在窦太后、汉景帝耳朵边说刘荣的不是,夸刘彘的优点,很快刘彘在汉景帝心目中成了替代刘荣的可能人选。

主观上,王娡又制造舆论,说她在怀孕时曾梦见日入腹中。 客观上,刘荣这个大哥的确显得过于老实木讷,政治敏锐性差,和聪慧可爱的刘彘相比差了一截。 而且,栗姬的表现也没法和王娡相比。汉景帝一次病重,以为自己要驾崩了,将其他嫔妃和皇子托付给栗姬,让栗姬好好对待。 那一刻,栗姬仿佛觉得自己就是太后了,竟然没有答应,说皇子们到时候都大了,嫔妃们都老了,自己管不了他们了。 汉景帝勃然大怒。 汉代的皇后往往是要晋位为太后干政的。可是栗姬这样的女子,怎么放心把后宫家人交给她呢! 汉景帝对栗姬感到失望,自然对刘荣的太子地位也要重新考虑了。

长公主和王娡看准机会,加紧在汉景帝面前说栗姬的坏话。 王娡还使了一条奸计。 栗姬的哥哥日思夜想就是希望妹妹能早日飞黄腾达,让栗家沾光。 王娡就撺掇他上书汉景帝,请求立栗姬为皇后。 栗姬哥哥和妹妹一样政治素质太差,真就上书了,这下彻底激怒了汉景帝。

没多久,汉景帝废太子刘荣为临江王,贬栗姬入冷宫;几个月后册封王娡为皇后,将刘彘改名为刘彻,立为太子。 栗姬后来在冷宫忧郁而死。

刘彻取得了太子争夺战的胜利,尽管他除了说要盖座金屋子娶表姐陈阿娇外,什么都没做。 但"金屋藏娇"的戏言,体现的不仅有刘彻的童言无忌,更有一个 4 岁小孩的政治敏锐感。 刘彻从小就是个敏感的孩子,这一点对他后来的婚姻产生了至关重要的影响。

二

汉景帝死后,刘彻顺利继位,他就是大名鼎鼎的汉武帝。

刘彻并不食言，真的娶了表姐陈阿娇为皇后，还真的造了一座黄金宫殿给皇后居住。馆陶长公主之前的辛勤付出看来得到了成倍的补偿。馆陶长公主被尊称为窦太主。母女二人更加显赫了。

这桩从两小无猜开始的成真美梦，会不会以刘彻和陈阿娇两人的白头偕老结束呢？决定任何婚姻稳固与否的最重要的指标还是夫妻的感情好坏。陈阿娇的命运好坏，关键要看刘彻对这个表姐有多少真感情。褪去了幼年的童真，当表姐弟俩长大并且结为夫妻后，两人之间的问题逐渐暴露出来。对陈阿娇来说，刘彻是个理想的丈夫，除了是九五之尊外，还年轻帅气（从留下来的画像中可以看出来）、文武双全（从他日后的行为上可以看出来）。对刘彻来说，陈阿娇就不是理想的皇后了。除了年纪比刘彻大外，陈阿娇生活奢侈、性善妒忌，仗着背后有母亲支撑，言行比较张狂。套用现在的标准，成功的男人很少愿意娶一个强势的、总是管着自己的妻子，都希望娶个小家碧玉似的、温柔贤惠的老婆。刘彻也是这样的人，所以对陈阿娇并不满意。但是，陈阿娇背后有强大的窦太主的势力。当时祖母窦太皇太后也还活着，特别喜欢陈阿娇这个外孙女。刘彻还要仰仗长公主的支持，所以没有把不满显露出来，对皇后以礼相待。

刘彻的隐忍收到了切实的效果。刘彻成长后，个性很强，推行了一系列改革，触犯了当权派的既得利益，也和崇尚黄老无为而治的窦太皇太后产生了分歧。长公主窦太主和皇后陈阿娇全力支持刘彻，居中斡旋，刘彻才得以涉险过关，直到亲政。

如果刘彻和陈阿娇的关系就这么继续下去，两人可能平平淡淡地过一辈子，真的"白头偕老"了。可陈阿娇随着丈夫权力的巩固，觉得自己和母亲功劳很大，更加骄横起来。她妒忌心越来越重，刘彻亲近一下其他嫔妃，她就不给好脸色看。在宫中作威作福多年，陈阿娇的肚子一直没大起来。陈阿娇很着急，刘彻更着急——他是一个追求完美的君王，年纪大了连个一男半女都没有，能不焦急吗？用现代生理学知识分析，刘彻和陈阿娇是姑表亲，近亲结婚很难生育，可那个时代的人不知道。陈阿娇花了数以千万计的钱财求医问药，仍然没有效果。她就认为是丈夫刘彻有生理问题了。我们说了，刘彻是个追求完美的君王，自然不能忍受妻子对他生育能力的怀疑了。皇帝和皇后的矛盾至此公开化，刘彻开始冷落皇后。

陈阿娇不让刘彻在外面拈花惹草，刘彻偏要往外跑。他的姐姐平阳公主就蓄养了许多美女供弟弟选择。刘彻从中看中了一个叫做卫子夫的歌姬，把她带入宫中。卫子夫对陈阿娇的威胁开始局限在对刘彻的吸引，后来直接对陈阿娇的皇后地位构成了威胁——卫子夫怀孕了！卫子夫的怀孕无疑证明了刘彻生育能力正常，有问题的是陈阿娇。一旦卫子夫生下一儿半女，陈阿娇的地位就岌岌可危了。这时候，急昏了头的馆陶长公主和皇后陈阿娇干了一件蠢事：绑架卫子夫的弟弟卫青。卫子夫怀了龙胎，动弹不得。卫青当时只是建章宫不知名的小人物，可以杀掉泄愤。好在卫青的好友、骑郎公孙敖联合一帮壮士去把卫青救了出来。这事情彻底让刘彻和陈阿娇夫妻之间撕破了脸。

此时，宫廷中发生一件真假莫测的"巫蛊案"，矛头直指被冷落已久的陈皇后。

巫蛊，就是迷信的古代人相信把木偶、稻草、毒虫、金属等当做痛恨的人，再用咒语咒骂、用钉子钉、用火烧。古代人相信这么做，痛恨的人就会倒霉，甚至命丧黄泉。这种从远古发展而来的迷信做法，在汉朝主要表现在把木偶铜人埋入地下或者在其上钉符咒的形式上。不用说，历朝历代都对巫蛊采取严禁的态度，宫廷更是视为大忌。但是，巫蛊操作简单，又没法查找真凶，所以屡禁不鲜。正如巫蛊无法举证真凶一样，被举报进行巫蛊活动的人同样无法证明自己没有参与，无法自辩。当时宫廷中就出现了针对卫子夫的巫蛊活动，怀疑的矛头直指皇后陈阿娇。陈阿娇是百口莫辩。

很快，刘彻就以巫蛊之罪废去了陈阿娇的皇后之位，将她幽禁于长门宫内。

二十多年前，刘彻答应建造的那座金屋子，已经离陈阿娇远去，成了其他女子的住处。

那么，陈阿娇到底有没有使用巫蛊对卫子夫不利呢？正史记载，有。陈阿娇眼看地位摇摇欲坠，铤而走险求助于巫蛊，把一个叫做楚服的女巫请到宫中。楚服经常穿男装，和陈阿娇两个人相处，不知所为。巫蛊案发后，刘彻以大逆不道的罪名株连了三百多人，其中楚服被枭首示众。

作为皇后的母亲，馆陶长公主对此愤愤不平。可窦太皇太后已经辞世，刘彻亲政后羽翼丰满，早已经不是当年那个胖乎乎的小孩子了。此一时彼一时，窦太主无可奈何，只能坐视女儿被禁入冷宫。

陈阿娇在冷宫中做过一次"翻盘"的努力。她花千金请大文豪司马相如写了一篇《长门赋》，专门诉说自己对刘彻的思恋之情。全篇以"夫何一佳人兮"开头，以"妾人窃自悲兮，究年岁而不敢忘"结尾，通篇含情脉脉，令人浮想联翩。陈阿娇希望唤起刘彻心中二十多年的感情，唤起丈夫对往日恩爱的记忆。可惜，刘彻没有。《长门赋》让作者司马相如名声大振，到了刘彻那里却石沉大海，没有回音。陈阿娇的努力是失败了，但在中国文学史上却留下了一个表示怨妇苦情的典型案例，博取了后来文人的诸多同情。许多人以陈阿娇或者长门宫为题，对被软禁冷宫的嫔妃表示同情。比如唐朝的李白专门写了一首《长门怨》来表达对陈阿娇的同情：

> 天回北斗挂西楼，金屋无人萤火流。
>
> 月光欲到长门殿，别作深宫一段愁。
>
> 桂殿长愁不记春，黄金四屋起秋尘。
>
> 夜悬明镜青天上，独照长门宫里人。

刘彻为什么对陈阿娇这么绝情，与幼年的表现判若两人，令人难以理解。除了之前的诸多诱因外，最关键的还是刘彻是一个对权力极端敏感的皇帝。他是一个雄才大略的君主，但凡雄才大略的人，权力欲就强，疑心也重。刘彻即位后对威胁自身权威的人和事情很敏感。他为了把权力集中到宫廷，创办了内朝，就是对朝堂衮衮诸公的不信任。 陈阿娇的骄横，是她和母亲窦太主势力强盛的表现。当某个派系势力强大之时就是皇帝权威受到削弱之际，终身行集权之实的刘彻不能容忍窦太主——陈皇后母女势力的强大，即便是对母女俩对其当年扶立之功的念念不忘也不能容忍。 因此，他不顾情面，对皇后和岳母的打压就可以理解了。

窦太主此时渐渐老去，在强势的刘彻面前没有了还手之力。 她采取了退避的消极态度，在个人生活问题上，作为岳母的窦太主还有求于女婿刘彻呢！

窦太主的驸马是世袭堂邑侯陈午。 陈午过世后，五十多岁的窦太主迷恋上一位叫董偃的美少年。 窦太主在董偃从小随母亲进公主府时就看上他了。 她培养董偃，供他读书，感情很深。 两人最后发展到同室而居的程度。 于是就有人提醒董偃和窦太主，说平民"私伺公主"是重罪，你们得赶紧征求皇上的同意才行。 于是，窦太主不得不向刘彻示弱，将董偃很郑重地推介给刘彻。 起初刘彻对董偃这个小伙子也挺有好感的，后来经大臣劝谏说此人有伤风化，不宜接近。 刘彻开始疏远董偃。 董偃害怕了，30 岁就郁郁而终；几年后，窦太主也死了。 临死前，窦太主不愿意和丈夫陈午合葬，而要求与情夫董偃合葬。 刘彻竟然答应了。

母亲死后，幽居冷宫的陈阿娇的日子更难过了。 不久，她兄弟在为窦太主守丧期间淫乱，又为家财内讧，案发后自杀。 刘彻大笔一挥，取消了堂邑侯国。 外援尽绝，陈阿娇很快在绝望中死去。

皇恩不可恃

一

刘彻的第二位皇后卫子夫出身奴仆。 她母亲是世袭平阳侯曹家的女仆，因为曾嫁给一个姓卫的男子，大家都使唤她为卫媪。 卫媪一共生下三男三女六个子女。 他们分别是长子卫长君，长女卫君孺，次女卫少儿，三女卫子夫，二子郑青，三子卫步。 其中郑青和卫步还是私生子。

卫媪一个奴仆，要拉扯大六个子女，非常不容易了，偏偏二女儿卫少儿又重复了母亲的悲剧，和同样在平阳侯家办事的县吏霍仲孺私通，生下了一个儿子，取名叫霍去病。 从卫媪母女两代人的不幸中，我们也可以发现西汉时期私通和非婚生子现象的泛滥。 这些私生子是不会被有身份的父亲家族接受的，注定要度过悲惨的一生。卫媪一个人拉扯六个子女再加刚出生的外孙，喂饱一家老少八张嘴，实在是没有这个能力。 眼看一家人就要饿死了，卫媪想来想去，只能忍受屈辱、硬着头皮把二儿子郑青送到他的亲生父亲郑季家里，乞求郑家人抚养这个孩子。 郑季良心未泯，把郑青留了下来。 郑青在郑家受到了郑季夫人和族人的排斥，日子过得可怜兮兮的。 郑家让年幼的郑青整天在山上放羊，让他自生自灭。 郑家的几个兄弟毫不顾及手足之情，对郑青随意责骂。 郑青就是在这样恶劣的环境中顽强地成长了起来，并且形成了谨慎小心、善于忍耐的个性。 郑青慢慢长大了。 郑家越来越不能接受成年的郑青，郑青也不愿再受郑家的奴役，就毅然回到了母亲卫媪身边。 因为和郑家没有一点感情，郑青改姓卫，改名卫青，与郑家断绝了关系。

卫媪给卫青找了一份"工作"——子继母业，在平阳侯曹家当家奴。 尽管常年忍饥挨饿，卫青还是长得高高大大、相貌堂堂，于是就做了主人家的骑奴。 汉景帝的女儿、汉武帝的姐姐平阳公主嫁到了曹家，卫青被分配给公主当差，工作的主要内容是在公主出行的时候骑马在后面跟着，充当众多杂役兼保镖中的一个。 卫青的三姐卫子夫也和弟弟一样，没有被常年的饥饿折磨得面黄肌瘦，反而出落得美艳动人，被主人家选中，当了名舞女。 主人家来客人的时候，卫子夫就在厅堂里伴舞赔笑，弟弟卫青则在堂下随时听候使唤。

平阳公主虽然出了皇宫，但对朝堂之上的政治斗争还是很关注的。 她知道弟弟汉武帝刘彻和弟媳陈阿娇表面和睦，其实感情并不好。 平阳公主脑子很灵活，觉得自己可以从中牟利，于是挑选了邻近大户人家的女子，在家中培养，准备让弟弟来选妃。 恰好有一天，汉武帝去霸上祭扫，路过曹家。 平阳公主就开始实行自己的计划了。 可惜，汉武帝对那些盛装打扮的大家闺秀都不满意，却对伴舞的舞女卫子夫一见钟情。 随后，汉武帝以"更衣"为名找了个房间"临幸"了卫子夫。 事后，汉武帝安排卫子夫入宫。 平阳公主的如意算盘眼看就成功了，很高兴，赶紧安排卫子夫进宫。 临行前，平阳公主还嘱咐卫子夫：进宫后就全靠你自己了，日后富贵了，别忘了我这个旧主人啊！

谁料到，卫子夫进宫后就音信全无，下落不明。 有人说，汉武帝回宫后很快就忘了卫子夫；还有人说，那是因为后宫佳丽三千，卫子夫并不出众；多数人则认为，卫子夫突然入宫，引起了皇后陈阿娇和馆陶长公主的妒忌和排斥，被贬为宫婢。 卫子夫在冷宫中干着最苦最累的活，饱受折磨。 日子长了，汉武帝也就淡忘她了，更别说宠幸了。

将近两年后，后宫要释放一批没用的宫女。 卫子夫也在名单中。 定期释放宫女是朝廷的一项"德政"，但好色的皇帝还要对宫女一一过目，免得有些平时没有注意到的美女被不小心放了出去。 结果，卫子夫重新站在了汉武帝的面前，刘彻又一次被卫子夫吸引，拥她入怀。 有人说，刘彻再次被卫子夫的美貌所吸引，想起了前番的恩爱，留下了卫子夫。也有人反对说，两年的劳役多多少少消磨了卫子夫的美貌，卫子夫吸引刘彻的注意是因为她急于出宫，面对出宫前的刁难和挑选，哭哭啼啼，很不配合，反而引起了刘彻的注意。不管怎么说，这一回卫子夫两年的委屈都得到了刘彻的补偿。在原本要出宫的日子里，卫子夫的命运发生了奇迹般的逆转。

没多久，卫子夫就怀孕了。刘彻喜出望外，选卫子夫的二弟卫青入宫，在建章宫办事，卫青的命运也由此发生了逆转。不想，卫家姐弟的崛起引起了皇后陈阿娇的仇视和恐慌。馆陶长公主和陈皇后决定好好"修理"初入宫廷的卫青，出口恶气。她们指使下人捉了卫青，准备囚禁起来好好折磨。卫青的好朋友、骑郎公孙敖看到了，招呼几名同伴奋力营救，竟然中途将卫青救了下来。事后，卫子夫很愤慨也很无奈，只能向汉武帝哭诉。刘彻一听，这还了得。他早就对馆陶长公主母女俩的作威作福看不惯了，于是干脆公开召见卫青，升他为侍中兼建章宫总管。卫青平地一声雷，瞬间从家奴成为近侍重臣，让人目瞪口呆，就是馆陶长公主和陈皇后也拿他没办法了。不久，卫子夫生下了一个女儿，汉武帝封她做了地位仅次于皇后的夫人。卫青水涨船高，升任了太中大夫。

之后，卫子夫和卫青姐弟俩高歌猛进。卫子夫连续生下三个女儿之后，生下了皇长子刘据，顺利取代了陈阿娇的皇后地位，接管了后宫。卫青则被汉武帝放置在汉匈战争前线。卫青在刘彻的支持下，不负众望，于公元前124年春、前123年两次大败匈奴军队，战果累累，一举扭转了汉朝北方的不利局面。小外甥霍去病年纪轻轻，也屡立军功。卫青和霍去病两个人掌握着帝国的军队，一家五人因功封侯，卫家权势如日中天。卫青的两个姐姐顺利嫁入世袭贵族陈家和公孙家。通过联姻，以卫家为中心聚集了一批显贵的亲戚朋友，俨然是西汉王朝第一家族。长安城中就有歌谣说："生男无喜，生女无怨，独不见卫子夫霸天下。"

二

有一天，卫青的好朋友宁乘来访，提醒卫青说："大将军食邑万户，三个儿子都封侯，可任何事情都物极必反。没有一个家族能够永远保持富贵，就好像月亮不会永远圆满，海水不会永远停留在浪尖一样，卫家迟早也会走向衰落。"卫青在家族处于权力巅峰的时刻，难得还保持了清醒的头脑。他隐约感觉到，自家人名扬四海，部将亲属遍布朝野，盛名之下绝非好事。现在，宁乘给他点破了："要防止皇上猜忌啊！"卫青恍然大悟，忙讨教如何应对。

宁乘说："现在内宫之中，王夫人是皇上的新宠。但是王夫人出身卑微，她的家人依然生活在贫苦之中，希望大将军能够向王家赠送重金，联络感情。"卫青依计而行。

原来，随着岁月的推移，卫子夫无奈美貌不再。越来越多的美女进入了刘彻的床榻。在众多新进的美女中，刘彻最喜欢赵国王夫人。王夫人为刘彻生下了后来的齐王刘闳。这个王夫人和卫子夫一样出身卑微，可她不像卫子夫一样有弟弟卫青和外甥霍去病，王夫人的亲戚实在不成器。刘彻就是想提拔王家，都找不到合适的提拔对象，所以王家依然生活在穷困之中。现在，王家突然收到了大将军、长平侯卫青送来的五百斤黄金，惊喜若狂，忙告诉了王夫人。王夫人高兴得心花怒放，兴冲冲地告诉了刘彻。

刘彻还真开始猜忌卫青了。卫青一家势力遍布朝野、手握兵权，风头已经远远超过了当年的窦太主和陈阿娇了。刘彻能安心看着卫家门庭若市吗？不过，卫青主动示弱的行为和清醒的头脑，让刘彻稍稍感到安心。

卫家的谨慎和前线军事行动的需要，让卫青家族继续扶摇直上。元狩元年（公元前122年）4月，刘彻正式册立卫子夫所生的皇长子、年仅7岁的刘据为太子。卫家的权势更上了一层楼。不幸死了丈夫的平阳公主又来找皇后卫子夫，羞答答地托她转告汉武帝刘彻，希望弟弟为自己和卫青赐婚。当年卫子夫入宫的时候，平阳公主嘱托她显贵之后不要相忘。卫子夫果然没有忘记，也很愿意帮这个忙，就告诉了刘彻。刘彻认可了这门亲事，卫青和平阳公主两人举办了盛大豪华的婚礼。早年的骑奴娶了自己的女主人，真是世事难料。同时，平阳公主还让自己和前夫生的儿子平阳侯曹襄娶了卫子夫和刘彻生的女儿卫长公主，死心塌地地要和卫家拴在一起。当时卫青上下朝，公卿大臣远远看见就要下车让路，立在道旁相迎相送。卫家的富贵荣华算是达到了顶点。

把姐姐嫁给卫青后，汉武帝刘彻内心严重不安起来。看着卫青权势熏天，仿佛是"天下第二人"了，刘彻的猜忌心理重新泛起，又开始不信任卫家了。他想，即使卫青没有不臣谋逆的心理，也保不齐被野心家利用啊！刘彻开始疏远卫青，主要采取了两个方法：第一是让卫青离开前线军队，招到长安来居住议政，等于是将卫青高高挂起；第二是重用霍去病，让霍去病牵制卫青。霍去病"为人，少言不泄，有气敢往"，只知道行军作战消灭匈奴，在政治上很幼稚。刘彻曾经劝霍去病学点吴起、孙子的兵法，霍去病回答说行军打仗不拘泥于古代兵法，学那些玩意儿没用。刘彻发自内心、同时也是有目的的，更加宠爱霍去病这个青年俊才了，着意培养，委以军事重用。卫青是大将军，霍去病是骠骑将军，又是万户侯，没办法再提拔他们了。刘彻很有创意，新增了"大司马"的官职，让卫青、霍去病并列为大司马。卫青是大司马兼大将军，霍去病是大司马兼骠骑将军，待遇相同。

卫青一声不响地过着恬淡平静的"寓公"生活，毫无怨言，和平阳公主相敬如宾，对刘彻毕恭毕敬。汉书说"青仁，喜士退让"。

霍去病大胜归来没几年，就在元狩六年（公元前117年）英年早逝了，只活了24岁。此后，刘彻宁愿让许多军事行动所用非人，也不愿起用卫青重掌军权。卫青很聪明，干脆长期请病假，不怎么上朝了，坚持韬光养晦。刘彻还不怎么放心，元鼎元年（公元前116年）以卫青的儿子宜春侯卫伉犯法为名，削去卫伉的爵位。几年后，卫青的另两个儿子阴安侯卫不疑和发干侯卫登因为献给朝廷的助祭金的分量不足或成色不够，被汉武帝削去爵位。至此，卫家"一门五侯"只剩下卫青孤零零的一个长平侯了。卫青的"病情"随之越来越重，更不过问家门之外的事情。元封五年（公元前106年），一代名将卫青去世。

三

刘彻29岁的时候好不容易才有了第一个皇子，也就是刘据。所以刘彻格外珍惜刘据，努力将刘据培养成合格的接班人。刘据到了读书的年纪，汉武帝就给他组织了当时最好的师资力量，让他结识宾客。刘据慢慢长大后，汉武帝刘彻对这个太子却不那么喜欢了，因为刘据在许多问题上和父皇刘彻唱反调。

刘彻给儿子找的老师都是儒生，教学的内容是儒家思想，结果认真学习的刘据精通儒家知识，性格仁恕温谨。而刘彻只是表面推崇儒学，将儒学作为统治工具，他内心真正崇尚的是绝对的权威和暴力。儒学有用的时候拿来装点门面，没用的时候就坚决弃之不用。小小的刘据没能真正体会父亲的苦心，严格按照儒家理论观察周围事物，父子俩在政治理念上产生了不可调和的矛盾。在连年用兵、对外征战，运用强权削藩罢侯，征收繁重的赋税等问题上，刘据都不赞同父皇的做法。刘彻曾经语重心长地开导刘据说："我做的很多事情你都不赞同，但我这样做是为了你将来能够安享太平啊！"可刘据受孔夫子学说"毒害"太深，没听进去。

皇后卫子夫看着卫家遭遇到的挫折，也看到了儿子和丈夫之间的隔阂，心里很着急。卫子夫能够在后宫复杂的环境中做了38年的皇后，除了和卫青一样谨小慎微、恭谨谦和的性格之外，还在于她遇事有主见，能够通过向别人施加影响来实现自己的目的。比如卫子夫知道卫青的几个儿子都不成才，怕他们风头太盛出问题，就多次请求丈夫刘彻不要封赏卫青的几个儿子，以退为进保护侄子。现在，卫子夫看到"群臣宽厚长者皆附太子，而深酷用法者皆毁之"，儿子得罪了部分贪官和酷吏，还老违背丈夫的意思，就经常把儿子叫来劝诚：“作为太子，你要经常揣摩父亲的心思，理解父亲的意图，按照父亲的要求去做，而不能擅自做主，做一些与父亲的想法不一致的事，比如平反冤狱。这本是你父亲制造的冤狱，你却给予平反，这不是否定你的父亲吗！”可惜，刘据沉溺于儒家说教太深，对母亲的忠告同样听不进去。他反而更进一步，劝谏汉武帝停止与周边民族的战事。

汉武帝慢慢老了，担心国家偏离理想的轨道，更担心儿子没有驾驭天下的能力。

进入晚年后，刘彻身体越来越不好，住在长安的时间越来越少，长年累月逗留在城外的离宫甘泉宫中。父子见面的时间越来越少了，本来心里就有小疙瘩，现在因为疏远恶化成了心理隔阂。这种情况最怕小人在中间挑拨离间了，这时候偏偏就有小人跟刘据过不去。酷吏江充依靠着不断地检举他人、刑讯逼供一步一步爬上来，刘据很讨厌他。江充也很讨厌太子，他和太监苏文等人怕太子继位后惩办自己，就勾结起来阴谋扳倒刘据。

公元前92年，刘彻病情加重了。江充就奏言，皇帝的疾病根源在于有人利用巫蛊暗算皇上。多疑的刘彻很自然授权江充，查办巫蛊一事。

就在江充受命查办巫蛊一事的第二年正月，卫子夫的姐夫、丞相公孙贺的儿子公孙敬声自恃是皇后的外甥，骄奢犯法，大胆挪用禁军军费。事情败露后，公孙敬声被抓进大牢，按律当斩。公孙贺救子心切，四处活动营救爱子。刚好当时朝廷在大肆搜捕通缉犯、阳陵大侠朱安世，苦于抓不到他。汉武帝一天多次催逼早日逮到朱安世。公孙贺于是自请追捕朱安世，请求能以功赎儿子公孙敬声的罪过，得到了汉武帝的同意。后来，公孙贺果然抓到了朱安世。朱安世也不是浪得虚名的大侠。他很快就得知公孙贺想用自己来赎出儿子，笑道：“公孙贺他自己就要大祸临头了。大不了，大家同归于尽。”朱安世于是从狱中上书，告发公孙敬声与阳石公主私通，告发公孙敬声派巫师祭祠诅咒皇上，并且在皇帝前往甘泉宫的路上埋下偶人，恶言诅咒。和公主私通属于生活作风问题，并不能置公孙家于死地，但是有关巫蛊诅咒皇帝的事情将公孙贺父子推向了死亡的深渊。汉武帝很快命令有关部门处理公孙敬声巫蛊案。这种案子原本就难以自明，加上汉武帝的命令中有"穷治所犯"四个字，办案人员宁信其有不信其无，强力刑讯。公孙贺父子最终死在狱中，公孙家被族诛。还有多位朝中显贵受到株连致死，包括卫皇后的女儿诸邑公主、阳石公主和卫青长子、袭了爵位的长平侯卫伉。卫家的势力几乎遭到全歼。

巫蛊案子破了一个，但甘泉宫中刘彻的病情却不见好转。公元前91年的夏天，刘彻在甘泉宫常常做噩梦。在梦中，有许多人拿着大棒朝自己砸过来。刘彻认定，巫蛊诅咒的阴谋依然存在。江充趁机进谏说，那可能是宫廷里面有人从事蛊道祝诅，需要加大勘查的范围和办案力度。于是，汉武帝又一次授权江充在宫廷中追查巫蛊之事。

江充得到查办巫蛊的"尚方宝剑"后，禀报说长安城的皇宫中果然有蛊气，得到汉武帝允许后入宫大挖特挖。江充连汉武帝的宝座周围都掘地三尺，终于在太子宫的挖掘有"重大发现"。江充等"专案组"成员和胡巫们挖到了桐木人和一卷帛书。帛书中写着一些乱七八糟的符号。经过江充和巫师巫婆们的"翻译"，帛书上的内容是诅咒汉武帝刘彻早死。

这帛书不是太子刘据弄的，但却是在他的宫中被挖出来的，因此刘据是纵有千口也难辩。江充则挥舞着"战利品"，得意洋洋，要去禀报刘彻。刘据已经和父亲有感情隔阂，相互有不信任感了，现在就想了：如果让父亲看到我诅咒他的木人和帛书，他会不会废掉我呢？刘据越想越悲观，开始担心父皇会不会杀了自己。他陷入了恐惧之中。太子身边的人，比如太傅石德等人，也非常恐惧。皮之不存，毛将焉附？为了保住刘据的太子地位，石德等人采取了危险的对策。他们首先想到的是江充等人要置太子于死地，接着就怀疑甘泉宫的老皇帝为什么要听任小人陷害太子，老皇帝身体一直不好，现在是不是还活着？ 既然老皇帝的生死都有问题了，那么江充等人的举动就是一个彻头彻尾的阴谋了。 在身边人的鼓动下，刘据下定决心绝地反击。 他假传皇帝的圣旨，将江充等查案子的人全都就地正法了。 因为事出仓促，跟着来查案的太监苏文逃走了，跑到甘泉宫去向刘彻报告说太子造反了！

刘据杀死一帮小人后，没法回头了，干脆树起"清君侧"的大旗来，聚拢力量控制长安城。 刘据派太子舍人无且率领一队武士，持皇帝的纯赤色符节赶到未央宫，与皇后卫子夫联系。 卫子夫内心不想造反，如今面对儿子派来的武士，知道箭在弦上，不得不发了。 她对丈夫的不满和对儿子的爱全都转化为对冒险的积极配合。 卫子夫将皇后中宫的侍卫车马和长乐宫的侍卫车马全都交给了儿子，并打开了武器库。 刘据分发众人武器，真正地踏上了武装叛乱的道路。

这场被称为"巫蛊之祸"的政变就此爆发了。 刘据的力量和刘彻调拨来镇压的军队在长安城里混战了几天几夜，杀得尸横遍野。 鲜血淹没了街道，都汇聚成了赤红的河流。 其中有一个细节需要交代： 汉武帝刘彻接到太子造反的报告后，开始并不相信，还派人回长安城探明情况。 谁知道，派出去的小太监害怕，根本不敢去长安，在外面转悠回来，撒谎说太子造反了。 刘彻这才调兵镇压的。这也说明了，刘彻、刘据父子的信息交流渠道堵塞到了何种程度。

混战的结果是，刘据一帮人寡不敌众，遭到了血腥镇压。 刘据带着两个儿子逃出城外，跑到湖县泉鸠里（今河南灵宝西部与陕西交界处的泉里村）的一户农家藏匿了起来。 收留太子父子三人的农夫家非常穷，一家人连温饱都解决不了，收留太子父子后生活就难以为继了。 刘据突然想起认识相邻的新安县的一个富豪，就幼稚地传信给他，希望能够得到接济。 他的老朋友接到信息后，向本县官府告发。 官府发兵围捕太子。 两位儿子为了掩护父亲上前搏斗，都被官兵杀害。 刘据知道难以逃脱，在房中悬梁自尽。

政变平息后，震怒的刘彻派人收缴皇后的玺绶，要废掉卫子夫。卫子夫在宫中自杀。 太监苏文找了口薄棺材，将卫子夫草草埋葬在长安城南的桐柏。汉书说至此"卫氏悉灭"。

老百姓们对死去的刘据很有好感，对他的死很同情，都相信刘据不会用木偶人诅咒皇上。随着时间的推移，江充等人陷害太子的证据也渐渐败露出来，民间的舆论开始朝着有利于刘据的方向发展。刘彻冷静下来后，也开始相信儿子刘据起兵主要是被逼自卫，并没有谋害自己的意思。关键时刻，负责守护汉高祖刘邦陵寝的高寝郎车千秋上书为刘据犯颜直谏，扭转了整个局势。他写道："儿子对着父亲舞刀弄枪，应该受到鞭笞。如果皇帝过失杀死了太子，那又应该做何处理呢？"刘彻对车千秋的上书非常感慨，也非常重视。出乎众人意料，车千秋竟然因为这次上书而被擢升为丞相。之后，巫蛊动乱的处置完全被颠倒了过来。苏文被活活烧死，抓捕刘据的官员也被杀。刘彻为追念刘据，在儿子遇害的湖县修建思子台和宫殿，追悔莫及。

北方有佳人

一

经历了两段不圆满的感情之后，汉武帝刘彻常常感到莫名的伤感和无奈。原先宠爱的王夫人不幸病逝后，刘彻更加感到生活空虚寂寞。于是，他用宫廷歌舞音乐来振奋日渐颓靡的精神，刺激空虚无聊的生活。越得不到生活温暖的帝王，越是宫廷礼乐的慷慨支持者和爱好者。刘彻的后半生没能逃脱这条宫廷规律。

众多的宫廷乐师中有一个人叫李延年，精通音律，创作的曲子很有感染力，让汉武帝常常莫名地感动。于是，他经常指定李延年来创作、导演歌舞。可惜，李延年不是一个纯粹的艺术家，而有着强烈的权势欲望。他借机接近汉武帝后，就琢磨着怎么为自己博取功名利禄。刚好，李延年有一个妹妹，姿容秀媚，体态轻盈，却因为出身卑贱，沦为歌女。李延年就想把她进献给汉武帝为妃。汉武帝处于感情和生活的空窗期，李延年自信进献妹妹恰逢其时。可怎么献给汉武帝呢？

一天，汉武帝在宫中酒宴，平阳公主也在座。李延年负责歌舞。刘彻酒酣，李延年亲自起舞，深情唱起一首新歌：

> 北方有佳人，绝世而独立。
>
> 一顾倾人城，再顾倾人国。
>
> 宁不知倾城与倾国，佳人难再得。

歌声绕梁，刘彻闭目体悟，然后悠悠谈道："世间哪有歌中的这般佳人啊？"

早被李延年买通的平阳公主在一旁平淡地说："陛下有所不知，李延年的妹妹便是一位倾国倾城的绝世佳人。"

刘彻心中一动，立即命召李氏入宫。李延年顺势将其妹引入宫中。刘彻一看，果然是一位沉鱼落雁、闭月羞花的美女，随即就纳李氏为妃。汉武帝对这位李夫人宠爱有加，迎来了新一轮的热恋期。

二

一年以后，李夫人生下一个皇子。这个皇子就是日后的昌邑王刘贺。刘彻很高兴。

天妒红颜，上天总不会让倾国倾城的美貌和顺风顺水的命运在一个女子身上共存。李夫人的身体一直羸弱，生产后调理不过来，病倒了，日渐病重，容貌憔悴。刘彻忧心忡忡地前来探望。李夫人却赶紧用被子严严实实地裹住自己，不让皇上看她。刘彻执意要看，很不理解爱妃为什么要这么做。李夫人躲在被子里，嘱咐道："臣妾来日不多，希望陛下日后多照顾我的儿子和兄长。"刘彻心里酸楚，劝说李夫人好好养病，说："让朕看看你，你当面将儿子和兄长托付给朕，不更好吗？"李夫人却把自己裹得更严实了，说："身为妇人，形容不修，服饰不整，不足以见君王。臣妾如今蓬头垢面，实在不敢与陛下见面。请陛下恕罪。"李夫人越不愿意相见，刘彻就越要见面："夫人如能见朕，朕赐给夫人黄金千金，并给夫人兄长加官晋爵。"一边说着，刘彻一边用手揭开被子。李夫人赶紧转身背对着刘彻，掩面哭泣，任凭皇帝再三呼唤就只是独自流泪。她说："陛下是否关照我的兄弟，并不在乎是否一见。"李夫人的态度很坚决，刘彻无可奈何，最后生气地走了。

汉武帝离开后，李夫人姐妹们都埋怨她不该这样不近人情，尤其是不该对汉武帝这么绝情。李夫人这才说出了自己的道理："凡是以容貌取悦于人，色衰则爱弛。我如果让皇上看到如今憔悴的样子，之前在皇上脑海中的美好印象就会一扫而光。到时候，皇上还会照顾我的儿子和兄弟吗？"

李夫人果然有先见之明。刘彻虽然生气地走了，但对李夫人的容貌和往日恩情念念不忘，进而对儿子昌邑王钟爱有加。 李夫人的两个哥哥李延年、李广利都得到了汉武帝的关照。 尤其是李广利，简直得到了刘彻的纵容和溺爱。 为了给李广利创造封侯的机会，刘彻不惜征发大军让李广利远征西域夺取汗血宝马。 结果李广利损兵折将，还拉帮结派要拥戴昌邑王为帝，事败后投降了匈奴。 这些都是后话了。

李夫人死后，刘彻把对她的美好印象深深刻在了灵魂深处。 他命画师将李夫人的容貌画下来挂在甘泉宫，日思夜想。 这还不够，思念像癌细胞一样肆意蔓延，刘彻最后一心想重新见到李夫人。 就在汉武帝日夜思念李夫人，感叹阴阳相隔、人鬼殊途的时候，方士李少翁适时地出现了。 他宣称能够在夜里以方术让李夫人现身，汉武帝可以在帷中与她相会。 刘彻就让他在宫中设坛招魂。 夜幕深重，甘泉宫中点起簇簇灯烛，刘彻在帷帐里观望，纱影灯光中李夫人的曼妙身影隐约翩然而至。 这场人鬼相见的戏最终因为汉武帝心急，看到了李夫人的身影还想亲密接触，走出了帷帐而没有圆满结果，但汉武帝毕竟看到了李夫人楚楚动人的影子。 有人说李少翁是用海里的"潜英之石"雕刻成李夫人的样子，然后放在远处，给刘彻造成模糊的假象。 笔者觉得李少翁极可能用的是烟幕等道具加上自身思念过度让汉武帝产生的幻觉。 毕竟，李少翁能够让人鬼相见的本领使汉武帝看到了打破生死界限的一线希望，很快就被封为"文成将军"。

李夫人生前没有受封皇后，汉武帝死后，汉昭帝即位，大将军霍光上奏说遵照汉武帝的遗愿，请求追尊李夫人为"孝武皇后"，并用皇后之礼葬之。 汉昭帝同意了。 李夫人就成了汉武帝的第三位皇后，而且是结局最好的一位皇后，得到了汉武帝的深深思恋。 这得归功于李氏的无所作为和早死。

钩弋夫人

一

刘彻岁月的最后时光和赵夫人记录在了一起。

赵夫人很奇怪，首先是她的身世很奇怪。晚年的刘彻反省政策，经常出巡。刘彻一次巡视河北到达河间这个地方的时候，术士声称此地有祥云瑞霭，表明必有奇女生长于斯。刘彻下令调查，进而得知河间有个奇怪的女子。该女子姓赵，其父犯法被处以"宫刑"，曾任汉宫的中黄门，夫妻俩早早死去。赵氏由姑妈赵君姁辛苦养大，容貌美丽，就是寡言少语，更奇怪的是她双手紧握成拳头，从生下来就没有打开过，别人怎么用力都掰不开。

刘彻见到赵氏，也惊叹于她的美貌、好奇于她紧攥的拳头。他试着想掰开赵氏的拳头。奇迹出现了，刘彻没用多大力气，赵氏的双手就伸展开了，右手心里还紧紧地握着一枚小小的玉钩。刘彻高兴万分，认为这件神奇的事情是上天的安排，赵氏就是上天赐予自己的礼物，不然为什么将玉钩放在赵氏的手心，让赵氏攥紧拳头握着，等待着与自己的相逢呢？

既然相逢了，刘彻就不愿让赵氏从自己的生命轨迹中滑过。他立即将赵氏纳入后宫，称作"拳夫人"。

赵夫人第二个奇怪的地方是她入宫不久就怀孕了。当时赵氏只有十六七岁，而刘彻已经六十三四岁了。刘彻的惊喜之情可以想象。更让刘彻惊喜的是，赵氏怀孕了14个月才生下一个男孩！传说上古明君尧也是母亲怀胎14个月降生的，小皇子竟然和尧帝的诞生情况相似，是否预示着什么呢？大喜过望的刘彻给这个太始三年（公元前94年）诞生的最小的儿子取名为刘弗陵，将赵氏生子之处的宫门改名为"尧母门"，并进封赵氏为婕妤，号"钩弋夫人"。

刘弗陵出生之初，刘彻对太子刘据非常失望，经常感叹太子和自己不像。 年老的刘彻很自然把感情倾注在刘弗陵身上，关心刘弗陵的生活起居，更关心刘弗陵的性情秉性。 确切地说，他希望刘弗陵能够按照自己的规划和标准成长。 好在一个六七岁的小孩子也显露不出个性来，往往在各方面都能让刘彻找到满意的地方。 加上刘弗陵长得虎头虎脑、聪明伶俐，更讨刘彻欢心了。 刘彻常对人夸耀："弗陵类我。"

征和二年（公元前91年），巫蛊事变起，太子刘据自杀，卫子夫被赐死。 刘彻沉浸在悲伤之中，带上钩弋夫人移居甘泉宫。 在甘泉宫，刘彻周密盘算起了身后事。 他招来画工，画了《周公辅成王图》。 周公是西周初年著名的辅政大臣，大公无私，辅助年幼即位的周成王，为西周百年事业奠定了基础。 汉武帝把这幅画交给了大臣霍光（霍去病同父异母的弟弟），向群臣明确表明了要立刘弗陵为太子的意图。

人们多羡慕年轻的钩弋夫人啊！ 她和她的家族即将得到众人梦寐以求的权势与富贵。

二

羡慕之余，帝心难测，事情急转直下。 几日后，汉武帝刘彻就因为无关痛痒的小事情痛责了钩弋夫人。

钩弋夫人赶紧摘掉头簪等首饰，叩头谢罪。 谁知汉武帝毫不留情地说："快把她抓出去，送到掖庭，关进监狱！"钩弋夫人就这样莫名其妙地被人拉走了。 她一边挣扎，一边回过头来，向刘彻投去不解、委屈、祈求和恩爱的目光。 刘彻没有被这目光打动，而是强硬地说："快走，你肯定不能活！"最终，钩弋夫人死在了云阳宫。 使者在夜里将钩弋夫人草草埋葬，连碑都没有立，只在坟上做了标记而已。 史载："时暴风扬尘，百姓感伤。"这显然是个冤案。

汉武帝为什么这么决然地杀害宠爱的钩弋夫人呢？ 这还是刘彻根深蒂固的权力欲在作怪。

刘彻本人之后曾问左右："外人对钩弋夫人之死怎么看啊？"有一个侍从很诚实地回答："外人都不明白既然要立小皇子为太子，为什么要杀死其母呢？"刘彻说："正是如此，钩弋夫人才必须死。普通人怎么能知道呢！往常国家之所以起乱子，大多由于主少母壮。女主独居骄横，淫乱自恣，幼主和大臣们难以遏制她。你们难道不知道本朝吕后的事情吗？"的确，母后干政专权是帝制的一大顽疾，西汉王朝多次受到这一问题的侵扰。西汉初期的吕后专权就不用说了，汉武帝刘彻本人就亲身经历了窦太后在父亲汉景帝时期专权、生母王太后在自己登基后的专权。对权力极为敏感的刘彻不能忍受皇权旁落，担心幼子刘弗陵即位后钩弋夫人及赵氏外戚专权，所以他才痛下杀手。

除了钩弋夫人外，凡是为刘彻生过孩子的嫔妃，不论所生是男是女，也不论嫔妃年纪大小，"无不谴死"。这下，刘彻彻底不用担心刘弗陵有大权旁落的危险了。

钩弋夫人被杀的第二年（公元前 87 年），71 岁的刘彻卧病不起，临终前将 7 岁的刘弗陵托孤给了霍光。刘弗陵即位，是为汉昭帝。汉昭帝追封生母钩弋夫人为皇太后，修建陵墓重葬，拨三千户居民守护陵墓。钩弋夫人成了汉武帝的第四位皇后，她的同族兄弟都得到了赏赐，但赵家只有钩弋夫人的生父得到追封，并没有出现刘彻担心的外戚干政情况。而按照刘彻遗诏，霍光受封博陆侯，主持了国家大政。卫霍家族迈出了复兴的扎实步伐……

纵览汉武帝刘彻的感情经历，生活和政治完全纠结在一起，无法区分开。刘彻对权力的渴望和敏感压倒了夫妻感情。各个皇后的悲剧，大多出于此。比如卫子夫从歌女到皇后，卫青从骑奴到大将军，缔造了一个家族崛起的神话。卫家尽管权势熏天，但这个家族安分守己，也没有什么"负面新闻"。卫家的主要人物还为西汉王朝作出了突出贡献。可他们遇到了一个强权君主，一个晚年多疑的刘彻，顷刻之间就被连根拔起，满门抄斩，令人惋惜感慨。又比如陈阿娇的骄横、钩弋夫人可能的专权，都让刘彻接受不了。而这便是皇帝和皇后们特有的病症。谁让他们不幸生在帝王家呢？

帝国瑰色

汉宫怨——权力重压和汉宣帝的爱情挣扎

草根神话

权力与爱情

童话的尾声

草根神话

一

汉宣帝刘病已是个无助的孩子。

进入权力角斗场的人都是无助的人。 政治险恶，他们往往找不到真心的朋友，找不到一劳永逸的依靠。 但刘病已比其他人更加无助。 他一生下来就没见过父母，祖父刘据、父亲刘进、母亲王氏因为"巫蛊之祸"被杀。 刘病已刚满月就成了钦犯，进了监狱，后来侥幸捡了一条命混迹民间，随后又奇迹般地做了皇帝，但一切仰仗权臣霍光的支持，他这个皇帝是个光棍司令。 他像浮萍一样飘荡在西汉王朝的政治中心，无根无基，空有尊号而已。

元平元年（公元前 74 年）的秋天，长安城笼罩在一片肃杀、荒凉之中。

刘病已迎来了当皇帝之后的第一个秋天，也第一次感受到了政治秋天的茫然无助。 几个月前，登基之初的刘病已照例要谒见汉高祖刘邦的宗庙。 大将军霍光随驾前往。 他德高望重，有资格和皇帝刘病已并列坐在同一驾车上参加祭祀。 刘病已和霍光比起来，身材单薄，气质稚嫩，更没有威望可言，反而像是一个陪衬的随从。 刘病已斜视正襟危坐的霍光，觉得如同有芒刺扎在背上，心中惶恐不安。看着沿途臣工敬畏的神情，他知道他们的敬畏是对霍光的，而不是对自己这个名义上的皇帝的——毕竟霍光经历四代皇帝、参政五十年，还废黜过一位皇帝——昌邑王刘贺。

刘病已这个可怜的孩子谨小慎微地度过在长乐未央宫的每一天，压制着内心的真实想法。 能忍的，他都忍了。 在最近一段时间，刘病已遇到了一道难以跨越的槛。 登基的时候，刘病已半自觉半不自觉地册立了霍光的小女儿霍成君为妃子。 之后霍光及其周边的人一再敦促刘病已早日确立皇后人选。 他们的意思很清楚，这个皇后非霍成君莫属。 问题是，刘病已并不爱霍成君，甚至连好感都谈不上。 刘病已深爱贫贱时期的发妻许平君，两人还刚生下了一个可爱的皇子。 一边是政治重压，一边是内心真爱，刘病已应该怎么选择呢？

在这个寒冷的秋天里，皇宫中留下了刘病已沉重的踱步声和偶尔释放的叹息声。 他尽可能像平常一样去探望刚刚生产的爱妻许平君。 但他实在不擅长掩饰，许平君能够从年轻的丈夫的眼睛中读到茫然与无奈。 这个出身平民的姑娘也第一次感受到了政治的无助。看到爱妻受伤的样子，刘病已暗暗下定了决心，这一次他不能妥协。皇帝可以在政治上妥协，那是为了政治前途；但没有必要在家庭情感上妥协，不一定要为权力放弃真爱。

刘病已有信心遏制住霍光等人的压力，册立一位名副其实的皇后。 在此之前，刘病已已经迈过了两道政治大槛，一次是婴儿时躲过血光之灾，一次是一步登天成为皇帝。 他能够艰难地走到今天，除了天意，更是个人努力奋斗的结果……

二

让我们把时间倒推到公元前 92 年，汉武帝末年。

这一年，鲁国（今山东曲阜）人丙吉迎来了自己政治命运的重大转机。 丙吉自幼学习律令，曾经担任过鲁国的狱吏，因有功绩，被提拔到朝廷任廷尉右监（廷尉的高级助手，相当于现在的最高检察院检察官）。 遗憾的是在朝廷中任职，仅仅靠政绩是不够的。 丙吉显然不适应中央的复杂关系，不久因涉案受到株连，罢官出京，到外地去担任州从事（封疆大吏的高级助手）。 现在丙吉毫无征兆地接到调令回长安任职，尽管满怀疑惑，但也赶紧收拾行囊回京。

当年，长安城内发生了“巫蛊之祸”。 这场大祸发生在年老的汉武帝和并不年轻的太子刘据之间。 刘据因受敌对势力和佞臣们的诬陷，为父皇汉武帝所疑。 他惧祸而被迫起兵占据长安，兵败后自杀。其母、武帝皇后卫子夫也随之上吊自杀。汉武帝在盛怒之下，丧失了理智，严令深究刘据全家及其党羽。刘据这一脉的皇子皇孙除了刘病已外全部被处斩，长安城有几万臣民受到株连。许多京官被削籍为民。因"巫蛊之祸"案情复杂，涉案人员极多，加上许多京官本身又受到株连，因此朝廷从地方抽调办案人手。丙吉因为担任过廷尉右监，因此被调回长安参与案件审理。

在政治高压和白色恐怖之中，所谓的案件"审理"完全是一句空话。一切都已经被定性了，丙吉等人的工作实际上就是贯彻圣旨、完成程序、惩罚犯人。具体到丙吉，他的任务就是主管长安的监狱。

长安的天牢中有一个刚满月的婴儿，因为受"巫蛊之祸"的株连被关入大牢。他就是刘据的孙儿、汉武帝的曾孙。太子刘据纳史良娣，生下了皇孙刘进；皇孙刘进纳王夫人，生下了这个婴儿。小婴儿刚出生就遭到"巫蛊之祸"，曾祖母、祖父母、父母等亲人都遇害身亡。小婴儿尚在襁褓之中。政敌们一时也不知道应该如何处置他，就将他关到大牢中等待命运的审判。

尽职的丙吉在检查监狱时发现了这个小皇曾孙。当时的婴儿被遗忘在肮脏的稻草堆上，由于长时间的啼哭耗尽了体力，加上长期的缺奶，早已是奄奄一息。善良的丙吉于心不忍，就暗中在牢房中找了两个刚生育还有奶水、人又忠厚谨慎的女犯人（一个是淮阳人赵征卿，一个是渭城人胡组）轮流喂养这个婴儿。丙吉还给小婴儿换了一间通风、干燥的牢房，提供了冷暖适中、物品齐全的生活条件。

在接下去的几个月里，丙吉每月得到俸禄，就先换来米肉供给牢房中的小皇曾孙。他坚持每天检查婴儿的生长情况，不准任何人惊扰孩子。有时候，丙吉实在太忙或者生病了，也派家人早晚去探望小皇曾孙，看看被褥是否燥湿、饮食是否得当。然而监狱中的条件毕竟恶劣，刚出生的皇曾孙经常得病，甚至数次病危，丙吉都及时地命令狱医诊断，按时给孩子服药，才使孩子转危为安。丙吉对这个孩子的照顾渐渐地从最初的恪守职责转变为特殊的关爱。如果没有丙吉无微不至的照顾，小皇曾孙早就死在狱中了。两位犯罪在监的奶妈也将小皇曾孙视作自己的孩子，精心照料。就这样，可怜的孩子在狱中竟然奇迹般地成长了起来。

当丙吉在监狱中细心照顾尚是犯人的皇曾孙的时候，监狱外的"巫蛊之祸"还在继续，连年不绝。小皇曾孙已5岁了，还没有离开过监狱的高墙。丙吉觉得将孩子终生养在监狱中终究不是办法，就试探着请高官贵族收养这个孩子，给孩子正常的成长环境。那些高官显贵们一听说孩子的来历，慌忙摇头，唯恐避之不及，谁还愿意收养。没有办法的丙吉只好继续照顾着小皇曾孙。

在小孩子一次大病痊愈后，丙吉看着体弱多病的小皇曾孙，替他起名为"病已"，意即孩子的病已经全好了，以后再也不会得病了。这个孩子于是就叫做了"刘病已"。

三

后元二年（公元前87年），汉武帝生了重病，进入又一轮长期调养。有人想在汉武帝病重期间再次兴风作浪，指示看风水的人上书说长安监狱中有天子之气。多疑的汉武帝竟然下令将关押在长安监狱中的犯人，无论罪行轻重，一律杀掉。老皇帝希望通过这样决绝的做法来扫除一切对自己权力的威胁。

内谒者令郭穰受命连夜赶到丙吉主管的监狱，要执行皇帝的旨意。丙吉勇敢地抗拒圣旨，命令关闭监狱大门，拒绝使者进入。他隔着墙壁高喊："皇曾孙在这里。其他人因为虚无的名义被杀尚且不可，更何况这是皇上亲生的曾孙子啊！"

双方僵持到天明，郭穰还是进不了监狱。他只好返回宫中将情况报告给汉武帝，并弹劾丙吉抗旨。汉武帝受到这次挫折后，反而头脑清醒了许多，叹气说："这也许是上天借丙吉之口来警示我吧！"他非但没有追究丙吉的罪过，也没有继续下达杀犯人的圣旨，相反还宣布大赦天下。说来也奇怪，不久汉武帝的病竟然好了。

丙吉主管的监狱一下子就空了。刘病已的两位奶妈分别回家乡淮阳和渭城去了。 刘病已也不再是犯人了，可以做一个自由的普通百姓，真正算是虎口脱险了。 丙吉到处忙着张罗给刘病已找一个去处。 他最后打听到刘病已的父亲史皇孙刘进的舅舅史家（史家的一个女儿嫁给了卫太子刘据，就是史良娣）。 当时史家还有刘病已的舅曾祖母贞君和舅祖父史恭，一家人住在长安近郊的杜县。 丙吉于是把刘病已送到杜县史家。 史恭见到这个外甥的儿子，史老太太见到这个曾外孙，惊喜交加，毅然接过了抚养大任。 老太太对刘病已异常疼爱，不顾年老体衰亲自照料他的生活。 只有 5 岁的刘病已当时还没有记忆，在新的、舒适的环境中，对之前的监狱生活逐渐淡忘了。 他对长安监狱中的高墙、两位慈祥的奶妈和那可以自由出入的丙吉的印象越来越模糊。 史家为了孩子的安全考虑，为了给孩子一个正常的环境，也刻意不提长安的监狱。 丙吉回到长安，继续去做他的官，绝口不提刘病已的事情。 所有的一切似乎都成为过去式。

不久，风烛残年的汉武帝最终知道了"巫蛊之祸"的真相，明白了儿子刘据的苦衷与冤情。 他悔恨不已，下诏罪己，开始为案件平反。 临终前，汉武帝对亲自害死儿子刘据耿耿于怀。 他想到刘据这一脉中还保留着一个独孙——刘病已，于是下诏令宗正（主管皇室族系的官员）将他的名字重新载入皇室的牒谱，正式恢复了刘病已的皇室成员身份。

在中国传统社会中，血缘是个人社会地位非常重要的组成要素。对于皇室政治来说，血缘尤其重要。 它通常是一个人权力合法性的来源。 具体到刘病已身上，在恢复皇室身份之前，尽管他是前太子的孙子，但作为皇室门外的孩子，他是毫无政治前途可言的。 相反，它可能成为政治祸害的来源，因此达官贵人们都不愿意收养刘病已。 可怜的孩子只能住在舅祖父家里。 现在，刘病已恢复了皇室身份，不仅上升为贵族阶层，还在理论上具备进入政治核心的可能性。更值得留意的是，刘病已的血脉出于汉武帝嫡长子刘据，而且是刘据这一脉唯一的后人。 尽管我们不能因此就断定当时刘病已的政治前途无量，但日后封个侯爵、捧上"金饭碗"还是有可能的。

四

说完刘病已传奇的童年经历，我们要来看看刘病已的感情经历了。

话说按照制度，未成年的皇室成员由掖庭令看管抚养。刘病已"认祖归宗"后，也从杜县的舅祖父家被接到了长安，接受皇室的抚养和教育。巧的是，当时的掖庭令张贺年轻的时候是刘据的家臣。刘据生前对张贺多加照顾，张贺也始终念着前太子的恩德。现在，他很自然地将这种感情转移到了对前太子的孙子身上，对刘病已的抚养教育格外上心。

成年后，刘病已居住在长安的尚冠里。张贺不仅在职权范围内处处优待刘病已，自掏腰包资助刘病已读书游学，还开始张罗着操办刘病已的婚事来。

因为刘病已身份特殊，他的婚事一开始并不顺利。张贺原本想把自己的孙女嫁给刘病已，可惜遭到了家族内部的强烈反对。他们认为刘病已只是一个空头贵族，仅仅有皇室的血统，却没有丝毫实质的好处。把女儿嫁给这样的人，生活都不一定能得到保障，更不用说政治前途了。张贺去找了其他贵族官员家庭，结果也都碰壁而回。贵族百官都希望能把女儿嫁给豪门显贵，起码得有丰裕的物质生活保障，但刘病已没有。

一天，张贺遇到了"暴室啬夫"许广汉。许广汉是个霉运缠身的家伙。他是昌邑人，汉武帝时期做了朝廷的郎官，曾一度政治前途不错。可在一次随同汉武帝出巡的过程中，许广汉晕了头，将别人的马鞍套在了自己的马匹上，被扣上在圣驾面前"盗窃"的罪名，被判处"腐刑"，成了一名太监。许广汉的太监也是当得稀里糊涂的，其实就是一个看管绳索的差使，竟然在皇帝要绑犯人的时候他却找不到绳子了。结果，许广汉再次被发配到监狱中，当了一名最底层的管理员，官名就是"暴室啬夫"。张贺注意到许广汉是因为他知道许广汉这个可怜虫在做太监之前，生下了一个如花似玉的女儿。

于是，为了刘病已的婚事屡屡受挫的张贺向许广汉提了亲。许广汉开始也不想把在家待价而沽的女儿嫁给刘病已这个落魄皇孙，但张贺是上级，又考虑到刘病已虽然落魄但毕竟是皇室血统，日后还存在咸鱼翻身的可能性。许广汉估量了自己的情况，觉得这桩婚事还是挺般配的，点头同意了。

公元前 75 年，刘病已迎娶了许广汉的女儿许平君为妻。许多包办婚姻的主角的生活都不美满，但刘病已和许平君却一见钟情，恩爱异常。婚后不久许平君就怀孕了，第二年生下一个儿子。

尽管生活并不完美，但刘病已的平民日子过得相当舒服。他接受了系统的教育，向东海澓中翁学习《诗经》，喜欢读书，也非常用功。同时，刘病已也喜欢游侠，斗鸡走马，游山玩水。这是当时上流社会的普遍爱好，但刘病已没有沉溺其中，相反却利用游玩的机会，观察风土人情，深知人民疾苦，接触到了真实的社会。刘病已虽然在长安居住受教育，但还是经常回杜县史家居住。他终身都非常喜欢杜县一带的山水，"尤乐杜、鄠之间，率常在下杜"。史恭的儿子、刘病已的表叔史高、史曾、史玄都和刘病已在一起玩耍长大。与生长在深宫之中、长于妇人之手的皇子皇孙们不同，刘病已成长于民间，还当过一段时间的普通百姓。他游历了关中各地，探访本朝先帝陵寝，考察民间疾苦，史称"具知闾里奸邪，吏治得失"。早年的不幸，让刘病已幸运地获得了一份真爱和正常的人格与认知能力。

五

在刘病已 18 岁的时候，丙吉又给了他一个大恩。

与刘病已分开后，丙吉转任了车骑将军军市令，后来升迁为大将军霍光的长史，在霍光身边经历宦海沉浮。虽然刘病已和丙吉都生活在长安城内，但他对丙吉当年抚养自己的情形已经淡忘了。元平元年（公元前 74 年）4 月，汉武帝的儿子、年轻的汉昭帝刘弗陵驾崩，没有留下子嗣。大将军霍光奏请皇后征汉武帝之孙、昌邑王刘贺为新皇帝。 7月，刘贺即位后，荒淫无道。 霍光以刘贺淫乱多罪而废黜了他。 于是，中国大地出现了短暂的没有皇帝、又缺乏继承人选的情况。

霍光与车骑将军张安世等大臣多次讨论继承人选，都难以决定。新的皇帝首先要从汉武帝的子孙中挑选，而且辈分不能过高，也不能太低。 除了早死的刘据，汉武帝还有四个儿子，分别衍生出四支血脉来。 其中刘弗陵一支已经绝嗣；刘贺一支被实践排除了；汉武帝的儿子中在世的还有广陵王，但是广陵王无能无德，汉武帝生前就将他排除在皇位继承人选之外了，现在自然也不能再去迎立他这一支的人选；燕王一系因为燕王刘旦谋反自杀，属于大逆不道，他的子孙也因此丧失了继承的资格。 那么，剩下的就只有同是汉武帝儿子，并曾经是太子的刘据这一支的人选了。 而这一支的人选只有刚满18岁的刘病已一人而已。

丙吉及时抓住机会，向霍光进言说：“将军您受孝武皇帝褓褓之托，任天下之寄。 不幸孝昭皇帝早崩无嗣，之后所立非其人，复以大义废之，天下莫不服从。 方今社稷宗庙群生之命在将军一举。 我看现在大臣们所讨论的人选都是在位的诸侯宗室，忽视了那些还没有爵位、尚在民间的皇室子孙。 将军，您是否记得，武帝临终前的遗诏中提到将皇曾孙刘病已认祖归宗，由掖庭抚养。 这个刘病已就是前太子刘据的孙子。 我在他幼少的时候见过他，现在已经十八九岁了。 刘病已通经术，有美材，举止有度，名声在外。 希望大将军先让刘病已入侍皇宫，令天下昭然知之，然后决定大策，那么天下幸甚！”

霍光觉得丙吉的建议非常有道理，认为刘病已不论从血统还是才干上都适合做皇帝，下定了尊立皇曾孙刘病已为皇帝的决心。 统揽大权的霍光点头后，其他大臣也纷纷附和。 于是霍光和众大臣上奏皇太后说：“按照礼法，大宗无嗣，可以择旁支子孙中的贤者为嗣。孝武皇帝曾孙刘病已，由掖庭抚养长大，至今已经18岁。 他师受《诗》、《论语》、《孝经》，操行节俭，慈仁爱人，可以继嗣孝昭皇帝之后，奉承祖宗，为天子。"皇太后同意了。

皇宫随即派使节到尚冠里的刘病已家里，伺候刘病已洗沐更衣。刘病已没有任何爵位，因此先去未央宫拜见皇太后，被封为阳武侯；随后群臣再奉上玺、绶，恭迎阳武侯刘病已即皇帝位。刘病已于是拜谒高庙，向列祖列宗宣布登基称帝的消息。

刘病已就是汉宣帝。他即位后，对张贺、史恭等人知恩图报，加官晋爵，甚至连子孙都大加封赏。对于丙吉，汉宣帝认为他有拥立的功劳，依惯例晋封为"关内侯"（关内侯不是实实在在的侯爵，而只是表明受封者的侯爵资格）。刘病已并不知道丙吉在幕后对自己的两次大恩。在他心目中，张贺、史恭等人的功劳要比丙吉更大。朝廷中的官员也都不知道丙吉与新皇帝的关系。丙吉为人敦厚，依然对过去的事只字不提。在争功夺利早已是常态的政坛上，丙吉的品德显得格外的高贵，为自己在历史上留下了醒目的一笔。

权力与爱情

一

在元平元年的这个秋天中，不止刘病已一个人在回顾自己成长和登基的历史，大将军霍光也在反复梳理这段记忆。

刘病已从其中得出的感悟是要加倍珍惜来之不易的真爱和权力。而霍光得出的结论是自己和霍家对西汉王朝、对刘病已有着"再造之恩"。霍光是四朝重臣，统揽大权几十年。刘病已的皇位是霍光首肯，并且拥立的。正如同霍光以道德原因废黜刘贺的皇位一样，刘病已的地位也并非固若金汤，而是受到霍光的潜在威胁。因此刘病已即位后就以年幼为理由，将朝政交由霍光打理。霍光没有犹豫，心安理得地接受了业已成年的皇帝托付的大权。他觉得自己身正不怕影斜。在几十年的政治生涯中，霍光没有贪污腐败，没有结党擅权，而是尽心尽力辅助帝王。

与朝气蓬勃的刘病已不同，此时的霍光已经步入了晚年。人年纪大了，就喜欢回忆。霍光近几年经常梦见英年早逝的哥哥霍去病。正是哥哥霍去病的影响，霍光才得以随侍汉武帝左右，出入禁闼二十余年。哥哥霍去病还为霍光树立了尽忠国事的榜样，霍光小心谨慎，受到汉武帝的器重，最终成为汉武帝遗诏中的辅政大臣。8岁的汉昭帝刘弗陵登基后，霍光开始独掌朝廷军政大权，史载"政事一决于光"。在霍光主政期间，政治平稳发展，经济得到恢复。但是霍光一心埋头苦干，加上身材高大，不苟言笑，行事严峻，让朝野上下不由自主地感到压抑和恐惧，给人一种手握大权不放的负面感觉。

霍光觉得自己的地位、权势是和自己的能力、功绩相当的，理应如此。但刘病已早在民间的时候就"闻知霍氏尊盛日久，内不能善"，感染了朝野上下对霍光的负面印象。登基以后，他将霍光和霍家的权势看做是对皇权的极大威胁。 好在刘病已久在坊间生活，深知社会变迁、人情世故，能够做到不动声色，对霍光小心翼翼，举止如常。 霍光被蒙在鼓里而已。 他之所以同意让刘病已"空降"到皇位之上，主要是看中了后者的珍贵血统。 霍光与刘病已之前没有交往，谈不上好恶，当时他只是需要用刘病已的血统来结束几个月皇位空缺的乱局。

和许多大权独揽的领导者一样，霍光也听不到清醒、真诚的意见。 一群群人聚集在霍光身边，分享政治权力，对他一味吹捧逢迎。 这些人有着不同于霍光的特殊利益，但在引导政局朝着既定道路走下去、维护既得利益上是一致的。 他们只会讨好霍光，报喜不报忧。 因此霍光对自己的被疏远、被误解一无所知，更对自身慢慢沾染上的政治陋习浑然无知。 霍光渐渐喜欢将皇帝的事情包揽包办，在拥戴刘病已之后就顺带提出，要将自己的女儿霍成君嫁给他做妃子。 这让事实上不能拒绝的刘病已将原本一桩可能美满的婚姻当做了一场政治交换。

这也许就是刘病已终身不喜欢霍成君这位大家闺秀的根本原因。

因为刘病已深爱着来自普通家庭的发妻，非常珍惜这段贫寒时期的爱情。 如果要立皇后，他也想立许平君为皇后。 当霍光及其集团进一步暗示刘病已册立霍成君为皇后的时候，刘病已陷入了两难之中： 一方面是真爱和发妻，一方面是权力和权臣。 他根基不深，即位之初不能得罪霍光，但他也不想违背自己的心愿。

冥思苦想后，刘病已下了一道诏书，说自己在贫贱的时候曾经有一把心爱的宝剑。 虽然自己现在贵为天子，佩上了华贵的新剑，但心中一直思念旧剑。 可惜的是原来的宝剑找不着了，所以请各位大臣们帮忙寻找旧剑。

在立后的敏感时期，刘病已的这道诏书传达出了强烈的信息。 皇帝对一把旧剑都如此重视，更不用说发妻了。 宝剑没有找到，但是大臣们纷纷上书，称赞许平君贤良淑惠，是皇后的最佳人选。 霍光原本在扶立小女儿为皇后一事的态度上就不太坚决（能册立女儿为皇后最好，不能也没有关系），如今见事已至此，他也同意立许平君为皇后。 刘病已于是名正言顺地立许平君为皇后。

一场政治风波就这么风平浪静地过去了。

二

但是事情并没有就此了结。 霍光的老婆、霍成君的母亲名叫显，是个歹毒的女人。 她抱怨女儿没有被立为皇后，对新皇后许平君怀恨在心。 权力往往能让人迷失、让人疯狂，显竟然预谋要杀掉许平君。 她时刻寻找机会向皇后下手。

两年后，许平君又怀孕了。 皇宫中顿时忙碌起来，太医们开出一张张药方，先是滋补、保胎的药，之后就是产后调理的药。 侍女们为皇后的生产忙成一团。 在忙碌之中，一双巨大的黑手向许平君伸来。

皇后生产给京城中的百官提供了表孝心的机会，许多官员的女眷都要入宫伺候皇后。 许平君生产也没有例外。 这一次入侍的女眷中有一个人叫做淳于衍。 她事先被显买通，成为潜伏在许平君身边的杀手。 但皇后身边人手众多，宫廷戒备又很严密，随着生产临近结尾，淳于衍始终没有找到下手的机会。 她越来越着急。 终于在一次制作药丸的时候，淳于衍决定孤注一掷，利用自己配药煮药的机会，置皇后于死地。

皇宫规定，凡是皇帝、皇后要吃的药，宫中医生和经手的人都必须事先服用等量的药物，无不良反应后，再呈送给皇帝、皇后食用。淳于衍如何才能避开这一关呢？

淳于衍的做法就是偷偷将一味中药的粉末加入了补药之中。 这味中药就是附子。 附子是毛茛科植物乌头的子根，有提高心率的作用。 但是生附子有毒，泡制过的附子也辛、甘、大热。 正常人能抵抗住附子的副作用，喝了无碍。 尽管如此，中医对附子的使用非常谨慎，规定孕妇、产妇绝对禁用附子。

许平君喝下淳于衍加了附子的补药后，随即便感到极不舒服。附子使她的心率加速、血管硬化。 不久产后虚弱的许平君觉得心烦意乱，坐卧不安。 她告诉身边的人今天服用的药物可能有毒。 太医和淳于衍等人亲口喝了许平君尚未喝完的药，并没有不良反应。 大家只好去安慰无助的年轻皇后。 当天，许平君就去世了，年仅19岁。 她是刘病已的第一位皇后，但只做了不到三年的皇后。

许平君死后，刘病已悲痛欲绝，盛怒之余命令严查死因。 太医们商议的结论是许皇后产后虚弱，正常死亡。 刘病已不相信，让朝臣参与调查。 但是许平君周围的人在服用了同一碗药之后都安然无恙，并无不适。 朝廷有关部门将所有的医生和宫女都抓捕起来严刑拷问，也没有问出什么来。 大家就只好将许皇后的死因归结为产后不适。 刘病已如此反复追查了多次，都找不到真正的原因，不得不接受悲痛的事实。

许平君被追谥为"恭哀皇后"，下葬在长安南边的杜县。 那是刘病已卑微的时候成长和流连的地方，也是当年他和许平君经常游玩的场所。 若干年后，刘病已将自己的陵墓也选在了那里。

三

许平君死后，霍成君成为新皇后。

她是刘病已的第二位皇后，但是刘病已并不爱她。

客观地说，霍成君是个很努力的皇后，并非大奸大恶之人。 她知道自己的丈夫深爱着死去的许皇后，自己的前任。 因此她就以许平君为榜样，让自己的言行向许平君靠拢，希望能够借此填补因为许平君的死而在丈夫心中腾出来的空间。 霍成君成为皇后之后，像许平君一样每日拜见皇太后，对宫人和大臣们谦虚谨慎，倒有几分许平君生前的风采。 但是霍成君与许平君毕竟是从完全不同的环境中长大的两个人。 许平君是在贫寒的民间成长的，霍成君则是在富贵缸中泡大的。 大贵族家庭的奢华、虚荣和伪善在她身上留下了或深或浅的印记。 许平君做皇后的时候，勤俭节约，平易近人。 霍成君做皇后之后，车马仪仗盛大无比，对入宫大臣经常赏赐，动辄以千万钱计算。 她还常常召见霍家亲戚进宫聊天游玩。 霍家亲戚在宫中毫不忌讳，飞扬跋扈。

这一切让刘病已无法对霍成君产生爱意。 但是刘病已知道霍成君的背后有庞大的霍家势力，自己还不能与霍家硬碰硬对抗。 他继续韬光养晦，压抑对霍成君的不满，相反他以亲昵、疼爱的姿态对待霍成君，甚至包容她的缺点。 在外人看来，皇上已经将对许平君的爱转移到了新的皇后身上。 霍光和显夫妻两人见状非常高兴。 霍家的人也非常放心。

刘病已将对许平君的爱深深埋藏在心底。 作为他们爱情的结晶，刘病已很早就立许平君生下的儿子刘奭为太子。 刘奭并非一个德才出众的王子，刘病已对他也常常有所不满。 但出于对刘奭生母许平君的深爱和怀念，出于对刘奭幼年丧母的歉疚，刘病已始终尽力教导他，没有行废立之举。 刘奭就是日后的汉元帝。

对于整个霍氏家族，刘病已起初都非常尊宠。 即位的第二年，他就下诏说："大司马、大将军霍光宿卫忠正，宣德明恩，守节乘谊，以安宗庙。 我要以河北、东武阳等地的一万七千户增加霍光的食邑。"至此，霍光的食邑达到了超乎寻常的二万户。 他还前后获得赏赐黄金七千斤，钱六千万，杂缯三万匹，奴婢一百七十人，马二千匹，甲第一区。 霍光的儿子霍禹、霍去病的两个孙子霍云和霍山、霍光的两个女婿等亲属都在朝野担任要职。 至于担任一般诸曹大夫、骑都尉、给事中职位的霍家子弟不计其数，史载"党亲连体，根据于朝廷"。

刘病已即位时，已经是个成年人了。 霍光也曾意识到这个问题，表示要归政皇帝。 但是刘病已谦让，不肯接受，规定朝廷诸事都先禀告尚书令（霍光管着），然后再上奏天子。

很多人相信霍光在刘病已位置坐定后主动要求归政是真心实意的。 他已经与西汉王朝的最高权力亲密接触几十年了，人臣能够得到的一切都已经得到的，不应该得到的也有机会得到，但是他没有动那个歪念头。 因为，霍光是个没有野心的人。

但是刘病已久在民间游走，社会阅历和经验并不浅。 他宁肯相信霍光是有野心的权臣，宁肯相信霍光归政是假意试探，做好最坏的准备，也不愿相信霍光是真心归政。霍光每次朝见皇帝的时候，刘病已都虚己敛容，恭恭敬敬。我们不知道刘病已是否曾经相信过霍光。残酷的政治现实和血染的历史教训让刘病已只能预设最坏的对策。

如果霍光真的是一个没有野心的干臣，他就真是太委屈了。

霍光终于在地节二年（公元前 68 年）春病重。刘病已亲自驾临霍家询问病情。在病榻旁，刘病已垂涕哭泣。霍光事后上书谢恩说："请求朝廷分我的食邑三千户，用来封我哥哥的孙子、奉车都尉霍山为列侯，以侍奉我哥哥原骠骑将军霍去病的祭祀。"霍光对哥哥霍去病带有很深的感情，临死时都想着哥哥一家血脉的延续和发达。

刘病已没有轻易答应霍光的临终请求，而是采取了冷处理的方法。他将霍光的请求发到朝廷中，交给丞相、御史等大臣慢慢讨论。为了安抚霍家，刘病已即日拜霍光的儿子霍禹为右将军。3月，霍光死去，刘病已和皇太后都亲临葬礼，倍极哀荣。刘病已下诏说："大司马大将军博陆侯宿卫孝武皇帝三十余年，辅孝昭皇帝十有余年，遭大难，躬秉义，率三公、诸侯、九卿、大夫定万世策，以安宗庙。"西汉王朝对霍光的这个评价，是中肯的。

四

霍光死后，霍家几乎遭到了族诛的厄运。

霍光死后，刘病已让霍山领尚书事，表面上延续了霍家的权势。可此时朝廷中再已找不出第二个霍光来了，刘病已的年龄也越来越大了，开始亲政。尽管霍山掌握着尚书机构，但刘病已下令官民上奏不再经过尚书。他还绕开朝廷，单独召见群臣。

霍氏家族没有了霍光那样的权势、能力，也没有霍光那样的忠心。他们感觉到大权旁落后，开始厌恶起刘病已来。不久，刘病已提拔御史大夫魏相兼任了给事中，伺奉在左右。显就对霍禹、霍云、霍山说："你们几个人不能继承大将军的余业。现在让一个大夫将你们排挤出皇帝身边，他人如果从中离间，你们还能自救吗？"

霍家人愤愤不平起来，不久竟然发生了霍家和魏相家的家奴争道的恶性事件。霍氏家奴直接跑到魏相家、也就是御史大夫的府邸，拔腿就踢大门。魏相亲自出门叩头谢罪，霍家的家奴这才扬长而去。霍家人的虚荣心得到了满足，可魏相一转身就向刘病已上奏进言，告诫刘病已春秋时期权臣祸国的教训，认为霍光死后，霍家子弟占据要职，掌握军队，霍光夫人显及诸女眷自由出入宫廷，骄奢放纵，恐怕对朝廷不利，建议刘病已抑制霍家势力。这是一道密奏，得到了刘病已的赞同。

西汉王朝的天空真的要变了吗？怎么变？

许平君皇后的死成为变天的突破口。当初许皇后暴崩的时候，有关部门抓捕了相关的医生和宫女严刑拷问。其中在将淳于衍下狱拷问的时候，狱吏问得很急很凶。显害怕自己买通宫人谋害皇后的事情败露，在官府审讯医生等人的时候就将全部实情告诉了丈夫霍光。霍光在真相面前大惊失色。他知道谋害皇后大逆不道，是诛灭满门的大罪。霍光想去告发妻子，但他是一个重家庭的人。最终他还是不忍心告发，相反还按照显的意思给审讯部门施加压力，定淳于衍等人无罪。这也是当初反复追查都无疾而终的主要原因。实际上，指向真相的疑问一直没有消失。

霍光死后，当年的谋杀奸情开始一丝丝地败露出来。刘病已异常震惊，促使他下了提前除去霍氏家族的决心。表面上，刘病已依然是不动声色，暗地里却开始向霍家开刀。霍家经过二十多年的经营，势力在朝野盘根错节。其中的关键人物还掌握着中央的兵权。刘病已就先从除去霍家兵权，清理霍氏官吏开始。他的做法一是以正常调动的做法剥夺霍家人的兵权，一是将霍氏官吏调离京城，转任地方官，逐步收回实权。比如霍光女婿范明友原担任度辽将军、未央卫尉、平陵侯，朝廷收了范明友度辽将军印绶，让他专任光禄勋。霍光次女婿任胜原来是诸吏中郎将、羽林监，掌握禁卫军的指挥权，现在被调到河西走廊去当安定太守守边关去了。张朔是霍光外甥女婿，原本在宫中任给事中、光禄大夫，是近臣，现在被派到四川做地方官（蜀郡太守）去了。 霍光孙女婿王汉的情况与任胜相似，原先是中郎将，如今去了更加偏远的武威郡当太守。 而偏向霍家势力的老丞相韦贤也以"年老多病"的理由被罢免，被霍家家奴侮辱怀恨在心的魏相被封为高平侯，成为新丞相。

这一连串的变动在短短十几天就完成了。 令人眼花缭乱的职务变动中，值得一提的有两点： 第一是原先皇宫的守卫都由霍家的女婿们负责，因为他们掌握了中央的军队。 现在霍氏势力被清理出了中央军队。 中央诸领胡越骑、羽林及两宫卫将屯兵都改由刘病已所亲信的妻家许氏和舅家史氏的子弟统帅。 刘病已由此掌握了军队，为进一步的政治举措奠定了强有力的基础。 第二是霍光的儿子霍禹虽然由右将军被提升为大司马，但是失去了直接指挥的直属军队。

霍家母亲显此时再次参与宫廷阴谋，加速了霍家的覆灭。

历史证明，显是个搞阴谋诡计的高手，却是个搞政治的低手。她对许平君的儿子刘奭被立为太子严重不满。 虽然女儿霍成君入宫后一直没有生育，但是她也认为太子的位子应该为自己没出生的外孙预备着。 显愤愤地说："太子刘奭不过是民间贫妇生的贱种，哪有资格入主大统？ 难道我霍家女儿日后生的儿子，就只能做一个小亲王吗？"显不只是发发怨言，还教唆女儿霍成君去毒死刘奭。 霍成君好像是闯入政治角斗场的小鹿，当庇护自己的森林逐渐远去，她面对残酷的草原竞争法则无所适从。 母亲指出的现实抉择对她的地位和将来都是有利的，但她的基因还是鹿，不是狼。 她对刘病已有感情，希望获得丈夫的真爱。 先前，丈夫与自己卿卿我我，恩爱往来，已经让她满足了。 当母亲挑破表象后，她震惊得无法接受黑幕背后的肮脏真相。 霍成君犹豫再三，始终下不了决心。 她良心未泯，既不想杀人，更下不了手。 一方面霍成君不像淳于衍一样有机谋，能伪装；另一方面，刘病已为了保护太子，精心挑选了忠心耿耿的侍从。 每当他人给刘奭送来食物的时候，侍从们都一一为太子尝毒。 即使霍皇后送来的食物，也不例外。

就在霍成君在宫中遭受现实和良心煎熬的时候，宫外的霍禹、霍山、霍云等人见到实权被日益侵削，多次在霍成君面前啼泣，埋怨皇帝。霍禹被提升为大司马后，始终称病不去上朝。

曾任霍禹长史的太中大夫任宣前来探望老上司，询问病情。霍禹说："我哪有病？当今皇上如果没有我家将军（指霍光）拥立，哪有今天啊？现在将军坟墓上泥土未干，皇帝就开始排挤我们家人，宠信许、史两家人。皇上夺我印绶，令人死都不甘心。"

任宣见霍禹对朝廷和皇上深怀恨意，意识到了危险的存在。他劝老上司说："大将军的时代已经不可能再回来了！当时大将军他持国权柄，对群臣有生杀予夺之权。许多大臣因为忤逆了大将军的意思而被下狱，甚至是处死。因此朝野有事都先禀报大将军，将丞相等人如同虚置。现在情况不同了，许、史两家人都是当今天子的骨肉，得势显贵起来是可以理解的。大司马您如果总是这样心怀怨恨，下官认为是不明智的。"任宣的这段话可谓道破了中国古代历史的一大规律。权臣的兴起是依附皇权的结果。正所谓三十年河东、三十年河西，皇帝亲信谁，谁与皇帝关系密切，谁就能获取巨大的权力。但是当一个人成为权臣后，他总是希望永远保持权势，却忽视了自己不可能永远与皇帝保持密切的关系。

霍禹无话可答，默然以对。几日后，霍禹宣称病已经好了，重新开始上朝视事。但是他心中深深的怨恨和对过去权势的怀念使他身处朝堂，却不能释怀。最后，霍家人决定来一次疯狂的冒险。他们制订了一个政变计划，阴谋以太后的名义召开酒宴，召集丞相、诸侯等显贵，由范明友、邓广汉两个人以太后的旨令斩杀他们。接着，霍家就入宫废黜天子刘病已，改立霍禹为皇帝。霍家在这之前扶立过三个皇帝，还轻易废黜了一个皇帝。霍禹和显等人似乎觉得再多废黜一个皇帝也是可行的。但是他们却不知道，霍光在世的时候，他废黜刘贺，根本就没有动刀子，只是召开会议动了一下嘴皮子就成功了。现在，作为霍光的子孙，霍禹等人却需要如此精心谋划，大动干戈，可见霍家的权势真的是大势已去了。

可叹的是，霍禹等人志大才疏，在政变这样的大事上犹豫拖延。

结果阴谋还在谋划阶段，在第一波官职调整中幸免的派系成员又被调任出京，打乱了计划的实施。 先是霍云被拜为玄菟太守，要去遥远的辽东地区任职；接着是任宣要去山西担任代郡太守，去防备匈奴人。 无能的霍山在这关键时刻，自乱阵脚，向同伙秘密写信通报情况，联络下一步行动。 结果事机不密，霍山先被人告发密通书信，沟通大臣。 显见情况紧急，抢先上书朝廷情愿献出城西的宅第和一千匹马，请求赦免霍山的罪行。

霍山的书信还是被呈报给了刘病已。 朝廷很快就发现了霍家的政变阴谋。 刘病已果断采取严厉的镇压措施。 霍云、霍山、范明友见事情败露，自杀身亡；显、霍禹、邓广汉等人被抓捕入狱。 结果霍禹被腰斩，显及霍家亲属被弃市。 刘病已以政变案为突破口，大规模清理霍氏党羽，因受此案牵连而被诛灭的人有数千家之多。

五

皇后霍成君在事变发生后，被囚禁在昭台宫。 起初霍成君伤心、悔恨，责备家人，但是她对自己的命运还是有信心的。 自己毕竟没有干什么伤天害理的事情，自己毕竟是皇上喜爱的妻子，自己的皇后地位并没有被废黜。 霍成君期盼着自己有朝一日能够搬出冷宫，恢复皇后的尊严。 但是奇迹并没有发生。

几个月后，昭台宫来了使臣。 他向尚怀有希望的霍成君宣读了刘病已的诏书。 诏书说："皇后荧惑失道，怀不德，挟毒与母博陆宣城侯显谋，欲危太子，无人母之恩，不宜奉宗庙衣服，以承天命。呜呼伤哉，其退避宫，上玺绶有司。"在诏书中，刘病已责备霍成君追随母亲显，谋害太子，心怀歹毒，失去了做皇后的资格。 霍成君被正式废去皇后尊位，逐出皇宫。

霍成君在家破人亡、无依无助的情况下被送到长安郊区的上林苑中，囚禁在阳台官。

12年后，刘病已依然对霍成君抱有恨意。 他下令不许霍成君继续居住在皇家宫殿中，而是将她囚禁在一个名叫"云林馆"的小屋中。 不久,刘病已干脆下令霍成君自杀。 我们不知道霍成君被废黜后的日子是如何度过的,也不知道她是如何自杀的。 我们只知道这位一心想做皇后却只当了五年皇后的贵族女子自杀时只有 33 岁。

霍成君死后被埋葬在长安市蓝田县的昆吾亭东,而今坟墓痕迹早已经消失在岁月风尘之中。

霍氏家族被铲除后,刘病已出巡或者祭祀的时候,都是车骑将军张安世陪乘皇帝的车骑。 现在刘病已和张安世坐在一起,从容舒服,一点也没有芒刺在背的感觉了。

两千多年后,我们再来看霍氏家族,不能不承认刘病已杀戮太过。 在西汉的君臣关系史中,有很多可以借鉴的先例。 汉初名相萧何韬光养晦,保全自身及后裔。 他权势最大的时候却在穷乡僻壤置办家业,一来为子孙预留栖身之地,二来也因为土地偏僻贫瘠,希望不被后代豪强觊觎、侵夺。 汉武帝时的丞相田蚡自恃是皇帝的舅舅,"权移主上",受到武帝警告后始有收敛,得以全身而终。 而开国元勋周勃之子、平定七国之乱的大功臣周亚夫仅仅因为被景帝视为"此秧秧,非少主之臣",就被以谋反罪下狱,死在狱中。 霍光自受汉武帝遗诏辅弼汉昭帝以来,历经四代皇帝,主持朝廷政务二十年。 在霍光主政期间,汉朝一改汉武帝晚年的贫乏和混乱,社会经济取得了发展。 霍光和他哥哥霍去病一样,对汉朝是立有大功的。但是霍光权势熏天,其间主持皇帝的废立,成为前所未有的大权臣,功绩、势力和声望都超过了作为皇帝的刘病已。 在皇权至上的时代,霍光家族严重侵犯了皇权。 霍家的失败在于霍光没有及时全身而退,没有与刘病已保持良好的关系和沟通。 也许,这是所有像他那样的权臣所面临的共同难题。

霍家遇到了刘病已这样精于世故、老成稳重的年轻皇帝,加上举止失措,故酿成了大祸。

到汉成帝时,为霍光平反的声音开始出现,最后朝廷为霍光设置了百户人家守冢,并寻找到霍光同族的后代霍阳,封他为博陆侯,食邑千户。 霍氏家族最后还是享受到了普通功臣的待遇。

童话的尾声

一

在经历了戏剧般的童年、少年和与权臣的争斗后，刘病已的后半生可算是波澜不惊。

元康二年（公元前 64 年）2 月，刘病已册立了自己的第三位，也是最后一位皇后——王氏。 王氏之前在宫中默默无闻，此举震惊了朝野。 刘病已以王氏为皇后，除了王氏这个人老实巴交，低头做人外，主要是看中了她身上的两个特点：一是王氏是老友之女，二是王氏没有生育。

王氏的父亲王奉光是以斗鸡为生的普通百姓。 刘病已在民间生活时喜欢斗鸡，很早就认识了王奉光。 如果王奉光只是普通的斗鸡翁，那王氏也成不了皇后。 因为王奉光的家族是西汉的开国元勋，在汉高祖时期受封关内侯。 只是传到王奉光时，王家已经败落，与普通百姓无异了。 王家与刘病已早年的交情和家族历史，是王氏成为皇后的第一个原因。

王氏入宫后，刘病已几乎就没有过问过她。 因此，王氏年纪虽然大了，但一直没有生育。 这样的人成为皇后，就免去了日后干政的危险，同时也可以作为太子刘奭名正言顺的养母。 刘病已依然深爱着许平君。 他要防止许平君被毒死和刘奭受到霍家威胁的历史再现。 他要为太子寻找一位可靠的养母。 因此，刘病已的第三次立后，主要目的还是为了太子的成长。 王氏恰恰符合合格的养母的各方面条件。

王氏成为新皇后之后，物质享受和身份地位都有了极大提高，但她依然过着清宫孤灯的日子。 刘病已极少去找她，也从不光顾她的寝宫。 寂寞的王皇后将空余的精力和感情都倾注在了刘奭身上，对太子无微不至地爱护。王皇后和刘奭结下了深厚的母子亲情。她虽然没有从刘病已的身上获得爱情，但却获得了未来皇帝的孝顺和尊崇。

刘病已知道自己不爱王氏，自己的做法对王氏是不公平的。因此，他在其他方面给予王氏补偿。王奉光被封为邛成侯。王家享受了作为外戚应有的所有尊贵和待遇。

二

过了许多年后，刘病已排除权臣亲政。一个名叫则的老宫婢离开皇宫后，生活困难，于是就让别人替自己向当时的掖庭令上书请功。则在上书中说自己曾经有保护养育皇帝的功劳，是她在艰难困苦中抚育了当今的皇上，要求朝廷照顾自己的晚年生活。有关部门对这样的上书不敢怠慢，呈送给汉宣帝御览。

刘病已看到上书，脑海中许多模糊的印象逐渐汇集起来。他隐约回忆起自己的童年似乎还有许多故事被遗忘了，自己的童年不应该只局限在 5 岁之后。但是刘病已已经回忆不起确切的情形了。好奇、感恩的情绪促使刘病已下令掖庭令亲自去询问宫婢则详情。

宫婢则陈述了自己对皇帝的养育之恩，并说所有的事情当年的监狱官、现任御史大夫丙吉都可以证明。掖庭令就把宫婢则带到丙吉的府中，与丙吉当面确认详情。年老的丙吉认出了这个老宫婢。他说自己的确见过则，但是她根本不是皇帝当年的奶妈。

丙吉面对宫婢则，这才将当年长安牢狱中的情况一五一十地述说出来。宫婢则当年在牢狱之中，丙吉也曾经让她照顾小皇曾孙。但是则并不尽心喂养，有的时候还责打刘病已。丙吉说："只有淮阳人赵征卿、渭城人胡组才算是皇上的奶妈。"丙吉把自己和两个奶妈当年在狱中共同抚育刘病已的艰难、害怕和无奈动情地告诉了掖庭令。

刘病已听到这些详情，既震惊又感动。他脑海中有关童年的点点滴滴全都串联了起来，一幕幕感人的景象逐一再现。丙吉有旧恩却不言功，甘居幕后，令皇帝感叹不已。

　　刘病已迅速作出决定，下诏驳回则的过分要求，但念其在自己年幼的时候有过喂养举动，赐钱十万给她养老；下令地方寻找胡组、赵征卿两位奶妈。地方官回报说这两个人已经死了。刘病已再下诏寻找两人的子孙，找到后厚加赏赐。在这里，历史显得如此有情有义。胡、赵两位当年的囚犯，宅心仁厚，虽然一生备受磨难，但最终还是得到了褒奖。

　　对于丙吉这位救命恩人和道德君子，刘病已专门下诏给丞相说："朕幼年卑微之时，御史大夫丙吉对朕有旧恩，功德无量。《诗》曰：'亡德不报。'朕要封丙吉为博阳侯，食邑一千三百户。"使节去丙家授封时，丙吉已经病重，不能起床下地。刘病已就让人把封印绶佩戴在丙吉身上，表示封爵。丙吉因为自己的善举、谦让和高尚的道德，不仅获得了皇帝的尊崇，也赢得了朝野的敬佩。

　　丙吉死后，朝廷追谥他为"定侯"。

　　长安人伍尊年轻的时候是监狱的小吏，看到了丙吉抚养刘病已的一幕。刘病已即位后，伍尊劝丙吉向皇帝上书请功，被丙吉谢绝。后来，刘病已的儿子汉元帝刘奭在位时，伍尊上书说："先帝（刘病已）在时，臣曾上书向朝廷陈述我看到的一切。结果上书经过丙吉手中，丙吉谦让，删去了臣的言辞，都将功劳归于胡组、赵征卿。"汉元帝时期，朝野依然对丙吉的高尚行为大为称赞。

　　整个西汉王朝都非常尊崇丙家。丙吉的博阳侯是世袭的，丙吉的儿子丙显继承了父亲的爵位。丙显行为失措，曾经犯下大罪。朝廷看在丙吉的功劳上，对丙显的罪行免于追究。丙家子孙都世代继承侯位，直到王莽篡汉时才绝。

三

　　在中国历史上，刘病已是西汉"昭宣中兴"的主角。由于他成长于民间，深知民间疾苦，所以在亲政的二十多年里，勤俭治国，轻徭薄赋，恢复和发展经济。刘病已废除了一些苛法，屡次蠲免田租、算赋，招抚流亡，在发展农业生产方面继续霍光的政策。因为

"病"、"已"两个字都是常用字，臣民避讳不易，刘病已自己改名为"刘询"。 同时刘病已整肃吏治，加强皇权。 他设置了治御史以审核廷尉量刑轻重；规定郡国呈报狱囚被笞瘐死名数，加强中央对地方的控制。 此外他还召集著名儒生在未央宫讲论五经异同，统一思想。 在对外关系上，刘病已联合乌孙大破匈奴。 后来匈奴内部分裂，呼韩邪单于甘露三年（公元前 51 年）请求入朝称臣，成了汉朝的藩属。 西汉与这支匈奴保持良好的关系，使边境逐步宁息。 神爵元年（公元前 61 年）西汉击败西羌，刘病已派将军赵充国实行屯田，加强边防，使羌人归顺，接着袭破车师。 第二年，刘病已设置西域都护，使现在的新疆地区正式归属于西汉中央政权。

黄龙元年（公元前 49 年）冬，刘询病死于长安未央宫。 刘病已在位 25 年，享年 44 岁，谥号孝宣皇帝，史称汉宣帝。 刘病已统治下的汉朝政治清明，社会经济繁荣，他与汉昭帝刘弗陵的统治被并称为"昭宣中兴"。

刘病已死后，按照他的愿望被安葬在杜县。 他的陵墓就是现在的陕西杜陵。

元康元年（公元前 65 年）春，刘病已就在杜县东原上为自己提前修造陵墓，更名杜县为杜陵。 因为他少年时代在鄠杜一带游走，十分喜欢那里的山水人情。 许平君死后，也被安葬在这里。

但是刘病已并没有与心爱的许平君合葬。 与他一起埋葬在杜陵里的是王皇后。 王皇后于永始元年（公元前 16 年）以太皇太后的身份去世。 当时的汉成帝是刘病已的孙子，并不明白祖父与三位皇后的恩怨情爱。 依照惯例，太皇太后王氏就与丈夫刘病已合葬了。 王氏的陵墓被称为东园。 现在西安市东南曲江三兆村南有东西并排两大冢，便是杜陵与东园。 许平君的陵墓单称少陵，也称杜南。

帝国瑰色

双飞燕——深宫姐妹和汉成帝的绝嗣事件

班婕妤

一

汉宣帝甘露三年（公元前 51 年），当时还是太子的汉元帝刘奭和宫女王政君生了一个皇孙。刘病已喜出望外。也许是自己童年的悲惨遭遇让刘病已印象深刻，所以他特别宠爱这个孙子，寄予厚望，亲自取名为"刘骜"。"骜"是千里马的意思，汉宣帝刘病已希望这个孙子能够成为日后王朝的千里马。

刘骜看起来并没有辜负爷爷的期望，在祖父的期盼中长成为一个美男子。他"善修容仪"，平时十分注意自己的形象，相貌和气质都很出众。刘骜还"尊严若神"，不苟言笑，言行都符合帝王威仪和身份。接受了系统的教育后，刘骜"博览古今"，学问和能力也都不错，不是那种花瓶人物。即位后，刘骜就是汉成帝。他罢黜了父亲汉元帝时期的佞臣石显，抑制宦官势力，鼓励臣民直言进谏，奖励孝悌力田，减免租赋，大赦天下，等等，着实做了一些好事。

不过，刘骜虽然在政治上有所作为，但兴趣点并不在治国执政上。他最大的兴趣还是享乐。

从小，刘骜就被按照振兴王朝的明君圣主的标准来培养。他的培训成绩不错，但人性中活泼好动、丰富多彩的内容被压抑住了。现代心理学告诉我们，在压抑环境中成长起来的孩子，往往在外界的压力消失后，会逐渐走向之前言行的反面，并且把之前压抑着的恶性成倍爆发出来。不幸的是，刘骜就是这样的孩子。过了登基最初的新鲜劲，刘骜内心隐藏的享乐心思滋长蔓延了出来。他开始在许多政务上放权，把节约下来的时间用来大兴土木，相继斥重金建造了霄游宫、飞行殿和云雷宫。除了高楼大厦，刘骜另一大爱好便是美女。刘骜的皇后许氏，出身名门，相貌端庄，知书达理，是经过层层遴选后成为皇后的。 最初，刘骜很喜欢许皇后。 两人恩爱过一段时间。

可皇帝的爱情永远不是他一个人的事情。

从刘骜的父亲汉元帝时开始，外戚王氏家族的势力开始崛起。刘骜即位，王政君成了太后，再加上刘骜逐渐懒惰政事，王家的势力趁机膨胀。 许皇后得宠，许氏家族势力也开始崛起。 这引起了王家的担心。 他们抓紧机会攻击许皇后。 几年后，许皇后相貌不像之前那般光彩照人，本就三心二意、见异思迁的刘骜和许皇后在一起的时间开始减少了。

王太后和王家敏锐地决定给刘骜找一个美女，替代许皇后的角色。

二

班婕妤就是在这样的背景下，走入刘骜的生活的。

婕妤并不是她的名字，而是后宫嫔妃的封号。 班婕妤姓班。 她们这个班家当时名气不大，到了东汉时期却涌现出了许多名人，比如大历史学家、写《汉书》的班固，"不入虎穴焉得虎子"的班超和女历史学家班昭都应该叫班婕妤"姑奶奶"。 在班固的笔下，"姑奶奶"班婕妤并非倾国倾城的大美女，但是美而不艳，丽而不俗，而且博通文史，知书达理，很符合主流审美标准。 刘骜发现了她的美艳和内涵后，很快被她所吸引，冷落了许皇后。

太后王政君和王家势力很乐意班婕妤得宠。 因为他们可以借班婕妤来打击许皇后的势力，而且班家人丁单薄，势力微弱，不会对王家构成威胁。

刘骜很快天天同班婕妤腻在一起。 班婕妤的文学修养和史学造诣很高，常常引经据典，和刘骜有许多共同语言。 她还擅长音律，对于丝竹歌舞也很了解，能够给刘骜带来声色享受。 更重要的是，班婕妤为人宽容豁达，不但没有嫉妒心——这是多数女子不能避免的，还把侍女李平介绍给了刘骜。 李平相貌出众，很快也得到了刘骜的宠爱。刘骜同样封李平为婕妤。他想到自己的五世祖母卫子夫也是微贱出身，因此赐李平姓"卫"。拥有这么多的优点，班婕妤实在是太出色了，难怪刘骜很快忘记了许皇后，专宠班婕妤。

班婕妤既然符合主流审美标准，自然也包括了政治标准。在得到刘骜的宠爱后，班婕妤没有沉溺于男女恩爱之中，主动承担了督促刘骜勤政的责任。尽管她像每个后宫女子一样希望皇上宠爱自己的时间越长越好，但潜移默化的主流政治标准要求她不能让帝王疏忽责任，沉迷声色。那样的话，班婕妤觉得自己罪莫大焉。

刘骜为了能与班婕妤方便出游，特地造了一辆大大的辇车。班婕妤却拒绝说："圣贤之君都是和名臣一同出游的，只有末代昏君才和女色同坐。"她这是在劝汉成帝亲近贤臣远女色，顿时让刘骜玩意全无。班婕妤就好似一朵莲花立于水中，刘骜能够欣赏却不能亵玩，而且莲花气质凛然，不时提醒刘骜要洁身自好，负起皇帝的责任来。王政君对此很欣赏，称赞："古有樊姬，今有班婕妤。"这里的樊姬是春秋时期楚庄王的妃子。楚庄王即位时，不务正业，喜欢游猎。樊姬苦苦相劝，不起作用，于是不再吃兽肉，最终感动楚庄王改过自新，勤于政事。樊姬也劝谏楚庄王要亲近贤臣，还推荐了名贤孙叔敖为楚国令尹，帮助楚庄王治国，成为"春秋五霸"之一。可见，王政君对班婕妤这个儿媳妇非常肯定。

慢慢的，刘骜对不配合自己玩乐的班婕妤失去了兴趣。他本是个浪荡公子，在宫廷的"板正"下做了几天谦谦君子就厌烦了。班婕妤想把他拉回到已经厌倦的生活中去，刘骜自然是敬而远之了。不仅躲避，刘骜还躲得很远，干脆跑出宫去，到外面的花花世界寻找刺激。长安城内便留下了微服出行的刘骜寻欢作乐的身影。

鸿嘉元年（公元前20年），刘骜微服来到阳阿公主家。公主家的美味佳肴、奢华布置和盛情招待都没有给他留下深刻的印象，一个舞女、一个身世卑微可怜的舞女，牢牢抓住了刘骜的眼睛和他的心。

这个舞女叫做赵飞燕。

赵飞燕是姑苏（今江苏苏州）人，长得很漂亮，不是许皇后和班婕妤那种端庄高贵的漂亮，而是彻彻底底的、世俗的、媚到骨子里的漂亮。 宫中长大的刘骜从来没有见过这种舞女的美。 加上赵飞燕拥有江南少女特有的轻盈娇柔，在翩翩起舞中，在轻纱帷幔中，一颦一笑都看得刘骜目不转睛。

赵飞燕的美和媚，是从苦难的生活中学来的。 不客气地说，这是她谋生的手段。 赵飞燕原名赵宜生，还有一个孪生妹妹叫做赵合德。 她们俩的母亲是很疏远的皇族（江都王的孙女姑苏郡主）。 母亲嫁给中尉赵曼后，又和王府舍人冯万金私通，生下了赵宜生和赵合德这对私生姐妹。 姐妹俩生下来就受歧视，很小的时候便父母双亡，流落街头。 后来长安人赵临收留了小姐妹俩，教会她们歌舞，然后带她们到处演出赚钱，最后又将她们卖入阳阿公主府中当舞女。因为赵宜生体态轻盈，舞女圈子里干脆叫她"赵飞燕"。

这天，主人家来了一位客人，赵飞燕要进行一场很不寻常的歌舞表演。 她不知道自己舞得好不好，只看到座上年轻的客人从始至终一直死死盯着自己看，看得卑微怯弱的赵飞燕心里直发毛。 表演结束后，赵飞燕回到了阴暗狭小的住所，本想继续和妹妹赵合德贫困茫然的生活。 不想，当天晚上，几个人闯了进来，不由分说地带走了娇小的赵飞燕。 赵飞燕不敢反抗，只敢在途中偷偷揣测自己将被带往何方。 幽暗的长安街道灯火稀少，道路漫延向未知的远方，赵飞燕觉得这预示着自己黑暗未知的前途。 不知道过了多久，她开始看到了黑黝黝的高耸的围墙，接着又看到全副武装的卫兵。 一行人略有停顿，一扇巨大的门在赵飞燕面前徐徐打开……

原来，刘骜在阳阿公主家的宴席上对赵飞燕一见钟情。 那婀娜的舞姿、那世俗的妩媚、那受惊的神情，都是刘骜没有见过的。 刘骜马上请求公主将这个舞女送给自己。 阳阿公主自然答应，协助刘骜把赵飞燕连夜送入宫中。

这一夜，赵飞燕的人生被完全颠覆了。 这一夜，拥赵飞燕在怀的刘骜完全释放了压抑心底的欲望。 这才是我真正需要的女子，可以让我尽量享乐的知己。 享乐与政治责任无关，和端庄高贵与否无关，与宫廷的条条框框无关。 刘骜所要的享受，只有在世俗的环境中才有。 赵飞燕真正填补了刘骜需求的空白，迅速集后宫数千宠爱于一身。 西汉王朝历史上最持久、最误国的声色享受要开场了。

三

得到赵飞燕后，刘骜自然冷落了班婕妤。

班婕妤很清醒，也很豁达，她清楚知道宫中必将是赵飞燕的天下。 班婕妤没有像许皇后那样失宠后流露怨言，她也不像许皇后那样有大家族可以依靠。 于是她在被迫搬入冷宫之前，写了一封奏章呈递给刘骜，自请到长信宫伺候皇太后王政君。 刘骜很快就批准了。 班婕妤马上移居长信宫，过起了对景枯坐的退隐生活。

所谓"伺候"，其实并不需要班婕妤亲自动手做什么，无非是面子上的礼节往来而已。 况且此时的班婕妤对王政君和王家来说，已经没有了利用价值，仅仅保持一团和气而已。 所以，班婕妤在长信宫的生活是无事可做，无聊至极。 每日破晓，长信宫门打开，班婕妤就拿着把扫帚开始打扫台阶……

唐代的孟迟专门作了一首《长信宫》来感叹班婕妤的冷遇："君恩已尽欲何归？ 犹有残香在舞衣。 自恨身轻不如燕，春来还绕御帘飞。"君恩来时浩荡，去得也快，其中的心理落差非亲历者难以体味。 班婕妤好在有深厚的文学底子，闲暇时还可以写诗作赋，聊以寄托。 在长信宫，班婕妤写了许多自伤的诗歌，结果情坛失意文坛得意，留下了多首留传千年的名诗。 比如《怨歌行》写道：

> 新裂齐纨素，皎洁如霜雪。
>
> 裁作合欢扇，团团似明月。
>
> 出入君怀袖，动摇微风发。
>
> 常恐秋节至，凉飙夺炎热。
>
> 弃捐箧笥中，恩情中道绝。

对班婕妤来说，失宠就是失恋。 她要承受后半生漫长的痛苦煎熬，每一分钟都无限漫长，只能通过"合欢扇"、明月等物件，通过往昔伴君的美好回忆来消磨时间。 最可怕的就是连寄情的物件和回忆都没有了，那就只能困守在冰冷的冬天了。

　　冷宫中的女子是中国古代史上一个被忽视的群体。 她们原本生活在聚光灯下，有着令人羡慕的前途，如今却生活在远离阳光的冷宫，很少有人去关注她们的苦闷、寂寞、无助与凄凉。 王昌龄的《长信秋词（其三）》就写了长信宫的秋天："奉帚平明金殿开，且将团扇共徘徊。 玉颜不及寒鸦色，犹带昭阳日影来。"每天天明时分，长信宫的女人们开始持帚清扫庭院，然后每天的大部分时间就只能与团扇为伴了。 她们动人的容貌没有人欣赏，连自由都丧失了，还不如空中的寒鸦幸运。 女人们羡慕地看着寒鸦，想象它们飞越皇上所在的昭阳殿上空，那里曾经有她们的梦想、憧憬和君王往日的宠爱。 无奈的是，这些美好都一去不复返了，唯有想象，才能让冷宫重新照耀一些回忆的阳光。

　　班婕妤就是众多不幸而无奈的女人中的一个，在长信宫中耗尽了生命的光彩。 最后，历史记住了班婕妤的贤良淑德，称赞她、同情她，可作为一个女人在现实中得不到家庭的恩爱和自由的生活，后世的肯定对她又有多少意义呢？

汉宫飞燕

一

刘骜和赵飞燕的美好生活，和长信宫的悲凉形成了极端的对比。

刘骜的创造性在赵飞燕身上极大迸发了出来，给新宠提供了他能提供的一切荣华富贵，还变着法子让赵飞燕高兴。他让赵飞燕看到了什么叫做奢侈，什么叫做皇家气派。赵飞燕瞬间飞入云霄，觉得之前的生活环境就仿佛是地狱。体会到做人乐趣的赵飞燕异常珍惜到手的荣华富贵，珍惜刘骜的宠爱。结果，刘骜在取悦赵飞燕，赵飞燕也在施展浑身解数取悦刘骜。为了进一步取悦赵飞燕，也为了进一步享乐，刘骜下令在皇宫太液池建造了一艘华丽的御船，叫"合宫舟"。他抛弃人间世俗，不顾清规戒律，常常带着赵飞燕上船躲到湖上，歌舞享乐。赵飞燕穿着南越所贡云英紫裙、碧琼轻绡，和着《归凤送远》的曼妙舞曲，翩翩起舞。此情此景，让刘骜如痴如醉。一次，刘骜正在船上欣赏赵飞燕的舞蹈。突然湖面狂风骤起，船身剧烈晃动，身轻如燕的赵飞燕正在舞蹈中途竟然被风吹倒。刘骜慌忙令一旁伴奏的侍郎冯无方去救护。冯无方很轻易就拉住了赵飞燕。为了防止赵飞燕再被大风吹倒，冯无方就拽住赵飞燕的两只脚。赵飞燕继续若无其事地舞蹈。很快，"飞燕能作掌上舞"就成了宫廷内外盛行的传说。它几乎成了日后轻盈美女翩翩起舞的最佳诠释。

赵飞燕跳过龙门后，没有忘记还在底层挣扎的妹妹赵合德。她卖力地向刘骜推荐妹妹，成功地把赵合德也引进了宫。赵合德和赵飞燕同样年轻美丽，同样艳俗妩媚，同样舞艺出众，不同的是赵合德长得高挑丰腴，和姐姐赵飞燕的轻盈婀娜是两种风格。两种风格互补，让刘骜喜出望外。他同时封这对孪生姐妹为婕妤。

至于刘骜和赵飞燕、赵合德姐妹之间是否有爱情，那就不得而知了。

自从得到赵飞燕和赵合德姐妹后，刘骜对朝廷政务更是不闻不问了。君权旁落的趋势不可避免地加快了，外戚王家聚敛了越来越多的权力。

说来也奇怪，从刘骜冷落许皇后宠爱班婕妤，再到冷落班婕妤专宠赵飞燕的 3 年时间里，连续发生了 3 年日蚀。这是典型的"阴盛阳衰"的天象，引得朝野议论纷纷。那时候的天象异常可是一件大事，朝臣们总要把它和政治得失联系起来。既然是"阴盛阳衰"，那就得纠正过来。开始有朝臣们出来指责连续 3 年的日蚀是上天对外戚权力过大的警示，进而归咎于王氏专权。

王氏一派势力很紧张。怎么化解掉指责呢？好在外戚不只王氏一家，还有许皇后为代表的许家呢！于是，王氏一党将攻击的矛头引向许皇后，说日蚀是因为皇后"失德"造成的。他们操纵朝廷，削减了许皇后的"椒房掖庭用度"，还禁止她和皇上刘骜见面。

许皇后满肚子的委屈、愤怒无从发泄，许家的人也愤愤不平，想着怎么反扑。结果，许皇后的姐姐、平安侯夫人许谒想出了一个笨办法：大搞迷信活动来诅咒王家的人。他们装神弄鬼、针扎木偶、烧符念咒，想让车骑将军王音和后宫中一个有身孕的王美人不得好死。这种把戏既小儿科又容易让人抓住把柄，王氏家族很快就知道了。他们想借机置许家于死地，可出来揭发的人不方便是王家的人，最好是有第三者出来攻击许家。

而这个人竟然是入宫没有几个月的赵飞燕。她主动跳了出来，"揭发"许皇后的"罪行"。

打倒许皇后的难度不大，收益却不小。许皇后倒台后，赵飞燕将是最直接的受益者。但这并不是赵飞燕自动站出来的全部原因。我们知道，赵飞燕来自贫困的底层，知道生活的艰辛，所以更加珍惜眼前的富贵。她和妹妹赵合德在宫中立足未稳，需要通过一些"表现"来迅速巩固地位。成长经历让赵飞燕没有太多的道德约束，一些政治技巧无师自通。 告发许皇后既可能使自己取而代之，又可以和王氏家族拉近关系——赵飞燕后一方面的考虑也许更多。 她帮了王氏家族一个忙，来换取王家对她们姐妹在后宫地位的肯定。

告发的结果是许皇后被废黜，许氏家族的所有成员罢免的罢免，流放的流放。

王家对赵飞燕姐妹势力突然冒出来，事后也默许了。 可当赵飞燕闹着让刘骜立她为新皇后时，皇太后王政君还是坚持不同意。 她觉得赵飞燕"要价"太高了，同时也担心推翻一个许皇后，来了一个赵皇后，还是会威胁到王家的权势。 所以，王太后借口赵飞燕出身贫寒，坚持反对儿子册立赵飞燕为后。 刘骜不敢册封赵飞燕为皇后，后位暂时闲置了。

赵飞燕就去找王政君的外甥淳于长，请他出面做姑姑的工作。淳于长看准刘骜正宠着赵飞燕，帮赵飞燕的忙就是帮皇上的忙，不会有错。 他就跑到王政君面前当起了说客。 淳于长没敢和姑姑说"其实我们王家出身也很贫寒"，而是说："赵飞燕出身贫寒，恰恰可以立她为皇后。 因为赵家人丁稀少，没有根基，即便出了个皇后也不会威胁到王家的势力，反而会对太后您感恩戴德。"王政君觉得有道理，不再反对立赵飞燕为后。 刘骜马上展开行动，先是在永始元年（公元前 16 年）封赵飞燕养父赵临为成阳侯，让赵家身份镀了一层金，接着就封赵飞燕做了皇后，晋封赵合德为昭仪。 顺带着，淳于长因为立后有功，也晋封了侯爵。

至此，赵飞燕用美丽开路，凭借着在苦难中学会的手腕伎俩，成功地母仪天下了。

二

可叹的是，赵飞燕被立为皇后之日，也是她走向下坡路之时。

因为她遇到了强大的竞争对手，那就是妹妹赵合德。 和姐姐赵飞燕相比，赵合德的姿色更加出色，而且肌肤雪白丰腴，行为温柔体贴，更有一番魅力。 刘骜最喜欢躺在赵合德光滑温暖的怀抱里，称之为"温柔乡"。

刘骜对赵合德的宠爱日盛一日。他把整个昭阳宫都赐给她一人居住。史书不吝笔墨地大书特书昭阳宫的富丽堂皇："其中庭彤朱，而殿上髹漆，切皆铜沓黄金涂，白玉阶，壁带往往为黄金釭，函蓝田璧，明珠、翠羽饰之，自后宫未尝有焉。"这样的陈设装饰，奢华到前所未有的程度。而刘骜对赵合德的恩宠也达到了前所未有的地步，赏赐不断，流连不去，不问世事。

斗转星移，日子一天天过去，刘骜和赵飞燕姐妹尽情享受着人间的欢愉和帝国的财富。刘骜当一个甩手掌柜，对赵氏姐妹言听计从。赵飞燕的两个兄弟也相继封侯，赵家看似跃升为了帝国的名门望族。不过，赵飞燕很快就发现了一个问题：无论是自己还是妹妹，一直享受刘骜的宠爱，却始终没有生育。日子一年年地过去了，两姐妹的肚子就是鼓不起来。专宠而无子，这对后宫女子来说是非常危险的事情。没有儿子，就没有稳定的未来；而且你霸占着皇上的恩宠却不能生育，别人会指责你威胁到皇室的血脉传承，进而威胁到帝国的长治久安。赵飞燕姐妹开始承受压力，为自己的命运担忧。

要想永葆荣华富贵，要想保住皇后的位置，赵飞燕必须生一个儿子出来，或者让妹妹生一个儿子出来。可惜的是，努力了多年，两个人都失败了。焦急的赵飞燕怀疑刘骜的身体有问题，可这又不能明说。最后，她只好铤而走险，开始红杏出墙。一方面是为了生育，一方面也为了打发刘骜留恋赵合德时自己寂寞的时光，赵飞燕频繁趁刘骜夜宿妹妹处，淫乱宫廷，与他人通奸。这些"奸夫"包括年轻的侍郎们，也包括宫奴。更可惜的是，赵飞燕努力了多年，还是没能怀孕。她再次铤而走险，决定将宫外的孩子抱进宫来冒充自己的孩子。于是，赵飞燕宣称自己怀孕了，同时积极开展"抱子计划"。不知道是她派出去办事的心腹过于无能、胆怯，还是皇后怀孕的消息导致宫廷武士对赵飞燕住所的戒备加强了，赵飞燕一党的计划实施了多次都没有成功。不是在外面找到的孕妇最后生出来的是女婴，就是藏在箱子里的婴儿哭出来声来让计划夭折了，眼看着"产期"日益临近，赵飞燕还没有得到合适的人选。无奈之下，赵飞燕放弃了，不再假装怀孕了，干脆宣布自己不慎流产。她只能寄希望于奇迹出现，姐妹俩的肚子哪天能鼓起来。

在赵飞燕种种肮脏行径过程中，妹妹赵合德都是知情者。她非但没有出来揭发，还拖住刘骜的注意力，不时帮姐姐遮挡。

现在，我们可以肯定，赵飞燕和赵合德姐妹这一方，对刘骜根本就没有爱情，有的是对荣华富贵的贪婪和依恋。而刘骜被可怜地蒙在鼓里。不仅自己不能生育，赵飞燕姐妹还蛮横地不让其他嫔妃亲近刘骜，对刘骜偶尔宠幸的女子都百般刁难、时刻监视。

十余年后，皇宫里一直没有诞生皇子。西汉皇室血脉面临着中断的危险。

刘骜和赵飞燕、赵合德姐妹为什么就生不出孩子来呢？有人说这是赵飞燕姐妹的问题。首先，赵飞燕太瘦，本身就不容易怀孕。因为太瘦的女人脂肪不够正常数量，很可能出现内分泌紊乱，影响怀孕。而赵合德为了保持皮肤洁白光滑，长期服用养颜和塑身的药丸。古代的医学科技肯定不如现在，那些药丸不知道是用什么做的，也不知道是否有副作用。虽然赵合德吃了以后暂时效果不错，但很难说就没有产生副作用。赵合德见药丸效果尚佳，推荐给了赵飞燕服用。结果两人都没有怀孕。

还有一种说法是赵氏姐妹不育的罪魁祸首是刘骜。刘骜守着后宫数千女子没能生下一男半女来，很可能如赵飞燕想的那样，是刘骜的身体有问题。最有力的一个证据就是在赵飞燕姐妹专宠之前的几年中，刘骜就没能生育。其间，许皇后流产两次，班婕妤也流产过一次。"从医学的角度说，如此频繁的流产，只能归罪于刘骜本人的生理缺陷。这是正史不愿面对和承认的事实：刘骜本人精子质量低劣，以至不能使受精卵怀足十月而中途流产。"（许晖：《赵飞燕姐妹与汉嗣中绝》）

面对皇帝无子的现实，刘骜本人和朝臣不得不着眼从宗室子弟中寻找继承者。

宗室中和刘骜血缘关系最近的就是中山王刘兴和定陶王刘欣两人。 中山王是刘骜的弟弟，定陶王是刘骜另一个弟弟刘康的儿子，也就是他的侄子。 选谁好呢？ 大臣们分为两派，莫衷一是。

定陶王的祖母傅太后是个厉害角色。 为了让孙子继承皇位，她跟着孙子一起来京城朝觐刘骜。 傅太后善于在纷繁复杂的形势中抓住解决问题的要害。 朝臣们争论的意见不重要，关键是看皇上刘骜的意思。 而刘骜又是深受王家和赵飞燕的影响的，尤其是对赵飞燕姐妹几乎是言听计从。 傅太后便暗中贿赂赵飞燕姐妹和骠骑将军王根。 赵飞燕见自己生个小皇帝是没有希望了，扶持一个倾向自己的小皇帝也不失为明智的选择，那样可以保住赵家日后的地位。 于是，一个有情，一个有意，赵飞燕姐妹迅速和傅太后结成联盟，说起了定陶王刘欣的好处，向刘骜吹枕边风。 最终，定陶王刘欣在赵飞燕姐妹的努力和王家势力的首肯下，被刘骜选定为接班人。

此刻的赵飞燕和赵合德，内心一定既无奈又担心。 她们无异于在赌博，只能把自己的未来寄托在第三者的身上。

汉室绝嗣案

一

绥和二年（公元前 7 年）3 月，被酒色掏空身子的刘骜在赵合德的怀抱中暴亡。

刘骜死前没有任何病症。野史说在临死前的那一晚上，刘骜还和赵合德疯狂亲热。第二天醒来的时候，刘骜就瘫倒了，片刻之后就死了。赵合德哭着把刘骜抱在怀里想施行救治，可无力回天，只能看着姐妹俩的靠山暴亡。

刘骜死后谥曰"孝成帝"。《汉书》很不客气地评价刘骜："遭世承平，上下和睦。然湛于酒色，赵氏乱内，外家擅朝，言之可为于邑。建始以来，王氏始执国命，哀、平短祚，莽遂篡位，盖其威福所由来者渐矣！"基本上，刘骜对江河日下的西汉帝国无所作为，在内宠信赵氏姐妹，在外任由君权旁落，导致外戚王家擅权。在他死后 15 年（公元 8 年），刘骜的表兄弟王莽就篡夺了江山。历史上公认刘骜要对西汉的覆灭负主要责任。

汉成帝刘骜是个美男子，能力也不错，端坐在龙椅上就是位穆穆天子。他最大的毛病就是纵情声色，几乎把所有的时间、精力和财富都倾注在了出身贫寒的赵飞燕、赵合德姐妹身上。刘骜以为无尽的宠爱是他给予爱人最好的保护。不幸的是，赵飞燕姐妹恃宠独霸后宫十多年，举止失德，又没有家族势力作为外援，结果置身于危险境地。当刘骜猝死在赵合德的怀中后，赵飞燕姐妹的噩梦便开始了……

刘骜死后，赵飞燕姐妹对王家来说失去了利用价值——之前，赵氏姐妹可以把刘骜的身心拖在温柔乡中，方便王家揽权。如果说如今还残存什么价值的话，那么赵家姐妹是很好的"替罪羊"，可以让赵飞燕姐妹为许多问题负责，通过打击赵家的势力来抬高王家。

这不，刘骜刚死，皇太后王政君和大司马王莽就追问赵合德"皇帝起居发病状"。赵合德是百口难辩。皇帝好端端地来她那里，结果被发现猝死在她的怀里，怎么解释呢？赵合德承受不了压力，畏罪自杀了。

赵飞燕的情况要好点。定陶王刘欣继位，就是汉哀帝。汉哀帝很感激赵飞燕在他接班问题上的帮助，并没有为难赵飞燕，还尊她为皇太后（王政君则"升格"为太皇太后）。赵飞燕就夹着尾巴做人，希望能够平安地度过余生。

二

以王莽为代表的王家不想让赵飞燕安生，就是要痛打落水狗。

汉哀帝即位不久，司隶校尉解光就揭发出赵飞燕姐妹"谋杀皇子"的惊天大案来。这桩案子的过程是这样的：

天下都以为汉成帝刘骜没有生育，解光说其实在赵飞燕姐妹独霸后宫期间，嫔妃许美人和中宫史曹宫都得到过刘骜的宠幸而怀孕，陆续生下了两个皇子。但两人的孩子都被赵氏姐妹谋害了。解光作为负责京畿及周边地区治安的行政长官，专门派遣从事掾业、史望两个人进行了调查，询问了知情者。这些知情者包括：掖庭狱丞籍武，太监王舜、吴恭、靳严，宫婢曹晓、道房、张弃，伺候过赵合德的婢女于客子、王偏、臧兼等人。

宫婢道房和曹宫在宫中是对食（宫女之间结成的同性夫妻，或者太监和宫女结成的假夫妻，明朝大太监魏忠贤就和皇帝乳母客氏结成了对食）。元延元年（公元前12年），曹宫对道房说："陛下宠幸了我。"几个月后，曹宫的肚子就鼓了起来。宫婢曹晓也作证说，她看到曹宫挺着个大肚子，就问怎么回事。曹宫回答："这是皇上的孩子。"当年10月，曹宫被送入掖庭的牛官令舍生育，有6个婢女照顾她的生活。一个皇子就这么诞生了。

没几天，中黄门宦官田客拿着汉成帝的诏书，用盖着御史中丞封印的绿绨方底装着，找到掖庭狱丞籍武说："将牛官令舍妇人生下的婴儿和 6 个婢女都抓入监狱，不要问那个婴儿是男是女、是谁的孩子！"籍武遵命将一干人等都被抓入监狱。 曹宫知道情况不妙，偷偷哀求籍武说："请妥善保管好我儿子的胎衣，你应该知道他是谁的儿子！"3 天后，田客又拿着诏书来问籍武："孩子死了吗？ 请把结果写在背后。"籍武就写道："儿见在，未死。"一会儿，田客又来找他："皇上和赵昭仪很生气，你怎么还不杀了他们？"籍武已经猜到了事情真相，叩头哭泣道："不杀这个孩子，我知道自己该死；可杀了这个孩子，日后我也是死罪啊！"籍武请田客转递一个奏章给皇上，奏章写道："陛下还没有继嗣。 孩子既然出生了，就不分贵贱，请陛下三思！"奏章递进去后，田客很快又来找籍武："今夜漏上五刻，到东交掖门把孩子交给太监王舜。"籍武追问田客："陛下看到我的奏章，有什么反应？"田客回答："目瞪口呆。"当夜，籍武就把曹宫生的皇子交给了王舜。 王舜得到刘骜的指示，将孩子藏在宫中，挑选了宫婢张弃来当乳母。 王舜吩咐张弃："好好抚养这个孩子，有重赏。 把消息泄露出去，杀无赦！"当时，小皇子出生才八九天。

3 天后，田客再次拿着诏书，里面有个小绿箧。 诏书说："命籍武把箧中的东西给狱中妇人，籍武要看着她把东西喝下去。"籍武发现箧中有裹药二枚，还有诅咒人的赫蹄书，上面写道："告伟能：努力饮此药，不可复入。 汝自知之！"这里的伟能就是曹宫的字。 曹宫读后说："果然是她们姐妹图谋擅权天下，要害死我！ 我的孩子是皇子，额上有壮发，很像孝元皇帝。 现在我儿在什么地方啊？"可怜曹宫最终还是被逼饮药而死。 她死后，6 个宫婢都被叫了出去。她们回来哀怨地告诉籍武："赵昭仪对我们说：'你们没有过错。如果你们愿意自杀，就不连累家属。'我们都说愿意自杀。"这 6 个宫婢如约集体上吊自杀了。

至于张弃，她养了皇子 11 天后，宫长李南拿着诏书取走了孩子。 这个皇子最后不知所终。 这是赵合德谋害第一个皇子的经过。

　　解光揭发的赵氏姐妹谋害许美人儿子的经过，把汉成帝刘骜牵涉了进来。 许美人在元延二年生了一个皇子。 刘骜起初还让太监靳严带着医生、药丸送到许美人处。 对于又一个皇子的诞生，赵氏姐妹又哭又闹。 赵合德的婢女于客子、王偏、臧兼等人都听到赵合德对汉成帝哭诉："皇上，你口口声声说你不是在我宫中，就是在皇后姐姐那儿，许美人的儿子是哪里来的？ 难道你要立许氏为皇后吗？"赵合德说得涕泪交加，用手敲打脑袋，还哭喊着用头撞柱子，最后从床上滚落到地上，整天哭闹着不吃饭。 她大喊："现在怎么安置我，我要回家！"刘骜觉得不可理喻，也赌气不吃饭。 赵合德不依不饶："陛下常自言'绝不负你'，现在许美人有了儿子，你竟然负约，怎么办？"刘骜辩白："我对你们赵氏有约在先，不会立许氏的。 我不会让天下有家族超越赵氏的，不用担心！"在赵合德的压力下，刘骜派太监靳严带着诏书去许美人宫中，把孩子放在筐子里，带到赵合德宫中的帘子后面。 小皇子被带来后，刘骜和赵合德命令于客子解开筐子，然后让婢女们都出去。 刘骜关了房门，和赵合德两个人待在房间里。 不一会儿，房门打开了，刘骜叫于客子、王偏、臧兼等人进来，把筐子抬出去。 最后是太监吴恭把筐子交给籍武。 吴恭提供了一系列合法文件，都御史中丞封印。 命令写道："籍武： 筐中有个死婴，找个地方埋了，不要让别人知道。"籍武就在狱楼墙下挖了个坑，把死婴给埋了。

　　按照解光的调查，刘骜和赵合德两人在房间里残忍地杀死了许美人的孩子。 不管是刘骜泯灭人性动的手，还是赵合德丧尽天良杀的，都令人发指。 尤其是刘骜，中年无子，却为女色所迷惑，亲手杀死或者坐视别人杀死唯一的嗣子，简直昏庸残忍至极。

　　在这两桩"谋害皇子"大案中，赵合德罪不可赦。 有详细的作案过程，又有大批人证出来指证，可谓是证据确凿。 其中最关键的人证就是掖庭狱丞籍武。 他是两桩案子的主要执行者，也是人证中唯一一个宫廷外面的朝臣。 解光还说，元延二年原掖庭令吾丘遵曾对籍武说："掖庭丞吏以下的人都和赵合德狼狈为奸，我没有其他人可以信任，只想和你说话。宫廷中因为皇上的宠幸而怀孕生子的女子都被害死了，至于被逼饮药堕胎的人就数不胜数了。"吾丘遵临死前还对籍武说："现在我要死了，之前告诉你的事，你一定要保密啊！"

解光的调查一公布，朝野顷刻间波涛汹涌，群情激愤。赵合德已经自杀了，激怒的舆论直指赵氏亲属，要求严惩赵氏娘家人。汉哀帝有意祖护赵家，但迫于压力不得不罢免赵家的两位侯爵（赵飞燕的兄弟新成侯赵钦、侄子成阳侯赵䜣）为庶人，把赵家的家属都流放到偏远的辽西郡安置。不过惩罚至此终止，皇太后赵飞燕没有受到冲击。

这整件事情堪称人间悲剧，在众怒汹涌之下迅速作出了判决。但正是因为愤怒主导了案子的处理，使得当时对这惊天大案没有仔细的审理和推断。解光的报告是否准确无误，让人信服呢？不能。最大的疑问就是虽然案情曲折，但没有提出确凿无误的证据来——证据很容易取得，可是事后既没有勘察现场，追查曹宫所生皇子的下落，更没有去挖掘许美人所生皇子的尸骨。总之，解光的报告被"一边倒"地采信了，然后"一边倒"地对赵家进行严惩。

考虑到当时王家势力如日中天，王莽主持朝政，案子的快速揭发和处理与他有莫大的关系。而赵家势力被清除后，王家是最大的受益者。很多人怀疑这是王莽主导的阴谋，一方面是清除一个已经败落的外戚家族，痛打落水狗；一方面是借机抬高王莽和王家的声望。所以，群情激化以后，王莽就利用舆论，迅速处理、掩盖了自己的阴谋。

赵飞燕无力还击。她没有发出声音的渠道和舞台，愤怒的人更不会听信她的辩解。结果，她被"缺席审判"，声名扫地，在当时和日后都臭不可闻了。

三

庇护赵飞燕的汉哀帝是个短命皇帝，昏庸消极，还大搞同性恋，在位 7 年就死了。

　　汉哀帝是赵飞燕的保护伞，正是因为他的庇护，赵飞燕才成功躲过皇子遇害疑案的冲击。现在汉哀帝死了，赵飞燕的日子就更加难过了。话说汉哀帝也没有子嗣，宗室刘衍即位。王莽大搞家族政治，在清理了汉哀帝时期的外戚势力后，顺带也要把赵飞燕彻底铲除掉。他以太皇太后王政君的名义，给赵飞燕姐妹定性为："前皇太后与昭仪俱侍帷幄，姊弟专宠锢寝，执贼乱之谋，残灭继嗣以危宗庙，悖天犯祖，无为天下母之义。"赵飞燕被贬为孝成皇后，被勒令搬出皇宫，徙居北宫。

　　过了一个月，王莽觉得惩罚还不够，再次操纵下诏："皇后自知罪恶深大，朝请希阔，失妇道，无共养之礼，而有狼虎之毒，宗室所怨，海内之仇也，而尚在小君之位，诚非皇天之心。夫小不忍乱大谋，恩之所不能已者义之所割也。今废皇后为庶人，就其园。"他宣布废赵飞燕为普通百姓，逐出皇家。

　　赵飞燕本是普通女子，来自社会底层，因为偶然的机缘被皇上所宠幸，原以为可以凭借美貌和心机保住荣华富贵。不想，宫廷险恶、政治残酷，远远超出了她们的能力之外。结果，姐妹俩与皇帝的亲密接触不仅给家族带来祸害，还祸及自身。

　　见到废黜自己的诏书后，赵飞燕没有搬出北宫，也没有反抗，平静地自杀了。

帝國瑰色

洛神赋——佳人才子和历史的误会

洛神赋

陈思王

甄妃泪

甄 妃 泪

一

东汉末年，冀州中山无极（今河北省无极县）的甄家是当地的望族。甄家最小的女儿叫甄宓。

甄家是官宦世家，祖上出过太保甄邯。甄宓的父亲甄逸担任过上蔡令。光和五年（公元182年），甄宓出生，她3岁时父亲去世，留下甄宓和三位哥哥、四位姐姐一共八个孩子。在八个孩子中，甄宓最引人注目。相传还是婴儿的时候，家人常常看见有仙使从空中降下来，给睡梦中的甄宓盖上玉衣。大家惊奇不已。河北著名的相士刘良专门来看相，指着幼年的甄宓说："此女子日后贵不可言。"于是，甄家或多或少地在甄宓身上寄托了振兴家族的希望。

甄宓也主动承担起了复兴家族的责任，处处严格要求自己，养成了事事追求完美、精益求精的习惯。那个时代女子应该具备的贤良淑德，甄宓都具备。比如8岁的时候，家人和诸姐都上阁楼去看大街上的马戏表演，甄宓却不屑一顾。姐姐们奇怪地问她，甄宓回答："这岂是女子看的东西？"9岁的时候，甄宓就有过目不忘的本领，喜欢拿哥哥们的笔砚来练字。哥哥们笑她将来要当"女博士"，甄宓回答："闻古者贤女，未有不学前世成败，以为己诚。不知书，何由见之？"

甄宓不仅品格能力出众，而且还天性仁慈，孝顺长辈，见识不凡。

甄宓的母亲生性苛刻，待儿媳们很不好。十几岁的甄宓就常劝母亲对嫂嫂们好一点。母亲最后被甄宓说服，一家人相亲相爱。

东汉末年，河北战乱不休，饿殍遍野。普通人家变卖金银财宝，到处求购粮食保命。甄家虽然大不如前，但毕竟底子厚，衣食无忧，还有大量粮食储备。 甄宓的哥哥们就趁机高价出售粮食，聚敛了大量金银财富。 10 岁的甄宓极力反对家人这么做。 她说乘乱聚敛财富，不但容易引起民愤，而且可能招致乱兵盗匪的垂涎，会危及家人性命；不如把存粮拿出来赈济亲戚邻里，广施恩惠，不仅可收揽人心，还可保平安。 家人听了甄宓的话，恍然大悟，立即照办。结果在乱世中许多豪门大族都覆灭了，并不是鼎盛家族的无极甄家却保存了下来。

有了如此品德和作为，甄宓实在是太优秀了，长大后名声远播。人称"江南有二乔，河北甄氏俏"，可见甄宓的名声已经与三国著名美女大乔小乔姐妹并列了。

占据河北四州的大军阀袁绍听到甄宓的名声，就向甄家下聘礼，希望甄宓嫁给自己的次子袁熙。 考虑到袁绍家族"四世三公"，又是天下最大的军阀，最有可能荡平群雄登基称帝，甄宓接受了这门婚事。 这次联姻，让甄宓离"贵不可言"的预言近了一步，也让甄家向家族中兴的目标迈进了一步。

那么爱情在这桩婚姻当中有多大的分量呢？

袁熙担任幽州刺史，代表家族镇服北方，婚后长期不在邺城的家中。 袁家迎娶甄宓的目的是把河北著名的美女放到自己家里，这就像成功男人往往觉得只有天底下最好的东西才能配得上自己一样。甄宓只是一件衬托袁氏权势的好东西。

从甄宓的角度来说，这桩婚姻能给家族带来巨大的好处。 毕竟甄家已经开始败落，如今和袁家"绑定"了，日后很可能重振雄风，飞黄腾达。 甄宓结婚，现实考虑远远超过了感情考虑。 谁让她是一个顾全大局的乖女儿，谁让她长得倾国倾城，名声在外呢？

婚后，甄宓和丈夫袁熙长期两地分居，没有留下什么记载，也没有生育。

没几年，形势的发展证明甄家的现实考虑失败了。 袁家势力在和曹操的对抗中，节节败退。 尤其是在官渡一战中，袁绍丧失了全部主力，丢盔弃甲逃回了邺城，不久郁郁而终。 公元 204 年，邺城在经历了多年战争后，被曹操父子亲自率兵攻下。

城破之时，曹操的次子曹丕一马当先，提剑冲进了袁府。来到堂前，曹丕看到了袁家的一群惶恐不安的女眷。他一眼就发现在袁绍夫人刘氏后面站着一位女子。这名女子虽然蓬头垢面、泪流满面，但是身上散发着迷人的魅力，让曹丕怦然心动。曹丕控制袁府后，向各位女眷宣布父亲曹操有令，要保护袁绍家眷。曹丕请刘夫人不要害怕。刘夫人将信将疑。曹丕又问刘夫人，背后的女子是谁。刘夫人回答说："是袁熙的妻子。"曹丕告辞而去，出门前还回头深情看了一眼以巾拭面的甄宓。曹丕走后，刘夫人长叹了一口气，对甄宓说："这下，我们都不用担心性命了！"

没几天，曹操就向甄家下聘，要为次子曹丕迎娶甄宓。甄家和婆家刘夫人都同意了。

于是，23 岁的甄宓成了 18 岁的曹丕的妻子。

两汉魏晋时期，中国人对婚姻的观念还比较开放。离婚改嫁被人们普遍接受。曹丕的母亲、曹操的正妻卞氏就是军营娼妓出身，日后照样成了曹魏王朝的皇太后。据说，曹操本人对甄宓也是倾心已久，攻下邺城的时候还想占为己有，但见到儿子对甄宓一见钟情，也就成全了晚辈的婚姻。

几年后，甄宓的第一任丈夫袁熙死在了逃亡途中。

二

甄宓的第二桩婚姻，是现实考虑和感情考虑双重结合的典范。

曹丕家族具有袁绍家族具有的所有优点，甚至有过之而无不及。更重要的是，对于一个女子来说，能在乱世中找到倾心爱慕自己的爱人，殊难不易。可是，幸运的甄宓就找到了。曹丕虽然年轻甄宓 5 岁，对甄宓的感情却是认真的。门当户对、郎才女貌、珠联璧合，等等形容词用在曹丕和甄宓的婚姻中都不为过。

甄宓是个追求完美的人，在经过一次失败的婚姻后，迎来了一次期盼成功的婚姻。

　　曹丕和甄宓结婚后，一起生活在邺城，小夫妻俩度过了几年恩爱幸福的时光。 曹丕在甄宓之前娶过一位妻子任氏。 现在曹丕觉得任氏完全比不上甄宓，要把任氏赶回娘家去。 甄宓制止丈夫说："任氏出身乡党名族，论德论色，我都比不上她，为什么要赶她走呢？"曹丕回答："任氏狷急不温顺，和我不合拍，所以要赶她走。"甄宓哭着为任氏求情："我受您宠爱，尽人皆知。 现在任氏被赶出家门，人们会以为是因我的缘故。 我上惧见私之讥，下受专宠之罪，希望您重新考虑！"曹丕不听，坚持把任氏送回娘家。 在曹丕看来，没有一个女子比得上甄宓。 这件事也显露了甄宓心胸开阔，考虑问题全面的优点。 她果然和任氏不一样，将曹丕的家事处理得井井有条，还多次劝曹丕广纳姬妾。 曹丕对大度贤良的甄宓越来越喜欢。 甄宓和婆婆卞夫人的关系处理得也很好，常常嘘寒问暖。 婆婆跟着公公曹操远征，甄宓牵肠挂肚，茶饭不思，见到婆婆回来才眉开眼笑。 卞夫人很喜欢这个儿媳，常当众夸奖甄宓是孝顺媳妇。

　　在邺城的几年里，甄宓为曹丕生下了长子曹叡和长女东乡公主。

　　然而曹丕终究是一个政治人物，不可能总是生活在卿卿我我的安乐窝中。 曹家权势越强大，曹丕就越忙。 政治人物做丈夫的坏处就是他首先要服从政治，为政治奔波，其次才能照顾家庭。 政治人物有不同于正常人的行事标准。 首先在时间上，政治人物就不自由。 一句话，政治总是放在爱情前面。

　　曹操日渐显露出代汉自立的趋势，一个曹姓王朝若隐若现了。 曹丕是曹操的继承人，自然也要做好接班的准备。 曹丕开始不断在外忙碌，在邺城的时间越来越短。 他先是做了魏王世子，在父亲死后接班做了魏王，最后是完成了父亲未竟的心愿——篡夺汉朝的天下做了皇帝，建立了曹魏王朝。 曹丕就是魏文帝。

　　曹丕在政治上不断上升，甄宓在曹丕心中的地位却在下降。

　　曹丕个性非常进取，不懂得留恋。 这可能是政治人物的通性，不能故步自封，总是要不断追求新的目标。 甄宓又听任丈夫纳妾，导致曹丕身边美女如云。 当皇帝后，曹丕身边的女子就更多了。 汉献帝退位后被降封为山阳公，把自己两个女儿献给曹丕。甄宓和曹丕分离的时间越长，留在丈夫心中的魅力就越淡。 恩爱场景在记忆中日渐模糊，夫妻感情开始疏远。 甄宓渐渐失宠就在情理之中了。 保不准曹丕身边的如云美女当中还有觊觎甄宓正妻地位的，挑拨中伤甄宓的，而甄宓连分辩的机会都没有。

曹丕开始宠爱一个新人——郭氏。 郭氏的"硬性条件"比不上甄宓。 她长得没有甄宓漂亮，更不像甄宓那样有文才，而且还是出身铜鞮侯家的婢女，是被作为礼品送给曹丕的。 郭氏从做曹丕的侍妾开始，凭借深知人情世故、处事理智冷静引起了曹丕的注意，逐渐进入曹丕的政治圈子。 而甄宓始终没有进入丈夫的政治圈子，一直停留在圈外的情感世界中。 郭氏为曹丕和弟弟曹植争夺继承人地位，帮助曹丕处理棘手问题，出了许多好点子，日益受曹丕器重。郭氏既能照顾曹丕生活，又能出谋划策，正是曹丕所需要的伴侣。

甄宓失宠、郭氏地位上升的明显证据就是曹丕称帝后迟迟不立正妻甄宓为皇后。 甄宓仅被封为"夫人"，郭氏却被封为与甄宓地位不相上下的"贵嫔"。 到底封谁为皇后，曹丕在妻子甄宓和宠妾郭氏之间犹豫。

很多后人指责郭氏参与了对甄宓的造谣中伤，以此来抬高自己。可深知人情世故的她，怎么可能如此幼稚地冲锋陷阵前去攻击最大的敌人，给曹丕留下可能的坏印象呢？ 从史料上来看，郭氏是一个相当低调、懂得隐藏的人。 她为曹丕做了许多事，都自觉藏到曹丕的身后。 发达以后，郭氏孝顺长辈、抑制外戚、勤俭生活，言行无可挑剔。 她是让人挑不出毛病来的那种人。 甄宓遇到了这样的对手，可就危险了。

史载："践祚之后，山阳公奉二女以嫔于魏，郭后、李、阴贵人并爱幸，后愈失意，有怨言。"看着丈夫被前汉朝的两个公主、郭氏、李氏、阴氏等人团团包围，甄宓心里开始不舒服，又从不舒服转变为埋怨。 她是追求完美的人，言行力求尽善尽美，却在两次婚姻上遭到了丈夫的冷落。 她和袁熙没有什么感情，冷落还能忍受；可曹丕曾经是那么爱着她、陪着她，如今截然相反的待遇让甄宓完全无法忍受。她深感自己处境恶劣，又埋怨丈夫无情，写下了唯一传世的作品《塘上行》：

> 蒲生我池中，其叶何离离。傍能行仁义，莫若妾自知。
> 众口烁黄金，使君生别离。念君去我时，独愁常苦悲。
> 想见君颜色，感结伤心脾。念君常苦悲，夜夜不能寐。
> 莫以豪贤故，弃捐素所爱。莫以鱼肉贱，弃捐葱与薤。
> 莫以麻枲贱，弃捐菅与蒯。出亦复苦愁，入亦复苦愁。
> 边地多悲风，树木何翛翛。从君独致乐，延年寿千秋。

曹丕南向称帝，尊贵无双，甄宓却身陷"边地多悲风，树木何翛翛"的恶劣环境中，过着"独愁常苦悲"、"夜夜不能寐"的悲惨生活。"众口烁黄金"一句，甄宓直指自己遭到了曹丕身边女人的中伤陷害，和丈夫生生别离。苦闷哀愁的日子，甄宓实在过不下去了，无可奈何之余寄情于笔墨，把这首诗寄给了洛阳的曹丕。甄宓天真地希望此举能够唤起曹丕对夫妻间的美好时刻的回忆，从而改善自己的境遇。

然而，谁能想到，曹丕读后产生了截然不同的想法。他没有读到爱，没有读到旧情，读到的是愁苦、是哀怨。这些愁苦和哀怨的矛头都对准曹丕。曹丕原本就对甄宓不满，如今爆发了出来。他勃然大怒，失去理智，派使者前往邺城逼甄宓服下毒酒自杀。

无辜的甄宓就这样香消玉殒。这是黄初二年（公元221年），也就是曹丕登基当皇帝第二年的事情。此时，甄宓年仅40岁，曹丕时年35岁。

甄宓冤死后，被人披散头发遮住脸庞，口中还被塞满米糠下葬。许多人又把这笔债记在郭氏的身上。

陈 思 王

一

曹丕的江山是老爷子曹操费尽心机打下来的，但皇帝的宝座则是他花了老大力气才从弟弟曹植手里夺来的。

曹操的长子曹昂早年战死疆场，他和第二任妻子卞氏生有四个儿子：曹丕、曹彰、曹植、曹熊。曹彰只有匹夫之勇，曹熊体弱，常年生病，只剩下曹丕和曹植两兄弟争夺继承人之位。

曹操一开始属意小儿子曹植。曹植不仅长得一表人才，还文采飞扬。建安十五年（公元210年），曹操在邺城修建的"形象工程"铜雀台落成。他召集了天下文士登台为赋，为形象工程增光添彩。在这场文坛巅峰对决中，曹植提笔一挥而就，最先完成了《登台赋》。全文洋洋洒洒、气势磅礴，不仅曹操看后赞赏不止，在场文人也都输得心服口服。当时曹植只有19岁。曹操本人文学气质非常突出，曹植因此在继承人之战中加分不少。曹操认为曹植在诸子中"最可定大事"，几次想要立他为接班人。

曹植的聪慧是从小出了名的，10岁就能诵读诗文辞赋数十万言，出口成章。但他的缺点就是太聪明了，过于浓厚的文人气质反过来害了他。曹植沉溺在文学的天地中，向往无拘无束的生活，头脑未免简单，对人对事缺乏心计。曹丕知道比文才、比能力，自己都不是弟弟的对手，所以就想方设法要让曹植在父亲面前留下坏印象。曹操要出征了，兄弟俩去送行。曹植鸿篇大论，在父亲面前指点江山；曹丕则痛哭流涕，装出舍不得父亲出征冒险的样子。曹操很自然地认为曹植才情有余人情不足，觉得还是曹丕这个孩子忠厚孝顺了。

为了夺位，曹丕和曹植各拉拢了一批人进行明争暗斗。曹丕经常在家中召集同党商议方法，用大筐子把同党秘密抬进家来，避免给别人造成结党营私的印象。 曹植一派知道后，就兴冲冲地报告了曹操。 曹操查起来，却发现曹丕家门口进出的大筐子里装的不是食物就是日用品。 曹植又输了一回。

争斗越久，曹植身上的缺点就越扯后腿。 一次，曹操已经任命曹植为负责人，率军出征了。 这是很重要的任务，也是对曹植能力的考验。 结果在出征的欢送仪式上，曹操和文武百官左等右等，就是不见曹植的身影。 原来曹植竟然在节骨眼儿上，喝得酩酊大醉。 结果军队出征不了，曹植这个负责人也被就地免职了。 还有一件事情：曹操是白手起家的枭雄，节俭成性，最看不惯别人，尤其是家人穿戴奢侈。 曹植却不以为然，吃穿用度都率性而为。 曹植一生娶过两位妻子，第一位妻子崔氏系出名门（她是名士、尚书崔琰的妹妹），穿戴求新求好。 一次，崔氏"衣绣违制"（估计是穿了雕龙绣凤的衣服），招摇过市。 曹操看到后大怒，勒令儿媳妇崔氏回家自尽。 崔氏的死，表明曹操对曹植的不满与日俱增。

最后，曹操对到底把权力传给哪个儿子还是下不了决心。 到底是给轻浮不懂事的曹植呢，还是给忠厚孝顺的曹丕呢？ 他问老臣贾诩。 贾诩沉思了良久。 其实他早就暗中被曹丕收买了，在琢磨怎么让曹操下定决心舍曹植而用曹丕。 曹操等不及了，问贾诩怎么迟迟不回答。 贾诩这才说："我在想刘表和袁绍的事情。"刘表和袁绍两人都"废长立幼"，不把权力传给长子而给了小儿子，结果导致身后内讧不止，势力灰飞烟灭。 他们俩是曹操的老对手，废长立幼导致的家庭悲剧曹操都真真切切地看在眼里。 曹操面对反面教材，默然不语，这才下定决心选曹丕为继承人。

继承人之争，曹丕胜曹植败。 政治上的胜负，绝对是零和博弈，胜者全得，输家不仅一无所获，从此之后还要受胜家的欺压凌辱。

二

曹操活着的时候，曹植的境遇还没有恶化。 等到曹操死了曹丕登基称帝，曹植的噩梦开始了！

曹植的地位和生活发生了天翻地覆的变化。 之前，他是高贵的王子，现在他虽然是皇帝的弟弟，却成了皇帝时刻提防、限制的高级囚徒；之前，他优游宴乐，几乎可以为所欲为，现在他只能领取微薄的俸禄，在有形和无形的锁链之下过着窘迫的生活。

曹丕这个人心眼很小，上台后就开始对看不惯的人进行反攻倒算，到处整人。 张绣在投降曹操之前曾杀死过曹丕的哥哥曹昂。 曹丕这才成为曹操事实上的长子。 说起来，曹丕还要感谢张绣为他创造了"上位"的机会。 现在曹丕一上台，就把张绣逼死了。 老将于禁曾在襄樊战败后投降过关羽，曹丕觉得很丢脸，就派于禁去给曹操守陵。 他事先在陵墓里画上于禁卑躬屈膝向关羽求饶的壁画。 于禁一大把年纪了，看到壁画后，羞愧难当，气血上涌，死了。 对外人如此冷酷，对亲人曹丕整起来照样不依不饶。 叔叔曹洪是个小气鬼。 曹丕登基前向曹洪借过钱，遭到了拒绝。 登基后，曹丕就处处和曹洪为难，动不动就训斥、罚款。 曹洪顶不住了，央求嫂子、曹丕的生母卞太后在曹丕面前求情。 曹丕这才放过曹洪。

曹彰是曹丕同父同母的亲弟弟，在皇位争夺战中支持曹植反对曹丕，曹丕登基后他又领兵在外。 曹丕必欲除而后快。 他召曹彰回朝，在给他吃的饼里下了毒。 曹彰中毒后，倒地挣扎，却没有人过来救治。 卞太后发现后，慌得连鞋都不穿，亲自找水来救儿子，却发现宫中所有的瓦罐都被打碎了，最后她赤脚提桶去井里打水。 可惜还是晚了，一代勇将曹彰不治身亡。

对曹植这个曾经的头号对手，曹丕整起来更是六亲不认、心狠手辣。

曹丕先在制度上建立起了一整套严格限制皇室成员，尤其是成年诸侯王的规定。 曹魏可能是中国历史上对宗室成员限制最苛刻的朝代。 曹丕借口皇权巩固，大行限制宗室子弟之实。 曹植是皇室至亲，却过着如同囚犯的生活。 他贵为藩王，却没有任何实际权力，只能拥有上百名老弱病残组成的卫队。 这支卫队常年不变，没有补充，到最后只剩下五六十名残兵老将。 曹植不能和朝廷官员交往，没有得到允许不能和亲戚通信、不能随便来首都朝觐。 他能做的就是带着这支可怜的卫队，在方圆三十里范围内"游猎"。 藩王所在地区，曹丕都派了官员（所谓的"监国谒者"）监视藩王的一举一动。 这些官员可以随时告状，还可以当面"批评"藩王。 曹植就被监国谒者参奏过"醉酒悖慢，胁持使者"的罪名。 即便这样，为了防止藩王在某个地方固定下来，朝廷频繁徙封诸王，过几年就调整一批封爵。 比如曹植就担任过多个王位，因为死的时候是陈王而被人习惯地称为"陈王曹植"。

在种种限制之下，曹植的生活很窘迫，手头老是很拮据，想做的事情不能做，"谨小慎微"成了生活的关键词。

曹植的浑身才能和满腔建功立业的抱负难以施展。 他一再向朝廷，也就是向哥哥曹丕上书，要求授予自己实际职务，哪怕是让自己去前线冲锋陷阵也愿意。 奏章递上去后，不是得到让他安心当藩王的回复，就是石沉大海。

石沉大海并非因为曹丕忘记了这个弟弟。 他记着曹植，没有放过任何迫害的机会。

最著名的迫害例子就是"七步为诗"的故事。 魏文帝曹丕曾和曹植同辈出游，恰好遇到两头牛在墙角厮斗。 一头牛打输了，坠井而死。 曹丕当即命令曹植给死牛赋诗，要求诗中不许出现"牛"字、"井"字，也不能说相斗的事情，更不能说牛的"死"字，但是必须把整件事情说清楚。 还有一个要求是，曹植必须在走马百步之内，写成四十言的长诗。 如果走完了一百步写不出来的话，曹植就要被斩首。 结果呢，曹植策马而驰，在马上就揽笔写道："两肉齐道行，头上戴横骨。 行至凶士头，峰起相唐突。 二敌不俱刚，一肉卧土窟。 非是力不如，盛意不得泄。"全诗没有出现一个"牛"字、"井"字或者"死"字，却把斗牛的场面描写得清清楚楚。 写完了，曹植还没有走完一百步。 他就又写了一首三十言自愍诗："煮豆持作羹，漉豉以为汁。 萁在釜下燃，豆向釜中泣。 本自同根生，相煎何太急。"其中的最后一句很快流传开来，成为千古名句。

不知道是曹丕实在找不到杀曹植的理由，还是被"本是同根生"的亲情所感染，最终没有杀曹植。所以，曹植继续过着窘迫、郁闷的生活。黄初六年（公元225年），曹丕踌躇满志地想要征讨东吴，结果到长江边一看到东吴戒备森严、长江江水激流，立刻打了退堂鼓。撤军的途中，曹丕经过了曹植的封地，"御驾亲临"曹植的住所，看到曹植居住的环境实在是太差，生活水准确实不高，这才下令增加了曹植五百户封邑。为此，曹植专门上表"谢恩"。

有人说，曹丕是在生命的最后时刻，良心发现，觉得应该对弟弟好点了。因为在第二年（黄初七年），曹丕就驾崩了。曹植又活了6年，在太和六年（公元232年）死去。曹魏王朝给他的谥号是"思"，曹植因此被称为"陈思王"。

曹植的第二任妻子谢氏，一直活到晋朝。他们生育有多名子女，子孙历任公侯。

洛 神 赋

一

黄初三年（公元222年），鄄城王（封地在今山东濮县）曹植在京师洛阳朝觐完毕，返回封地。 过洛河的时候，曹植写了一篇《感鄄赋》。 在序言中，曹植写道："黄初三年，余朝京师，还济洛川。 古人有言，斯水之神，名曰宓妃。 感宋玉对楚王神女之事，遂作斯赋。"

根据这个说法，曹植从洛河水神"宓妃"身上联想到了战国时期宋玉和神女的故事，写了这篇文章。 这里的洛神即宓妃，传说是远古伏羲氏的女儿，溺死洛水，遂成为洛水女神。 但是"宓妃"很容易令人想到甄宓，加上文章的名字又是《感鄄赋》，"鄄"和"甄"两字相通，更让人怀疑曹植是在借文怀念甄宓了。

在文中，曹植将宓妃的美貌描绘得惊若天人：

> 翩若惊鸿，婉若游龙。荣曜秋菊，华茂春松。仿佛兮若轻云之蔽月，飘飘兮若流风之回雪。远而望之，皎若太阳升朝霞；迫而察之，灼若芙蕖出渌波。秾纤得衷，修短合度。肩若削成，腰如约素。延颈秀项，皓质呈露。芳泽无加，铅华弗御。云髻峨峨，修眉联娟。丹唇外朗，皓齿内鲜，明眸善睐，靥辅承权。瑰姿艳逸，仪静体闲，柔情绰态，媚于语言。

曹植自述是在朦胧之中遇到了宓妃，宓妃"体迅飞凫，飘忽若神，凌波微步，罗袜生尘。 ……转眄流精，光润玉颜，含辞未吐，气若幽兰，华容婀娜，令我忘餐"。

遗憾的是，他俩人神殊途，最后只能擦肩而过。 曹植继续踏上归程，宓妃继续在洛河为神。 这样的情节设计又多么像是现实中曹植和甄宓的境遇，美丽的人儿不能率性而为，只能被迫接受外界设置的人生轨道。

后人难免对此文浮想联翩，在曹植和甄宓之间搭建种种感情线索，试图证明他俩之间有感情瓜葛。比如柏杨认为《感甄赋》的女主角就是甄氏，说："文学史上没有详细叙述他们叔嫂怎么相识和怎么幽会，但我们可以想象，这位弟弟初睹嫂嫂容颜时，跟他哥哥一样，也会同样神魂飘荡。而曹植先生文学方面的造诣，跟气质潇洒，远超过浑身流氓气息的哥哥曹丕。真正的爱情是不认识权势的，叔嫂之间，遂存在着灵和肉的爱慕。"南朝的顾恺之充分发挥想象力，从文章出发，创作了千古名画《洛神赋图》。画中，曹植恍然若失地看着在河上凌波微步的洛神。两人男才女貌，近在咫尺却不能牵手，只能以目传情。甄宓也因为曹植的《感甄赋》而被后人普遍视为"洛神"。

传言越来越多，编织出了曹植和甄宓的感情经历。很多人相信曹植在公元 204 年攻陷邺城的战役中，也看到了甄宓。曹植和甄宓一见钟情，两情相悦。无奈哥哥曹丕抢在了前面提亲，甄宓成了曹植的嫂子。可是两人情丝未断，引起了曹丕的不满。感情矛盾加上政治斗争，曹丕和曹植就成了死对头。这也可以解释曹丕为什么丝毫不念夫妻之情，登基第二年就赐死甄宓；丝毫不念手足之情，对曹植百般刁难。

然而，我们仔细思考一下曹植和甄宓的这段"绯闻"，会发现里面有许多"不可能"之处。首先，曹植和甄宓年纪相差 10 岁。曹丕迎娶甄宓的时候，甄宓 23 岁，曹植才 13 岁。一个 13 岁的小孩子怎么可能这么早熟，就开始恋爱经历了呢？而一个 23 岁的女子怎么会对 13 岁的小孩子产生爱慕之心呢？其次，这段感情涉及乱伦。弟弟和嫂子偷情是中国人非常忌讳的家丑，更何况是在帝王之家。就算甄宓和曹植两人能抛弃世俗观念和内心的约束，曹家也不会让这段感情持续下去，肯定会早早掐断它。最后，所有认为曹植和甄宓有感情瓜葛的说法都没有证据。也许《感甄赋》

就算是最有力的证据了。但是一篇文章是不能说服人的，更何况人们也可以把它解释为曹植纯粹是在描写自己的幻想或者梦境中的某次神遇。曹植所谓的"感甄"或许就是感叹自己这个鄄城王不得不接受现实的无奈。

就像这个世界上许多美好的感情故事都是捕风捉影而来一样，曹植和甄宓的"感情"，也是他们的同情者臆造出来的。

二

还记得甄宓小的时候就被人预测"贵不可言"吗？还记得甄宓从小就挑起了复兴家族的重担吗？在甄宓死了 6 年之后，她的儿子曹叡登基称帝，成了魏明帝。母以子贵，甄宓终于迎来了"贵不可言"的待遇，甄家也重新发达起来。

曹叡本来是没有希望登基的。因为曹丕并不太喜欢这个长子。再考虑到赐死过曹叡的生母甄宓，曹丕不愿意立曹叡为太子，想立其他姬妾所生的儿子。无奈，皇后郭氏没有生育，其他妃妾生的儿子不是夭折、体弱多病，就是年纪太小，曹叡始终是唯一的继承人选。曹丕采取拖延战术，就是不立太子，对大臣们早立太子的建议充耳不闻。一直拖到黄初七年（公元 226 年）五月，曹丕的身体垮了，即将死去。临终前，曹丕这才在病榻上仓促册立曹叡为太子。

曹叡登基后，在对待生母甄宓问题上立即开始"拨乱反正"。首先是在即位不久，甄宓就被追封为"文昭皇后"，并立寝庙祭祀。其次是"帝思念舅氏不已"，对甄家子弟大加封赏。甄宓的几个哥哥除了早死的，都封侯拜将了。

在母亲的情敌郭氏问题上，曹叡处理得比较隐晦。甄宓冤死九个月后，曹丕正式册立郭氏为皇后，并将甄宓的儿子曹叡交给郭皇后抚养。郭皇后对曹叡有养育之恩，又是名义上的皇后，所以曹叡对郭氏尊崇依旧。根据史料记载，郭氏最后是自然死亡的。比如《魏书》说：

> 有司奏建长秋宫，帝玺书迎后，诣行在所，后上表曰："妾闻先代之兴，所以绵国久长，垂祚后嗣，无不由后妃焉。故必审选其人，

以兴内教。令践祚之初，诚宜登进贤淑，统理六宫。妾自省愚陋，不任粢盛之事，加以寝疾，敢守微志。"玺书三至而后三让，言甚恳切。时盛暑，帝欲须秋凉乃更迎后。会后疾遂笃，夏六月丁卯，崩于邺。帝哀痛咨嗟，策赠皇后玺绶。

按照《魏书》的记载，曹叡修建了长秋宫恭迎郭氏的到来。 郭氏当时住在邺城，三次推辞不住进新宫殿，结果在盛夏时节突然死了。 曹叡很伤心。 史书没有说具体的死因，也没有具体说曹叡如何善待郭氏。 对于这样笼统的记载，裴松之在给《三国志》作注释的时候特意写了："臣松之以为春秋之义，内大恶讳，小恶不书。"春秋笔法是古代史家隐讳的做法，习惯于表面上写的是一套，暗中故意留出一些细节来引导读者去体味其中的深意。 显然裴松之认为《魏书》在郭氏之死上也用了春秋笔法，也就是说郭氏在夏天的暴亡并非自然死亡，曹叡难脱干系。 具体曹叡是如何害死郭氏的，《魏书》肯定是不敢言明。

在处理曹植的问题上，曹叡对这个三叔的文才非常赞赏，甚至称得上是崇拜。 但同时他又觉得父亲曹丕严格限制诸侯王的政策很有必要，很合自己的胃口，所以继续执行。 结果，侄子兼崇拜者曹叡的上台并没有改善曹植的生存环境。 曹植依然生活在频繁迁徙、窘迫和受监视的环境中。 曹植曾经乐观地认为侄子上台后，可能会让自己出任部分实职，结果大失所望。 曹叡对曹植的防范丝毫不比其父亲时期宽松。

曹叡对叔叔的《感甄赋》文章很喜欢，不过他也听到了外面不好的"桃色"传闻，觉得这篇文章对自己的生母名誉不利。 文章的题目就起得不好，《感甄赋》很容易让人联系到"怀念甄妃"，因此曹叡上台不久就以避母后名讳的名义，下令将《感甄赋》改为《洛神赋》。

如今，我们看到《洛神赋》总是会联想到洛神甄宓，想到她和小叔子曹植两人的不幸命运。

中唐乱——女主乱国和唐中宗的家庭悲剧

亲情破裂

和事天子

患难夫妻

患难夫妻

一

小时候，李显是个很不起眼的小孩。 在唐高宗李治众多的皇子中，李显没有任何突出的优点，除了长得比较胖以外，毫无引人注意的特点。 在他前面，李显有六个优秀的哥哥，所以他一生最好的结局可能就是当个太平盛世的王爷了。

李显的性格懦弱怕事，这要归咎于他的母亲武则天太强势了。母亲的光芒不仅遮盖了父皇李治，还照耀着整个朝廷，李显这样的小孩子完全被母亲的强光吞噬了。 李显的哥哥、太子李忠不是武则天所生，被武则天废掉了，后来又被杀死在废居地。 继任的太子是李显同父同母的长兄李弘。 李显觉得李弘应该是母后中意的太子，应该是将来帝国的皇帝了，不想李弘很快也被母亲废掉了，也死在了废居地。 李显开始意识到政治和死亡离自己原来是这么近。 第三任太子是李显同父同母的二哥李贤。 李显看好二哥，不想李贤最后还是被母后废掉，同样死在了废居地。 这下子，李显目瞪口呆，远远看着母亲，不知道她要干什么了。

后来，李显才知道，三个哥哥都是母亲授意害死的。 冷汗瞬间顺着他的脊梁流了下来，死亡的呼唤原来一直飘荡在他们这些生活优裕的皇子头上，而那幕后黑手竟然是敬爱的母亲。 多么残酷的现实啊！ 要知道李弘、李贤两个哥哥可是母亲的亲生骨肉啊。 李显冥思苦想，始终没有想明白母亲为什么要那么做。 "骨肉相连，怎么能自相杀戮呢？ 不能！"

李显开始害怕母亲武则天，害怕的结果是让他不知道怎么和母亲相处了，使得他在皇宫中言行拘谨、行事中庸、结结巴巴、唯唯诺诺。 低头顺眉久了以后，李显都忘了自己原本的形象了，似乎听话点头、小心谨慎就是自己真实的形象了。

即便如此，噩运还是降临到了李显的头上。 李显的妻子赵氏，出身名门，是唐高祖常乐公主的女儿，按辈分和李显的父亲李治是表兄妹，比李显高出一辈。 好在唐朝人的婚姻观念没有宋朝以后那样保守僵化，当时受封英王的李显和赵氏幸福地结婚了，准备一起走完安逸的人生。 不想，结婚没多久，李显的岳母常乐公主得罪了武则天。 其实也算不上"得罪"，就是因为亲上加亲，唐高宗李治对待常乐公主非常客气、赏赐优厚。 武则天就妒忌了，对姑姑兼亲家的常乐公主一点儿面子都不给，还栽赃罪名将常乐公主及驸马赵瑰贬谪出京。 不仅如此，武则天还强迫李显废除了自己的王妃赵氏——显然这不是李显的本意。 赵氏遭到了无情的牢狱之灾，后来被活活饿死了。 武则天对此面无愧色，下令草草埋葬。

李显在整个事件中，没有丝毫作为，也不敢有丝毫作为。 听到发妻的死讯，李显除了呆若木鸡，就是在内心再次强化了对武则天的恐惧，更加低头走路轻声说话了。

后来，被贬出京城的常乐公主和驸马赵瑰因为和反武则天的越王李贞有往来，遭到武则天的杀戮。 等到尘埃落定、武则天成了历史以后，李显才敢公开怀念温柔美丽的发妻赵氏。 当时他已经是皇帝了，就追封岳父赵瑰为左卫大将军，追封发妻赵氏为恭皇后，算是对母亲武则天迟到而间接的抗议。

再后来，李显的弟弟李旦当了皇帝，进一步追封七嫂赵氏为"和思顺圣皇后"。 李旦这么做，除了同样是抗议母亲的暴行外，还有对第二任七嫂、也就是李显第二任妻子韦氏的否定。

接替赵氏的韦氏是京兆万年（今陕西西安）人，出身关中韦家。关中韦家曾是门第很高的门阀世族，在魏晋南北朝的时候阔得很，到唐代虽然家道中落大不如以前了，但高门大户的架子和风范还在。这样的家庭教育出来的女儿除了端庄大气、见多识广外，就是沉稳有力，有一定的心计和魄力，身上还担负着重振家族的希望。 韦氏就兼具这些特点。 当时富贵人家还比较看重门第观念，喜欢和过去的世族门阀联姻。 关中韦家这样的人家则往往把联姻当做维系和重振家族的途径。

韦氏就这样成为李显的第二任妻子。

没有利益，也就没有诱惑，没有纷争，李显和韦氏最初的婚姻生活正常、安逸而幸福。 两人一连生了包括长子李重润在内的多名子女。 韦氏还年轻，还没有依靠丈夫摄取权势、改善家庭境况的迫切愿望。 尽管后来李显被立为新的太子，可考虑到之前三位太子的悲惨命运，考虑到太过强势的皇后武则天的存在，李显看似和皇位靠得很近，其实离得很远，很危险。 李显不将太子位看做是宝贝，而看做是一颗定时炸弹；韦氏虽然向往权势，可也知道此时的太子位是一个烫手的山芋。

谁知道将来会发生什么变故呢？

二

弘道元年（公元 683 年），情况发生了变化。 当年 12 月，常年患病的父亲李治死了。 战战兢兢当着太子的李显平静地即位了。 历史上称李显为唐中宗。

没有波折，皇位来得这么容易，让李显产生了一种错觉： 我大权在握了！ 母后武则天依然是强权人物，但她之前可能是为了替久病的父亲省去麻烦、不得不主持政务的。 现在儿子当了皇帝，母后就可以放心地去当太后安享后半生了。 韦氏现在是韦皇后了，想法和丈夫李显相同，认为母后武则天的时代已经过去，现在是李显和韦氏的时代。

事实很快就证明李显、韦氏夫妇想错了。 李显突然获得至高无上的权力，开始大手大脚起来。 他将韦皇后的父亲韦元贞从普州参军提拔为豫州刺史，还想破格提拔为侍中（相当于宰相）。 受唐高宗李治遗命辅政的裴炎，坚决反对这项任命。 在争辩中，大怒的李显喊道："我把天下给韦元贞，也没什么不行的，难道还吝惜一个侍中吗？"在"天下都是我的"的思想主导下，李显甚至想封乳母的儿子为五品高官。 两个月后，嗣圣元年（公元 684 年）2 月，武则天带兵入宫，将李显拽下了皇位，废为庐陵王。 李显和韦氏没有丝毫的反抗能力，他们终于知道自己是多么幼稚，哪里是武则天的对手。武则天的时代刚刚来临，而不是结束！

唯一一次自己独立做主的机会，就让李显失去了皇位。 教训太深刻了！ 李显恨自己得意忘形，没有保持住登基之前唯唯诺诺、小心谨慎的处世风格。

在弟弟李旦登基的赞歌礼乐中，庐陵王李显一家老小，缓缓离开京城，被迁往软禁地。 李显先后被软禁于均州（今湖北省均县）、房州（今湖北省房县）长达 14 年之久。

名为庐陵王，实际上李显连住的房子都没有。 一家人从头学起，学会自理生活，在荒蛮之地上盖房、耕耘、纺织和生活。 李显告别了安逸的生活，陷入了赤贫之中。 在前往房州的途中，妻子韦氏生下了一个女儿。 李显没有任何东西接生，只好脱下自己的衣服将哭啼的女儿裹起来。 这个来得不是时候的小生命因此得名"裹儿"，后来被封为安乐公主。

生活贫苦艰难，韦氏却对丈夫不离不弃，始终陪伴在丈夫身边，照料李显的生活，鼓励李显的人生。 而这也正是李显最苦闷最恐惧的时期。 前面三位被废黜的哥哥最终都被母后害死了，自己会不会是第四个呢？ 李显本来就只有半个胆子，被母后拽下龙椅的那一刻连剩下的半个胆子也吓没了，如今一想起自己的处境和三个死去的哥哥多么相似，李显就不寒而栗，汗流浃背，焦躁不安，由恐惧而绝望，精神几近崩溃。 武则天日渐朝着女皇帝的方向发展，反对武则天的势力与她兵戎相见。 徐敬业和宗室琅玡王李冲、越王李贞等人相继起兵反武。 他们都打出了拥戴李显重新登基的旗号。 李显和他们没有一丁点联系，知道后怕引火烧身，给武则天杀自己的借口，情绪更加不安。 在软禁地，他常常大呼大叫，晚上被噩梦惊醒，多次想自杀。 韦氏也害怕，可她没有把害怕表现出来，而是强装镇定，用从容和刚强抚慰着李显的精神，照顾着几个子女的成长。 当丈夫哭喊着要自杀时，韦氏千方百计与之周旋，哄他骗他，安抚他的情绪，让他慢慢正常起来，同时又不能让疯疯癫癫的李显给幼小的孩子们的心灵留下阴影。

每当武则天派来使者，李显都觉得是自己的末日来临了。他听到连串的马蹄声就会精神失常或者瘫倒在地，无法正常言行。韦氏洒脱地劝丈夫："人生祸福无常，最后免不了一死。我们是皇室贵胄，何苦这样呢？"在韦氏的安慰下，李显才能恢复正常状态。多少次，韦氏扶着浑身颤抖的李显去迎接朝廷的使者。而武则天的杀戮令一直没有来，派来的使者不是慰问李显就是来赏赐物品的。

14 年的光阴将一对年轻夫妻变成了中年夫妇。韦氏在她最美妙的岁月里，坚定地守在陷于绝境的李显身旁，多次从死亡边缘将李显挽救回来。她独自一人撑起了流亡途中的家庭。李显非常感激韦氏的陪伴。他对妻子、女儿感到深深的愧疚。一次，在他精神正常的时候，李显郑重、深情地对韦氏说："他日，我如果能够有幸重见天日，一定由着你的性子来，不干涉你的行为。"一无所有的李显，此时能给的只有许诺了。而此时的韦氏把这句话深深刻在了心底。她也不知道自己是真正伟大的妻子，还是为了等待丈夫的许诺。

圣历元年（公元 698 年）初春，朝廷使节的马蹄声再次踏破了房州的宁静。李显再次被恐惧带来的精神恍惚所笼罩，韦氏再次平静地扶着丈夫出来迎接圣旨。大大出乎夫妻俩的意料，使者带来了天大的好消息：召李显夫妇回京！

这一年，武则天已经当了 8 年的皇帝。人到暮年，不得不考虑接班人的问题了。立谁为太子成了朝野关注的焦点。女皇帝的尴尬身份，此时表露无遗。侄子武三思等人自然希望武则天能把皇位留在武家，可那样武则天不算继承人的母亲，更不算父亲，在新王朝的家谱中没有地位。而大臣们普遍心系李唐皇朝，倾向立李姓皇子为后。其中，李显就是头号人选了。

流传甚广的《狄公案》中有武则天晚年的男宠、佞臣张易之向狄仁杰询问自保之策的内容。狄仁杰就建议张易之去劝武则天迎立庐陵王李显为继承人，以拥戴新皇帝的功劳来为自己免祸。 丞相狄仁杰是坚定的李显支持者。 当时武则天很有意思立侄子武三思为太子，询问朝臣是否可行。 大臣们面面相觑，不敢回答。 狄仁杰却说："天下百姓依然思念唐朝。 之前北方出现边警，陛下派遣梁王武三思去民间招募勇士，一个多月时间召集了不到一千人；又让庐陵王李显去招募士兵，没几天就招募到了五万人。 如果要选择继承人，非庐陵王莫属。"武则天大怒，拂袖而去。 后来武则天又向大臣提问："朕常常梦见双陆不胜，做何解释？"在场的狄仁杰和王方庆同时回答说："双陆不胜是无子的意思。 这是天意在警告陛下！太子是天下的根本，根本动摇，天下就危险了。 高祖、太宗皇帝身蹈锋镝，勤劳而有天下，传之子孙。 先帝弥留之际，诏令陛下监国。 陛下登基，君临四海已经有十多年了，现在想立武三思为太子。 姑侄与母子关系，哪个更亲？ 陛下立庐陵王为太子，则千秋万岁之后常享宗庙；立武三思为太子，宗庙中就没有陛下这位姑母了。"武则天终于感悟了。

武则天派人迎庐陵王回长安。 李显到长安后，武则天将他藏匿在帐中，再召见狄仁杰，故意商量立太子的事情。 狄仁杰敷请切至，涕泪俱下，请求迎立李显。 武则天这才将李显召唤出来，说："还给你太子！"狄仁杰下拜顿首，转悲为喜，又说："太子虽然回来了，可大家还不知道，人言纷纷，怎么取信他人呢？"武则天就安排李显公开出现，安排大礼迎还。 朝野大悦。 之前有许多人多次奏请武则天迎还太子，都没有成功。 只有狄仁杰通过母子天性劝说，才使得武则天下定了决心。

《狄公案》的这个说法有很大文学加工的痕迹。 但是基本史实是正确的：武则天在朝臣的劝说下，最终决定将废帝、儿子李显迎回长安，立为太子。

李显的第二次太子生涯所处的环境比第一次还要险恶，事事都加倍小心。 为了保险起见，太子李显主动向武家靠拢。 他将一个女儿（永泰郡主）嫁给了武则天的侄孙武延基，成了魏王武承嗣的儿媳；

又将一个女儿（安乐郡主）嫁给了武则天的另一个侄孙武崇训，成了梁王武三思的儿媳。李显与武家联姻，亲上加亲，得到了武则天的赞许，稳固了自己的地位。

一次，李显和韦氏的爱子李重润与妹妹永泰郡主、妹夫武延基三人饮酒闲聊。当时李重润只有 19 岁，妹妹妹夫的年纪也很小。三个年轻人聊着聊着，就不知道聊到什么地方去了，突然涉及张易之兄弟出入武则天卧室的事情。武则天晚年蓄养男宠，搞不正常男女关系，即便七老八十了也没有停止过。李重润三人年轻，对这个问题很感兴趣，却不知道隔墙有耳。武则天的男宠张易之、张昌宗知道后，上报了武则天。武则天忌恨别人揭她的丑，很生气，把李显叫到跟前，劈头盖脸大骂了几个时辰。李显大为惶恐，回到东宫后，马上逼儿子、女儿自杀。当时永泰郡主肚子里还怀着一个孩子，也不得不含泪自尽。另外的一种说法是，李重润和妹妹一家是被武则天"杖杀"的。不管子女是不是李显亲自逼死的，李显又一次对至亲的死无能为力，含泪听任母亲的暴行。只有武则天死后，李显才表露出真心实意。他和妻子韦氏对李重润的死很伤心（这是韦氏唯一的儿子），按太子礼隆重安葬了李重润，按公主礼厚葬了永泰郡主。现存两个人的墓室富丽堂皇，壁画连绵，是已知的唐墓中最精彩的一座。

和事天子

一

李显的第二次太子生涯时间不短，长达 7 年，直到神龙元年（公元 705 年）。

当年正月，宰相张柬之等重臣，联合了掌管禁卫军的右羽林大将军李多祚，决定发动政变推翻武则天恢复唐朝。 之前，82 岁的武则天病重，独居深宫，只有男宠张易之兄弟陪伴。 张柬之、李多祚等人突然率领羽林军 500 余人，冲入玄武门，杀死张易之、张昌宗，迫使武则天将皇位传位于太子李显。

事先，桓彦范、敬晖两个大臣谒见了李显，告知了政变计划。要不要参加政变呢？ 李显犹豫了。 一边是复兴家族基业的大事，一边是失败后全家诛斩的噩运，经过短暂的犹豫，李显毅然接受了。也许，他觉得这是摆脱母亲强压、抒发自我的好机会。 然而在政变当天，张柬之等人攻入皇宫，李多祚、李湛以及驸马都尉王同皎率人迎接李显出来给造反者"首义"的关键时刻，李显身上懦弱的性格又显露出来。 他打起退堂鼓，不敢开门接见李多祚等人，只是隔着门板推辞说："听说圣躬（武则天）近日身体不适，我怕此行惊动她老人家，不利休养。 大家还是等等吧，待日后再说。"李多祚等人一听，急坏了。 任何迟疑都可能将政变毁于一旦。 王同皎急了，撂下狠话："先帝把宗庙社稷都托付给了殿下，现在天下横遭蹂躏，人神共废，已经 23 年了。 如今，京城各处将士同心协力，发誓要诛杀凶竖，复辟李氏社稷。 您犹豫不决，是想置我们于死地，是想置祖宗社稷于不顾吗？"李显说不上话来了。 李湛再高喊："诸将弃家族性命于不顾，与宰相等人同心协力，匡辅社稷，殿下为什么就不可怜我们的一片至诚之心，忍心置我们于死地。 我们死不足惜，但也请殿下出来说明一下。"李显羞愧得难以回答，半晌才打开宫门，随着李多祚等人赶往玄武门，"领导"政变。一行人走到玄武门时，官兵们看到太子出面，山呼万岁。张柬之等人簇拥着李显轻易斩关而入，将张易之兄弟当场杀死，并威逼武则天归还国政。病中的武则天无力与政变势力对抗，被迫将国政交给李显监国，并在不久之后禅位给了李显。

这场政变就是历史上的"神龙政变"。

一个多月后，复登皇位的李显复国号为唐，他就是唐中宗。

二

关于李显的皇帝生涯，人们看到的记载都和皇后韦氏有关。史书上说的、民间流传的许多"段子"都是韦皇后主演的，唐中宗李显只是一个配角而已。

李显复位后，马上立韦氏为皇后，又不顾大臣们的劝阻追封韦皇后之父为王。韦氏效仿武则天，当唐中宗视朝时，也在御座左侧隔幔而坐。桓彦范劝谏唐中宗说："牝鸡司晨，有害无利，请皇后专居中宫，勿预外事。"李显并不理睬。韦氏对他取得帝位有大功，李显并不觉得韦氏和自己一起临朝听政有什么不妥。

流亡的日子让韦氏极度害怕物质匮乏，重见天日后，抓紧享受，恨不得把失去的好日子都补回来。她教唆唐中宗李显说："十多年的苦难我们已经受够了，现在就要过自由自在的天子生活了。"李显也跟着韦氏到处玩，宫里宫外，各种花样，玩了个遍。李显跟着韦后登临城楼，看万家灯火、市场繁荣和百姓歌舞，后来还专门安排大型室外歌舞表演观看。市井景象看久了，韦氏和李显又喜欢上了商贾游戏，亲自领头，带上太监宫女们在宫廷里玩"过家家游戏"。一大堆人扮作贩夫走卒，在宫廷里杂耍。

一年除夕，李显召集中书、门下诸位大臣与学士、诸王、驸马入阁守岁。宫廷大摆宴席，置酒，奏乐。美酒正酣，李显突然对御史大夫窦从一说："听说爱卿久无伉俪，今天是除夕，朕为爱卿介绍位夫人。"窦从一只好唯唯拜谢。 马上，内侍就拿着烛笼、步障、金缕罗扇列队出来，扇后有个人穿着礼衣，钗着鲜花。 李显命令她和窦从一面对面坐着，中间隔着扇子。 窦从一当然想撤去扇子，看看皇帝做媒介绍的女子会是谁？ 李显就让窦从一吟诵《却扇诗》，满意了才撤去扇子。 窦从一念了好几首诗歌，李显才让撤去扇子。 那新娘摘去鲜花换衣服再出来，大家这才发现她竟然是韦皇后的老乳母王氏。 王氏出身蛮婢，如今竟然被皇帝指婚给朝廷大臣。 大臣们大笑，李显也大笑，下诏封王氏为莒国夫人，嫁给窦从一为妻。 这个可笑的行为背后有李显的轻浮无知，也有韦皇后在背后的教唆和轻狂。

在轻狂奢侈、骄横胡闹方面，安乐公主一点都不逊色于母亲韦氏。 安乐公主出生于父母流放的途中，从小在泥土中滚爬长大，长大后突然变成了公主。 巨大的转变让她肆意挥霍着公主的万千宠爱，似乎是要弥补幼年的悲惨。 安乐公主在洛阳、长安的府邸都是首屈一指的，她还慷慨地赞助了大批寺院、宫殿楼阁，出手之阔绰、豪爽，令人瞠目结舌。 唐朝的公主收入主要依靠于朝廷授予的田地收入，年收入并不高。 安乐公主的支出远远超过了她拥有的田地收入，那多余的金钱是从哪里而来呢？ 这主要来自李显、韦氏不断地赏赐和安乐公主的巧取豪夺。 昆明池是长安城里著名的风景区，区域广大。 安乐公主借口喜欢昆明池的风景，要求父皇李显把昆明池赏给她，划入驸马府。 昆明池从汉代形成后，是人来人往的风景区；许多百姓在池中捕鱼，赖以为生；宫廷也参与池塘捕鱼，每年收入十万贯。 因此，历朝历代从来没有将昆明池赏赐予人。 李显没有答应女儿的要求，而是赐予另外一块土地作为补偿。 安乐公主没有得逞，仗着父皇的宠爱，将得到的土地不断扩大，侵蚀周边土地，还挖了一个规模比昆明池还大的湖泊，取名为"定昆池"。

安乐公主揽钱的另一个主要途径是卖官鬻爵。 朝野都知道，只要给安乐公主塞钱就能够加官晋爵。 只要纳钱30万，不论你是苦力屠夫还是落第文人，都能得到皇帝用墨笔书写的任官便条。 因为这类官员不是经正常程序任命的,时人讽刺为"斜封官"。

李显懦弱无能、韦皇后和安乐公主又热衷于享受,给了潜伏在朝廷中的武氏力量"翻盘"的机会。唐中宗复位后,武则天不久也死了,但朝廷中武氏的势力还很大。武则天的侄儿武三思被封为德静郡王,其子武崇训是安乐公主的驸马,二人依然列位朝堂之上。同时,武则天提拔的宫中女官上官婉儿继续被留用,负责掌管宫中文件,还被李显册封为昭容,参与诏书的草拟工作。武则天时期,上官婉儿就和武三思勾搭成奸了。现在,武三思和上官婉儿两人为了共同的利益,联系得更紧密了。上官婉儿把武三思介绍给了韦皇后。武三思眉来眼去,很快就把韦氏勾引上床了。上官婉儿则去勾引李显,两人关系暧昧。一时间,皇宫大院内一片乌烟瘴气,不堪入目。一个流传很广的段子是:韦皇后和武三思曾在后宫中玩双陆(一种赌博游戏),李显竟然在一旁给两人数筹码!

武三思在皇宫里连皇帝的床都随便坐,上有李显的信赖,下有韦皇后和上官婉儿的协助,自然是呼风唤雨,指鹿为马,无人敢说个"不"字。武三思"内行相事,反易国政",当权用事,成为天下大患。

三

张柬之、敬晖、崔玄暐、桓彦范、袁恕已五大臣是推翻武则天政权、拥戴李显的大功臣。李显即位后封五人为王,很信任他们。当初,敬晖和桓彦范等人诛杀张易之兄弟后,洛州长史薛季昶劝敬晖:"二凶虽除,吕产、吕禄那样的人物依然存在。大人们应该借着兵势诛杀武三思等人,匡正王室,以安天下。"可敬晖多次提醒张柬之诛杀武三思等人,张柬之都不同意,他幻想李显能亲自处理武三思等人,以此来扬名立威。薛季昶知道后,傻眼了:"唉,我不知道日后会死在什么地方了。"

张柬之五人眼看着韦皇后和安乐公主弄权、武三思势力沉渣泛起,忧心忡忡,多次劝谏李显。韦皇后和武三思视之为眼中钉、肉中刺，一再要求李显严惩五人。 李显将五人贬官外放。 武三思又暗中派人把韦皇后与他的私情和其他不光彩的事写成布告、传单，张贴在京城里。 这些传单还宣称要废掉韦皇后，弄得群情鼎沸。 在韦皇后的哭诉下，李显下令严查。 办案之人秉承武三思的意旨，捏造案情，诬为张柬之五人对贬谪不满。 于是，李显将五人罢官，流放岭南。 武三思与韦皇后一定要下杀手，假传圣旨前往岭南杀害张柬之五人。 敬晖赴任崖州不久就被杀。 张柬之在新州忧愤病死。 崔玄暐在岭南病死，桓、袁二人则遭到使者残杀。

至此，李显时代的政治完全陷入黑暗的深渊。 韦皇后将后宫弄得乌烟瘴气，武三思则把持了朝政。 武三思办事标准就一条，附和自己意见的就是好人，反对自己的就是坏人，极尽党同伐异之能事。 一些趋炎附势之徒纷纷依附武三思。 景龙三年（公元709年）2月，监察御史崔琬弹劾依附武三思的宰相宗楚客、纪处讷收受贿赂、勾结戎狄、致生边患。 崔琬弹劾的事情是真的，就算不是真的，被弹劾的大臣也应该退出朝堂待罪。 宗楚客不仅没有退出，还愤愤不平为自己辩护，说崔琬诬陷忠臣。 李显辨不清真伪，也不想辨清真伪。 遇到麻烦事，李显也不细问。 这不，他就命令崔琬和宗楚客结为兄弟，言归于好。 这种"和稀泥"的办事方式让李显得了一个绰号："和事天子"。

亲情破裂

一

韦皇后为所欲为几年之后，野心开始膨胀。在政治野心方面，婆婆武则天给韦皇后树立了一个极坏的榜样。韦皇后也想效仿婆婆，做中国第二个女皇帝。安乐公主也越来越骄横，难伺候，权力欲开始萌生。安乐公主常常自己写好圣旨，用手掩捂着上面的文字内容，拿去让父皇签署。李显溺爱孩子，常常不看内容就签名盖印；有的时候即使对内容有所怀疑，想看看，但经安乐公主一撒娇，也就退让签字了。她原先卖官是为了揽钱，现在还开始揽权了。通过人事任免，安乐公主身边聚集了一批大小官吏，臧否人物指点江山。许多政务先在安乐公主府上讨论一遍再上朝堂讨论，或者干脆就不拿到朝堂上讨论了。

韦皇后到处抓权，想复制武则天的道路；安乐公主则缠着老爸李显，要求立自己为"皇太女"。她的胆子很大，竟然公开扬言说："则天大圣是卑微的伺妾出身，尚能做皇帝，我是公主出身，为什么不能当皇太女呢？"李显不同意立什么皇太女，就开玩笑哄安乐公主："等你母后做了女皇帝，再立你为皇太女也不迟。"谁想，说者无意，听者有心。安乐公主就琢磨着什么时候母亲韦氏能当上中国第二个女皇帝，自己好做第三个女皇帝。她转而撺掇母亲篡位夺权了。

可惜，韦皇后也好，安乐公主也好，谁都没有武则天那样的魄力和政治手腕。同时，李显虽然糊涂，但对武则天篡唐的事情印象深刻，断然不会再让"女主当国"的情况出现。神龙二年（公元706年）7月，他冲破压力，坚持立次子李重俊为皇太子。

韦氏大为恼怒，一来李重俊不是她的亲生儿子，二来李重俊年纪大了，不好控制。 一个有主见的年轻皇帝即位，无疑对野心勃勃的韦皇后和安乐公主不利。 不知道为了安慰还是抗议，韦皇后率群臣给李显上尊号为"应天神龙皇帝"，接着宗楚客又率百官给韦皇后上尊号"顺天翊圣皇后"。 "翊圣"就是辅助皇上治理天下的意思。

李重俊和韦皇后、安乐公主、武三思等人的矛盾立刻急剧加深。李重俊是安乐公主庶出的哥哥。 安乐公主对太子李重俊一直看不起。 现在见这个讨厌的哥哥竟然断了母后和自己的权力之路，安乐公主更是气不打一处来。 她和丈夫武崇训经常辱骂太子，口口声声叫太子李重俊"奴才"。 李重俊这个孩子从小跟着父亲李显受了很多苦，没有接受正常的教育，从小游戏流荡，不学无术，虽然不是纨绔子弟，但不知治世、性格冲动，遇事感情用事，不用脑子多想想。韦皇后、安乐公主的揽权行为，李重俊看在眼里，恨在心里。 现在安乐公主夫妇对李重俊的奚落侮辱，让李重俊恨入骨髓。

李显作为父亲，也没有调和家人的矛盾。 他虽然让李重俊当了太子，却没有给李重俊配备优秀的辅助人才，没有人在重要时刻给李重俊出谋划策。

李重俊这个冲动无知的孩子，作出了发动政变，杀死政敌武三思、安乐公主等人的决定。

李重俊手无兵权，需要拉实权将领一起干。 他拉拢的对象，就是李多祚。 李多祚父子、亲族掌握禁军，为皇室多次立功。 李多祚是东北少数民族，但唐中宗李显在祭祀太庙的时候竟然让李多祚和宗室亲王一起同车随驾，给了他莫大的荣耀。 这一切李多祚都感恩在心。 现在见皇太子李重俊过来诉说武氏余党把持朝政、韦后和安乐公主想做"武则天第二"，李多祚爱国忠君的热情被激发了出来，也冲动起来，对太子的政变计划不仅赞同，还主动联络禁军将领李思冲、李承况、独狐之等人参与政变。

神龙三年（公元707年）7月的某夜，太子李重俊和李多祚、李思冲等人假称奉圣旨，调拨羽林军诛杀武三思。 很快，数百禁军精锐杀向武三思府。 当时安乐公主在宫中，没有回家，武三思、武崇训父子正在家里和一帮党羽饮酒行乐。 禁军破门而入，武三思父子猝不及防，束手就擒。 众官兵将武三思等人绑到李重俊马前。 李重俊痛骂武三思父子，一剑捅一个，亲手杀死了武三思和武崇训。 武三思全家和在场的武氏党羽都被造反的官兵杀死。

初战告捷后，李重俊、李多祚等人将下一个矛头对准了宫中的安乐公主、韦皇后和上官婉儿等人。 李重俊分兵守住各处宫门，同李多祚一起杀入皇宫，直奔唐中宗、韦皇后的寝殿而去。 右羽林将军刘景仁慌忙跑去报告李显，说太子谋反，已率军杀入皇宫。 李显一家三口吓得目瞪口呆，方寸大乱。 还是上官婉儿镇静，临危不惧，劝李显说："皇宫的玄武门坚固可守，请皇上皇后立即登上玄武门城楼，暂避凶险，同时紧急宣诏，征调兵马讨逆。"李显慌忙命刘景仁召集宫中的禁军官兵护驾，一行人掩护着登上玄武门城楼。

李显被韦皇后、上官婉儿等人劫持上了玄武门，这大大出乎了李重俊、李多祚等人的预料。 羽林军将士见状，围住玄武门都不敢上前。 李显在门楼上花了好长时间，才从下面乱哄哄的景象中分清楚敌我。 他冲着李多祚，斥责说："我平日待你不薄，你为什么助太子谋反？"李多祚仰头回答："武三思淫乱后宫，把持朝政，臣等奉太子令，已将武三思父子正法。 太子与臣等并未谋反，只是奏请陛下肃清宫闱。"李重俊志大才疏，遇到如此突发情况，一时不敢进逼。 李多祚则临时更改了政变目标，高呼："上官婉儿勾引武三思，祸乱后宫，罪不可恕，请陛下速速将她交出来！"城楼上的上官婉儿急中生智，没等李显说话，马上跪在李显脚下，一把鼻涕一把泪地诉说："我观太子的意思，是要先杀上官婉儿，然后再一一捕弑皇后和陛下。"李显惊问："那，我应该如何回答？"上官婉儿忙上前指点，李显鹦鹉学舌一般，向城下大喊："御林军听着，你们都是朕的亲信宿卫，为何跟从李多祚谋反？ 若能及时反正，捕杀李多祚等人，朕不但不计前罪，还另加封赏，不吝惜荣华富贵！"

参与造反的羽林军官兵们，原本以为太子和李多祚是在传唐中宗李显的圣旨来调拨自己杀人，谁知道一不小心卷入了造反事件。 他们的第一反应是吃惊，第二反应是无助。听到李显承诺只要捕杀了领头的李多祚等人，就有荣华富贵可以享受，心里都活动开了，要不要反戈一击呢？

有个职位很低的太监、宫闱令杨思勖趁造反者懵住了，主动出战，一举斩杀了李多祚的女婿、羽林中郎将野呼利。羽林军的士气更加低落，有官兵拥向李多祚，将他乱刀砍死，其他官兵见有人挑头，也纷纷乱刀砍死李思冲、李承况等人。太子李重俊慌忙带着几十名侍从突围而出，逃向终南山。韦皇后、安乐公主等人迅速控制了局面，发兵平息了叛乱。没多时，李重俊被侍从割下首级，献给了朝廷（唐睿宗即位后，追赠李重俊为"节愍太子"）。李显这个没心没肺的父皇，竟然将太子的脑袋放到太庙中，告祭被杀的武三思。

官职卑微的永和县丞宁嘉勖路过长安，看到被悬挂示众的太子李重俊首级，立即脱下衣服，取下首级包起来，伤心得号啕大哭。他哭的不是素昧平生的太子，而是痛心李唐皇室骨肉相残，伤感局势动荡不安。宗楚客知道后，立即要求李显把宁嘉勖流放岭南。宁嘉勖后来病死岭南，唐睿宗李旦即位后追念他"忠义而重名节"。

二

李重俊造反失败后，韦皇后和安乐公主两人去除了一大障碍，更加紧了篡位夺权的步伐。景龙二年（公元708年）春，宫中有人阿谀韦氏，说她的衣箱中有五龙飞出，粗线条的李显就命画工绘制下来，出示朝廷，大赦天下。一批无耻官僚纷纷上前给韦皇后"捧臭脚"，溜须拍马，说韦皇后是天生贵人。百官给韦皇后上尊号为顺天皇后，尊称李显为应天皇帝。景龙三年冬，李显在城南行郊天礼，韦皇后参加了助祭。女子祭天，象征意思已经很清楚了。韦皇后开始给自己造舆论，要像武则天那样临朝称制。

忠于唐朝的力量还很强大。刚刚经历过一个女皇帝的天下官民对女主临朝普遍表示反感，用各自的方法反对韦皇后、安乐公主等人的篡权。朝野对韦皇后、安乐公主罪行的揭露，逐渐使一向对韦皇后信任的李显开始产生了怀疑。

先是定州（今河北定县）人郎岌冒死上书，揭发韦皇后与宗楚客勾结，企图谋反。李显阅书后还没有任何回应，韦皇后便走了过来看了郎岌的上书，大怒，一定要李显下令杀死郎岌。李显只革去了郎岌的官职，命郎岌在家里反省，韦皇后却不肯罢休，派人将郎岌活活杖死。

接着，又有许州参军燕钦融上奏：说皇后淫乱，干预国政；安乐公主、武延秀以及宗楚客等人交相勾结，朋比为奸，危害社稷国家，应予以严惩。李显既感到震惊，不愿意相信，却又心有疑虑，心情复杂难以言喻。之后，李显瞒过韦皇后，将燕钦融悄悄召入宫中，当面质问。燕钦融毫无惧色，揭发了皇后及其他人的丑行，有凭有据。李显一直沉默不言，过了好半天，才神色惨淡地说了一句："朕日后再召你进来。"燕钦融退下，从内殿直出，到宫院外时，两厢忽然拥出一帮武士。为首的宰相宗楚客手持敕书，假传李显诏命，将燕钦融当场杀死。

李显听到郎岌、燕钦融两人的死讯后，闷闷不乐，开始认真思考朝野的揭发。其实，爱妻爱女的不法行为比比皆是，李显早就察觉到不对了。他虽然专宠韦氏、溺爱安乐公主，但在心里是有底线的。金银珠宝可以给，卖官鬻爵也可以睁只眼闭只眼，但江山社稷必须姓李。他不会把国家给韦皇后，也不会听任韦皇后和安乐公主败坏国家。于是，李显开始自己处理朝政，和韦皇后一起挥霍享受的时间少了，对安乐公主的要求也不百依百顺了。

韦皇后和安乐公主一时间不知如何是好。她俩怀念之前为所欲为的日子，也担心李显真的调查她们的罪行。为了自保，也为了让权势更上一层楼，韦皇后和安乐公主被权势迷住了心窍，竟然要对李显下杀手。

景龙四年（公元710年）的一个秋夜，韦皇后、安乐公主母女一起来看李显。李显很高兴，吃下了韦皇后递上来的一块饼，顿觉腹中疼痛难忍。 他痛苦地让妻子和女儿给自己拿水来，同时传御医。韦皇后和安乐公主交换了一下眼色，突然将李显按倒在床上，用一个枕头紧紧压住李显的头部。 不多时，李显不知是毒发身亡，还是窒息而死，"龙驭归天"了，享年55岁。

害死丈夫后，韦皇后伪造李显遗诏，扶持李显年幼的第四子李重茂当傀儡皇帝。 李重茂就是唐殇帝。

韦皇后的计划是像当年武则天对待李显那样，找机会将李重茂踢下去自己当皇帝。 之前，韦皇后要铲除的有力量反对自己称帝的人，主要是李显的弟弟、相王李旦和李显的妹妹太平公主。 李旦和太平公主都有一部分支持者。 韦皇后很重视，筹划了一个周密的政变计划。 兵部侍郎崔日用得知后，赶紧透露给了相王的儿子李隆基。 于是，在李显尸骨未寒的时候，李隆基在父亲和姑姑的支持下，抢先冲入羽林军，将尚在睡梦中的韦氏党羽斩首，控制了禁军，一举攻入宫廷。 宗楚客、上官婉儿等人被杀。 韦皇后闻知有变，披头散发向羽林军军营跑去，想寻求保护，结果被羽林军轻易捕获，做了刀下之鬼。 政变当晚，安乐公主在驸马府。 第二天天将黎明，安乐公主起床后，对着镜子画眉。 羽林军突然杀入，将安乐公主斩于刀下。 当天，韦皇后与安乐公主一起被抛尸街头，隔了一天尸首才入殓。 韦皇后祸国有据，追贬为庶人。

政变后，李重茂退位，李旦即位，就是唐睿宗。 他很快退位，让位给李隆基，揭开了"开元盛世"的序幕。

长恨歌——开元盛世和唐玄宗的自娱自弃

汉皇重色思倾国

杨门显贵

魂断马嵬坡

汉皇重色思倾国

一

《长恨歌》以"汉皇重色思倾国，御宇多年求不得"开头，这里的"汉皇"说的就是唐玄宗李隆基。

李隆基是一个幸运的帝王。 他青年登基，正是大展拳脚的大好年华，又继承了曾祖太宗皇帝和祖母武则天奠定下来的良好基础，还有一系列贤臣良相的辅助。 历史给他提供了一切便利条件，让他有广阔的舞台和充裕的时间去建功立业。 自公元 712 年登基以来，李隆基革除弊政、发展经济，经过二十几年的励精图治将唐朝带上的繁盛的顶峰。 史书用李隆基的开元年号将这段时期称为"开元盛世"。 开元盛世究竟繁荣到什么程度呢？ 杜甫的《忆昔》诗最能说明问题："忆昔开元全盛日，小邑犹藏万家室。 稻米流脂粟米白，公私仓廪俱丰实。 九州道路无豺虎，远行不劳吉日出。 齐纨鲁缟车班班，男耕女桑不相失。"在杜甫的诗中，天下物质丰富、男女安居乐业、社会路不拾遗，虽然其中难免有夸张之词，但基本还是符合史实的。

同时，李隆基也是一个繁忙劳累的帝王。 在专制社会，每一个帝王都要承担繁重的工作任务，有批不完的奏章、有处理不完的事情、更有见不完的臣民。 每一天都可能有突发事件需要他作出决策。 每一件事情他都要独立做对、做好。 由此可见，每一个作出巨大政绩，尤其是缔造盛世的帝王，每天都要完成多大的任务量。 李隆基每天就忙得要死，而且一忙就是二十多年，没有节假日，没有彻底放松的时候。 他从一个风华正茂的青年变成了头发花白的老人了。 如今，天下大治，国泰民安，年过半百的李隆基觉得自己应该休息一下了。 于是就出现了《长恨歌》开头的情形：汉皇重色思倾国。

李隆基好色。男欢女爱，人之常情，更何况他有能力去享受。所以，懈怠下来的他开始搜求倾国倾城的美女，遗憾的是多年来都没有找到。

话说在李隆基登基前后，帝国西南地区有个中级官员（蜀州司户）名叫杨玄琰。杨玄琰原籍蒲州永乐（今山西永济），在四川当官。在唐玄宗李隆基开元七年（公元719年），杨玄琰妻子在蜀郡（今四川成都）生下的一个女儿，取名杨玉环。

杨玄琰不幸早死，杨玉环就自幼由叔叔杨玄璬抚养。杨玄璬在河南等地担任一些中级官职，因为负责政府工程的营建，所以有机会接触到王公贵戚。开元二十二年，唐玄宗的女儿咸宜公主举行婚礼。16岁的杨玉环因为叔叔的关系参加了这场婚礼。在婚礼上，唐玄宗的第十八子、寿王李瑁看到了杨玉环，一见钟情。李瑁表示要娶杨玉环为妻。李瑁的母亲是正得宠的武惠妃，在儿子和爱妃的双重请求下，唐玄宗很快就下诏册立杨玉环为寿王妃。杨玄璬哪敢不答应。当年11月，杨玉环就和李瑁成婚。两人在长安城里过起了安逸幸福的小夫妻生活。如果没有变故，杨玉环的人生就这么固定下来了。

然而，变故很快就发生了：李隆基在见过儿媳杨玉环后，也对她一见钟情，念念不忘！

开元二十五年，武惠妃病重。杨玉环作为武惠妃的亲生儿媳，进宫看望婆婆病情，同时要拜见公公李隆基。这是一次例行的谒见，李隆基原本只需要寒暄几句就可以了。但是他的目光完全被杨玉环吸引住了，表现失态。还有一种说法是，当年武惠妃病逝。李隆基因为爱妃的去世郁郁寡欢。心腹宦官高力士就引荐了和武惠妃相貌相似的寿王妃杨玉环。果然，李隆基随即喜欢上了杨玉环。

不管怎么说，李隆基"御宇多年求不得"的绝代佳人就是眼前的儿媳杨玉环了！

二

那么，杨玉环凭什么就抓住了李隆基的目光呢，她身上到底有什么过人之处呢？

首先，杨玉环身上有一种特殊的美。这种美不是单纯相貌上的国色天香，而是由内而外的气质。天底下的美女很多，但兼具美貌和气质的美女则少之又少。杨玉环年轻明朗的气质恰恰符合李隆基的需要。她很年轻，年方二十，身上散发着迷人的青春活力，同时又没有过于年轻，没有十几岁少女的稚气；她很聪明，能够察言观色，举手投足都让人感觉很舒服，同时又不是那种锋芒毕露的聪明，不是那种滴水不漏到让人索然无味的聪明。和杨玉环在一起，李隆基感到融融的暖意，很温暖，很放松。对于拼搏奋斗大半生、步入晚年的李隆基来说，杨玉环的美是潜在的刺激。

其次，杨玉环有着高超的音乐舞蹈艺术修养。唐朝的贵族和官员家庭的女儿都会学习音乐舞蹈和艺术，但是杨玉环学得特别好。史载她"善歌舞，通音律"。一般的专业艺人都比不过她。巧得很，李隆基也熟悉音律，对曲乐、舞蹈都颇有研究，是艺术的热情爱好者和慷慨的支持者。他专门建造了长安梨园，培养专门的艺术人才。之后，民间的曲艺艺人都将李隆基奉为"梨园始祖"，作为本行业的祖师来供奉。所以，李隆基和杨玉环有许多共同语言。杨玉环的到来，能够给正处于苦闷、寻求享受时期的李隆基带来巨大的宽慰。

最后，杨玉环也有些小心眼，会要一些小把戏。比如杨玉环步伐沉重，一点都不轻盈，走路的时候总要发出声响来。这给她的整体形象减分不少。杨玉环就想到在腰部悬挂玉佩等饰品，走起路来叮当作响，很好地掩饰了走路的弱点。一些美女也才华出色，只是缺乏一些必要的心眼，就会给帝王一本正经的感觉，难以长期巩固帝王的恩宠。而杨玉环显然没有这个缺点。

李隆基因此觉得杨玉环实在是千载难得的佳人，一心一意是将她纳入后宫。

最大的问题是，李隆基和杨玉环是公公和儿媳的关系，如何能结合在一起呢？ 好在唐朝的婚姻习俗和人们的思想观念不像日后那般保守僵化，人们对改嫁一事普遍都能接受。 （据说李唐皇室出生于陇西蛮族，身上保留了许多少数民族开放的基因，在婚嫁方面更加灵活。）当年，武则天就是由唐太宗李世民的才人变为唐高宗李治的皇后的，中间只是去道观里"修炼"了一下而已。 既然武则天可以从父亲的才人变成儿子的妻子，为什么杨玉环就不能从儿媳变为公公的妃子呢？ 李隆基也学习了祖父李治的操作手法，在开元二十八年命令杨玉环出家为女道士，为自己的母亲窦太后荐福，并赐道号"太真"。 有人说杨玉环真的在一所名叫太真观的道观修炼，也有人说杨玉环压根就没有出家，而是在长安皇宫的南宫中居住。 到了天宝四年，李隆基亲自操办，将左卫中郎将韦昭训的女儿册立为新的寿王妃，安慰儿子李瑁。 同时，李隆基迫不及待地册立杨玉环为贵妃。

当时，杨玉环 27 岁，李隆基 61 岁。

如此操作，并没有引起朝野的太大反对。 或许是唐朝人思想开放，况且本朝有过武则天的先例了；或许是李隆基缔造了太平盛世，声望正隆，人们觉得一代伟人在生活作风上有一点瑕疵，完全是可以忽略的。 在整件事情中，寿王李瑁可能是最尴尬的人。 唐代大诗人李商隐曾在诗歌《骊山有感·咏杨妃》中写道："骊岫飞泉泛暖香，九龙呵护玉莲房。 平明每幸长生殿，不从金舆惟寿王。"此诗说明了李瑁在妻子杨玉环被父皇纳入后宫后的郁闷和尴尬，寿王在朝廷公开的活动场合都尽量不和父皇李隆基、贵妃杨玉环同时出现。

杨门显贵

一

杨玉环入宫后，李隆基如获至宝。 有了杨玉环，李隆基觉得自己的帝王生活才是完整的，享乐才是真正的享乐。 于是，在长生殿、在骊山，到处留下了李隆基和杨玉环流连的身影。 每一天，李隆基的生活基本是这样的："骊宫高处入青云，仙乐风飘处处闻。缓歌曼舞凝丝竹，尽日君王看不足。"

李隆基对杨玉环宠爱至极。 白居易用生花妙笔在《长恨歌》中有出色的渲染：

天生丽质难自弃，一朝选在君王侧。回眸一笑百媚生，六宫粉黛无颜色。

春寒赐浴华清池，温泉水滑洗凝脂。侍儿扶起娇无力，始是新承恩泽时。

云鬓花颜金步摇，芙蓉帐暖度春宵。春宵苦短日高起，从此君王不早朝。

承欢侍宴无闲暇，春从春游夜专夜。后宫佳丽三千人，三千宠爱在一身。

为了杨玉环，李隆基可以放弃早朝，将国事搁置一边。 为了留在杨玉环的春宵中，李隆基可以视宫中的三千美女于不顾，将三千宠爱集于杨玉环一身。 杨玉环要骑马，大太监高力士就上前牵缰绳。要知道，高力士可是李隆基最信任的太监，分担了皇帝的许多政务。朝野有多少人想走高力士的路子，都谄媚地称他为"仲父"。 而他却来给杨玉环牵马，杨玉环的地位可见一斑。 此外，为了满足杨玉环在服饰方面的要求，皇宫里专门负责替她刺绣织锦的有 700 人之多。 传说一次李隆基召杨贵妃来赏花看景，碰巧杨玉环酒醉未醒，高力士派人将贵妃扶持而出。 杨玉环来到李隆基跟前仍酒醉未醒，鬓乱残妆。 李隆基见状笑道："岂妃子醉，直海棠春睡耳！"海棠花为此得到了"睡美人"的雅号。 这一段趣妙喻致使众多文人墨客歌赋传颂，宋代苏轼据此写了一首《海棠》诗："东风袅袅泛崇光，香雾空蒙月转廊。 只恐夜深花睡去，故烧高烛照红妆。"《红楼梦》中贾宝玉的住所怡红院的牌匾更是从这首诗出发，题词为"怡红快绿"。

李隆基不仅和杨玉环一起享乐，满足她、迁就她，还调动帝国的力量来满足杨玉环的需要。 比如杨玉环喜欢吃岭南荔枝。 但是荔枝的保鲜问题在唐朝是个大难题，岭南的荔枝常常还没运到长安就坏掉了。 为了让杨玉环吃上新鲜的荔枝，李隆基让沿途驿站不惜代价千方百计地运送新鲜荔枝到长安。 "一骑红尘妃子笑，无人知是荔枝来"，荔枝因此得名"妃子笑"。 不知道沿途有多少人为了杨玉环的口味之娱而夜以继日地奔波忙碌，又有多少人因劳累毙命。 上有所好，下面的官吏闻风而动。 地方官员争相向杨玉环献珍玩。 岭南经略史张九章、广陵长史王翼因为进献的礼品精美无比而被升官。 于是，百官竞相仿效。

其中最杰出、最恶心的就是当时的范阳节度使安禄山。 安禄山是李隆基信任的边将，受到的恩惠与宠爱最深。 李隆基喊他"胡儿"。 每次觐见李隆基和杨玉环，安禄山就座前总是不向皇帝行礼而只拜贵妃。 李隆基就好奇地问他："胡儿不拜我而拜妃子，是什么意思？"安禄山回答："我们胡人不知道自己的父亲，只知道自己的母亲。"李隆基听了哈哈大笑，默认了安禄山的无礼。 后来，安禄山照例只拜杨玉环不拜李隆基。 有一个流传很广的传说是这样的。 说一年过年的时候，五大三粗的安禄山竟然躲进一个特大号的襁褓中，由杨玉环带着去向李隆基要"压岁钱"。

杨玉环善于击磬，敲打出的声音清脆悦耳，超过了专业艺人的水平。 李隆基就命人采来蓝田绿玉，做成磬，又专门制作了挂磬的架子，流苏之类都用金花珠翠等装饰起来，底座是用金做的两头狮子，彩绘华丽，无与伦比。 安禄山进献的三百件管乐器全部是用美玉雕琢成的。 李隆基就和杨玉环一起在梨园中曲艺唱和。 王公大臣的子弟都忙不迭地拜杨玉环为师，争着要学弹琵琶。 当然了，杨玉环的学费是非常昂贵的。 虽然杨玉环没有要求，但的学生们在老师每弹完一支曲子都要进献不菲的珍宝财富作为谢师礼。

凡此种种，杨贵妃虽然只是个妃子，但享受的待遇早就是皇后的标准了。 这其间，因为李隆基没有册立皇后，所以杨贵妃实际上就是唐玄宗的皇后了。

这其间，杨玉环和李隆基也闹过别扭。 起因都是些相爱的男女之间鸡毛蒜皮的小事，李隆基一发怒就把杨玉环送出宫遣回家去，结果都是李隆基无法忍受没有杨玉环的日子，又把爱妃接回宫来。 比如天宝五年有一次，杨贵妃因为耍小性子惹恼了李隆基，李隆基就把她送回杨府去了。 上午刚送走，一到中午李隆基就开始想念她，茶饭不思，却下令为杨府送去御膳。 到了下午，李隆基就开始情绪不稳定，动不动就生气。 高力士摸准了皇帝的心思，奏请将贵妃接回来。 在杨府，杨玉环刚被遣送回来的时候，家人都害怕大祸临门而哭泣。 到中午，杨家人看到李隆基送来了御膳，心才安定下来。 还没到傍晚，高力士就安排车马来接杨玉环回宫了。 夜里入宫后，李隆基马上来见杨玉环。 杨玉环拜见皇帝，主动承认错误。 李隆基招来梨园子弟和乐队舞女助兴，逗杨玉环开心。 整个矛盾就像是一出先抑后扬的闹剧，以大团圆结局。 这样的别扭闹得多了，也就没有人当回事了。

二

李隆基对杨玉环的宠爱如果仅仅局限在她一个人身上，局限在后宫中，那么还没有脱离正常的范围。 起码还没有对国家造成太大的损害，还在百姓可以承受的范围内。

但是，李隆基爱屋及乌，对杨玉环一家滥加封赏。 杨玉环受封贵妃后，其父被追封太尉、齐国公，其母被封为凉国夫人，叔叔被擢升为光禄卿，三个姐姐分别被封为韩国夫人、虢国夫人、秦国夫人。三个同族的哥哥杨铦、杨锜、杨钊被分封为鸿胪卿、御史、右丞相。其中杨钊有一定的办事能力，在敛财和结党营私方面很有一套，又得到李隆基的赏识，在口蜜腹剑的李林甫之后继任了丞相，并兼了四十多项职务。李隆基还赐名他"国忠"，杨钊也就是杨国忠。

李隆基这么做是为了投杨玉环所好，但实际上却将杨家人置于聚光灯下，不时受到百姓的非议和责难。偏偏杨家的几个兄妹既没有足够的才能和功绩，又没有杰出的道德来匹配国家的赏赐。更糟糕的是，他们还压根不知道"低调"两个字。杨国忠和杨玉环三位姐姐的府第都是李隆基赐予的土地，建筑规模、样式仿照皇宫，远远超过了礼制的规定。他们又喜欢攀比，看到好的建筑就想移植到自己的宅邸来，每建造一座建筑，杨家兄妹花费都超过上千万。杜甫的《虢国夫人》诗云："虢国夫人承主恩，平明骑马入宫门。却嫌脂粉污颜色，淡扫蛾眉朝至尊。"说的就是杨家兄妹在长安的显赫和跋扈。杨家的车马奴仆在通衢小巷都横冲直撞，是京城一景。

天宝十年元宵节，杨家人夜晚出游，和李隆基的女儿广宁公主的随从马队争着走西市的门。杨家奴仆挥动鞭子争路，不小心挥到公主，将公主打下马来。驸马程昌裔去扶公主，也遭到了杨家奴仆的鞭子抽打。这显然可以证明杨家奴仆狗胆包天，故意而为之。广宁公主大怒，进宫向父亲李隆基哭诉。李隆基的处理时，将挥鞭的一名杨家奴仆斩首，同时又停了受害人程昌裔的官职，不许他进宫朝见。实际上，这个处理意见是偏袒杨家的。此后，杨家更为骄横，出入皇禁，守卫和值班的官员都不敢过问。京城里的大小官员都不敢正眼看杨家。至于地方官员，更是将杨家和皇室等同起来。杨家有什么吩咐，地方官员就像接到圣旨一样，巴结还来不及，哪敢不从。于是，四面八方的珍宝奇货、僮仆歌姬、宝马异兽每天都往杨家送，始终不绝于道。杨家的权势真正是倾动天下。

时间越久，杨家就越骄横跋扈，穷奢极欲。杨家兄妹出门，不管路程远近，出行必有饯行酒，回来还有接风宴。入朝谒见李隆基，杨国忠和几位姐妹都骑马急驰，随从的官员和男女侍从多达百余骑，衣着光鲜华丽。如果是晚上，侍从就举着蜡烛，照得天空亮得像白天一样。一路还堵塞街道交通，两旁围观的百姓形成人墙，对着杨家人指指点点。当时有民谣说："生女勿悲酸，生男勿喜欢。"因为杨家就是因为女儿杨玉环而满门显贵的。用白居易《长恨歌》的话来说就是"遂令天下父母心，不重生男重生女"。天下人对杨家竟然羡慕到这种程度。

就在李隆基无休止地宠爱杨玉环及其家族的时候，天下矛盾丛生，先前的开元盛世变得千疮百孔。王公贵族一心享受，导致国家奢侈之风日盛。李隆基志得意满，好大喜功，导致国家军事力量集中于边界，内地兵力空虚。地方节度使不断聚拢实权，出现了离心倾向。李隆基的昏聩无知，更是加速了这种"强干弱枝"的趋势，导致边镇实权落入安禄山等异族将领手中。而在朝内掌权的杨国忠能力确实不济，处理朝政胡乱无章。他正当工作做不好，敛财受贿、党同伐异、花钱如流水等却非常在行。

盛世开始消逝，老百姓的生活日渐困顿，朝廷的压迫日益严重，不满情绪在社会上弥漫。就是一般官员也开始抱怨朝政。在这种风潮中，高调张扬地胡作非为的杨家就成为人们指着的焦点，而承受着过分宠爱的杨玉环更是指责的矛头所向。

既然杨玉环的享受是以整个开元盛世的积累为基础的，那么杨玉环就应该为开元盛世的逝去负责。

只是这未免有些苛责杨玉环了。她只是个美貌和气质出众的女子而已，并没有进入政治圈子。杨玉环的过分享受不是她伸手夺取或者侵吞的，而是被动地接受李隆基的恩赐。她和天下所有女子一样，希望接受爱人的夸奖、奉献和享乐。杨玉环的错误就在于对政治太不敏感，对社会缺乏敏锐的感知，没有劝谏李隆基以国事为重，没有发挥一个贵妃应有的正面作用。所以，杨玉环的确要为开元盛世的逝去负责，但这个责任不能全部压在她的身上。

　　将唐朝由盛而衰的责任推到杨玉环一人身上，是"红颜祸国"论的又一案例。 开元盛世的崩溃不是杨玉环造成的，也不是她能够造成的。 如果要追究责任，盛世的缔造者李隆基是要负主要负责的。

　　安意如在《人生若只如初见》中这么描绘杨玉环的心境，颇为传神：

　　　　他（指李隆基）的爱宠，她受之如饴。并不惊讶，仿佛只是应当，这份坦然是人所不及的。而她待他也真，这真就不再是帝王与妃嫔之间的恩宠，而是寻常人家寻常夫妻的恩爱。这真，连帝王都要爱惜不已。所以，七月七日长生殿，夜半无人私语时，是平常夫妻之语；在天愿作比翼鸟，在地愿为连理枝，也是寻常夫妻的誓言；对帝王而言，这种寻常，反成了不寻常。

　　　　她亦只是个小女人，喜欢被娇惯，喜欢受宠溺，像被人供奉在暖房中名贵的花朵，也一直适宜于这样的生活。

魂断马嵬坡

一

天宝十四年十一月初（公元 755 年 12 月），深受李隆基信任，身兼范阳、平卢、河东三节度使的安禄山趁朝廷内部空虚腐败，以"忧国之危"、奉密诏讨伐杨国忠为借口，发动所部兵马，号称 20 万大军，气势汹汹地造反了！

彻底埋葬开元盛世的最后一根稻草终于出现了。当时朝廷承平日久，文恬武嬉，河北州县立即望风瓦解。李隆基派出去的镇压大军反而被叛军消灭。很快，东都洛阳失陷，叛军兵临长安城下。李隆基协同杨玉环，不得不在天宝十五年六月十三日凌晨仓皇逃离长安，向成都跑去。随行的还有丞相杨国忠和禁军将领陈玄礼等人。

一行人途径马嵬坡（今陕西兴平市西北），将士饥疲不堪，怨声载道。好端端的歌舞升平的日子怎么就变成了朝不保夕的逃亡。他们想不明白，只是简单地归咎为奸臣误国。而头号奸臣自然就是平庸无能、只靠裙带关系当上丞相的杨国忠。杨国忠兄妹平日里贪赃枉法、横行无忌的做派，同在长安的禁军官兵们可看得清清楚楚。是他们，不仅葬送了大好的河山，也直接打乱了官兵们安逸的生活！禁军军心不稳起来，不肯前行，情绪汹涌地围住禁军将军陈玄礼。官兵们认为杨国忠兄妹是误国祸首，是招致安禄山之反的元凶（大家都知道杨国忠和安禄山关系恶劣，安禄山起兵的借口就是诛杀奸臣杨国忠），吵嚷着要杀死杨国忠。

陈玄礼在这种情况下，附和了官兵们的呼声。禁军队伍于是浩浩荡荡向李隆基暂住的驿站冲去。

杨国忠恰好在驿站门口和几个吐蕃使臣谈话。官兵们就叫嚷着杨国忠"勾结胡人，图谋不轨"，冲上去乱刀相加，将杨国忠砍死，又将搜出杨国忠的儿子一并杀了。 一不做二不休，陈玄礼等人杀了杨国忠父子之后，围住驿站不散。 他们宣称"贼本尚在"，请求李隆基杀了杨贵妃以免后患。

宫人在混乱中拥着李隆基走到门口接见哗变官兵。 官兵们你一言我一语，强烈要求诛杀杨玉环。 如果不杀杨玉环，官兵们就不肯散去，更不用说保护李隆基逃往四川了！ 身后有安禄山的叛军，面前又有随时可能冲进驿站大开杀戒的哗变官兵，李隆基几乎没有选择的余地。 容不得多加犹豫，他不得点头同意"赐死"贵妃杨玉环。 官兵们这才略微平静一些。

李隆基安抚了官兵们，迈着沉重的脚步回身进了宫门。 他不忍心去面对杨玉环，就拄着拐杖在门口处的小巷里低着头、慢慢地徘徊。 杨玉环是自己心爱的女人，是自己访求多年的结晶，和自己一起度过了难忘的美妙时光，平日里连对她说话重一些都舍不得，如今怎么能痛下杀手呢？ 如果没有了杨玉环，李隆基觉得日子都过不下去了。 杨玉环简直就是李隆基的命啊！ 往事一一闪现，越来越犹豫，李隆基感觉脑袋昏昏沉沉的，不得不驻足停下来……

随行的大臣和宫人们急了。 再没有动静，保不准外面的乱兵就要冲进行自己动手了，到时候就要血流成河，不是一条人命的事了。京兆司禄韦锷上前劝李隆基："恳求皇上忍痛割爱，以使国家安宁。"不得已，李隆基只能面对现实。 他慢慢走进驿站，让人扶出杨玉环。 杨玉环已经知道了哗变官兵的要求，早吓得花容失色。 李隆基痛苦地看了杨玉环一眼，扭过头去，吩咐高力士"赐死"。 杨玉环哽咽流泪，内心无数的留恋和委屈，最后化作一句话："请皇上好好保重身体，我辜负国恩，死而无憾。"李隆基则说："希望贵妃来世安好。"

至于杨玉环具体怎么死的，说法不一。 据说，杨玉环要求临死前拜佛，李隆基就命高力士在佛堂里缢死了杨玉环。 也有说是杨贵妃自缢于佛堂中，还有种说法是杨玉环并非缢死，而是死于刀刃之下。 陈玄礼及禁军代表进来确认杨贵妃已死后，再出去跟禁军官兵解释。 哗变的官兵这才散去归队。 一场兵变至此平息。 杨玉环及其家庭作为唐朝由盛而衰的第一批牺牲品，被诛灭了。

杨玉环死时 38 岁，死后尸体用紫色的被褥包裹着，葬于马嵬坡驿站西面的道路旁边。

据说杨玉环刚死，南方进贡的新鲜荔枝就到了。 李隆基睹物思人，不禁大哭。 他让高力士拿荔枝去祭拜杨玉环。 他又拿着一串荔枝对伶人张野狐说："此去剑门关，一路鸟啼花落、水绿山青，只是更增添我悲悼妃子的忧伤。"

历史上称这一次兵变为"马嵬之变"。 多数人相信这是一场突发事件。 不过考虑到同时太子李亨脱离李隆基的队伍，在灵州自行登基为唐肃宗，后世有史家认为它是一场"有计划的兵变"，是唐肃宗李亨为了削除杨家势力策划的政变。 也有许多人相信其实杨玉环并没有死。 在混乱之中，杨玉环由陈玄礼的亲信护送南逃，行至东海，扬帆出海，后来飘至日本定居，并在日本颐养天年。 据说现在日本还有不少杨玉环的遗迹，还有人自称是杨玉环的后人。

二

亡命四川后，李隆基追悔莫及。 后悔的事情很多，有当初用错了人，有追悔决策失误，更有对杨玉环的思悔。 不知道李隆基是后悔对杨家不加节制地恩爱，还是后悔对她的"赐死"。 几年之后，叛军大乱，朝廷基本能够控制局势了。 已经被唐肃宗架空为太上皇的李隆基从避难的四川北还。

作为太上皇，李隆基能够发号施令的空间很小。 不过，他依然派出使者祭奠杨玉环，还下诏要给爱妃补办一个隆重体面的葬礼，将杨玉环的尸体迁往风水宝地。 这份诏令发往礼部，遭到了礼部侍郎李揆的抵制。 李揆倒不一定是对杨玉环有成见，而是提出了一个很实在的理由： 当初诛杀杨国忠和杨玉环的禁军官兵们现在都在长安城内外，如今高调地改葬杨玉环，恐怕禁军将士们起疑生惧。 所以，礼部建议别管杨玉环了，不用改葬。

礼部不愿意干，高调的葬礼就进行不了了。 李隆基只能另想办法。 他秘密派人将杨玉环从草草埋葬的地方改葬他处。 执行任务的内官挖出杨玉环的尸体，发现当初只是用紫褥粗略包裹，多年后杨玉华肌肤已坏，只剩下香囊仍在。 他们完成改葬后，将香囊取来献给李隆基。 李隆基看着香囊，对比今昔，更觉得凄凉。 他令人画了杨玉环的画像，挂在殿上，朝夕注视。

回到长安后，李隆基的处境越来越糟糕。 他和儿子唐肃宗李亨的关系并不好。 李亨本就对父皇心怀猜忌，加上奸相李辅国的挑拨，对太上皇更是冷漠少礼。 跟随李隆基几十年、曾经显赫一时的大太监高力士则被唐肃宗流放到巫州（今湖南黔阳县）。 李隆基生活在没有亲情和关心的孤寂之中，一个人住在城南的兴庆宫里。 雪上加霜的是，兴庆宫的物质待遇也日益被削减。 先是李辅国将兴庆宫中的 300 匹马取走 290 匹，只留下 10 匹给李隆基；后来干脆将暮年的李隆基连骗带逼地转移到太极宫，加以软禁。

世态炎凉，老态龙钟的李隆基只能在太极宫，靠着对昔日往事的追忆，度过漫长的每一天。 "归来池苑皆依旧，太液芙蓉未央柳。 梨园弟子白发新，椒房阿监青娥老。"故景还在，故人已老，而其中的美和暖则一去不复返了。 李隆基和杨玉环那一个个甜蜜的夜晚，杨玉环那一个个令人心醉神怡的回眸一笑，只能靠记忆中零散的印象来拼凑了。

白居易在《长恨歌》中出于对李隆基和杨玉环故事的同情，安排了一出杨玉环未死，出海生活在仙界中，李隆基派人出海寻找的戏。 他说"临邛道士鸿都客，能以精诚致魂魄"，李隆基就派人出海找寻爱妃；临邛道士"忽闻海上有仙山，山在虚无缥缈间。 楼阁玲珑五云起，其中绰约多仙子"，其中一个仙子就是杨玉环。 遗憾的是，人仙殊途，杨玉环不能回到人间了，"唯将旧物表深情，钿合金钗寄将去"，用物件来传递未了的情缘和绵绵无尽的思念。 李隆基自然明白杨玉环传达的信物。 两人"在天愿作比翼鸟，在地愿为连理枝。 天长地久有时尽，此恨绵绵无绝期。"白居易的《长恨歌》由此将一出帝王贵妃的缠绵，变为了一出刻骨铭心的爱恋。 不过，这也仅仅是一出戏剧而已。

暮年李隆基在一片孤独凄凉中郁郁寡欢，最后在上元三年（公元762 年）4 月死在长安太极宫，享年 77 岁。

帝國瑰色

相见欢——南唐情迷和后主李煜的

爱情往事

烂嚼红茸，笑向檀郎唾

羞答答的爱情

不被祝福

当爱已成往事

烂嚼红茸，笑向檀郎唾

一

10 年前（公元 954 年），司徒周宗 19 岁的女儿周娥皇出嫁了，夫君是南唐中主李璟的第六子——18 岁的李从嘉。

周宗的次女周女英当时只有 5 岁，睁着清澈明亮的大眼睛看着热闹的婚礼，而且还一直目不转睛地盯着姐夫李从嘉看。

爱情是多少美妙，又是多么爱捉弄人啊！ 也许，千百次的等待才让一对有情人在层层轮回和茫茫人海中相遇，而短暂的惊鸿一瞥就能让爱情在有情人心中生根发芽。 年幼的周女英那时可能还不知道什么叫爱情，但隐约认定李从嘉必将是自己生命中意义非凡的人物。那俊朗的外表、文雅的气质，一举手一投足都对周女英有着极大的诱惑。 可惜，"君生我未生，我生君已老"。 13 岁的年龄差距让李从嘉成了周女英的姐夫，让周女英以一个不被注意的年幼女宾身份参加了李从嘉的婚礼。 那份美好的感情注定只能埋藏在心底。

当年的李从嘉还没有注意到周女英明亮热烈的目光。 他有自己的烦心事。

作为南唐排名第六的皇子，李从嘉是个离皇位很近却又无缘的孩子。 尴尬的地位让李从嘉必须小心谨慎，防范说不定来自哪个角落的明枪暗箭。 李从嘉最大的威胁来自于长兄、太子李弘冀。李弘冀文武全才又性格强硬，一心要振兴南唐，毫不犹豫地铲除任何存在的或潜在的障碍。 即便是骨肉同胞也在他的猜忌防范范围之内。 李弘冀的叔父、齐王李景遂和李弘冀政见不合，加上中主李璟曾立有"兄终弟及"的誓言并一度将政务交由齐王处理，李弘冀竟然派人将叔父毒死。 李从嘉出众的外表，自然引起了李弘冀的"特别注意"。 于是，李从嘉走上了一条潇洒隐逸不问世事的退隐之路。 他自号钟隐，又取名莲峰居士，闲云野鹤醉卧花间，清醒时全副精力钻研经籍文章。

李从嘉的醉心诗文虽然有避祸的原因在里面，但却非常适合他。李从嘉从小在文学上就表现出了很高的天赋，精于书画，谙于音律，工于诗文。 尤其是写得一手好词，赢得了朝野大臣出自内心的一致赞誉。 一次，李从嘉拿到一幅他人所画的《春江钓叟图》，被渔父隐逸的生活画面所吸引，在画上题了两首《渔父》词。 一首是："浪花有意千重雪，桃李无言一队春。 一壶酒，一竿纶，世上如侬有几人？"第二首是："一棹春风一叶舟，一纶茧缕一轻钩。 花满渚，酒满瓯，万顷波中得自由。"浪花、桃李和美酒是我的朋友，它们一起构成了我的春日生活，随我在江河波涛中四处漂流。 这是隐士李从嘉的生活，引领了两宋无数文人骚客跟随其后，构成了绵延悠长的歌颂渔翁隐士生活的文化传统。 渔人和渔人歌成了后世隐逸的代名词。 李从嘉不经意间开创了一个文学流派。 在放声歌唱隐士生活的同时，他的才华也展现无余。

周娥皇就在此时进入了李从嘉的隐逸生活，让孤独漂泊的李从嘉欣喜地看到扑面而来的美景。 妻子周娥皇不仅美貌，而且精通书史，是丈夫李从嘉作品的热心读者和崇拜者。 她很快进入了李从嘉自我流浪的精神世界。 更美妙的是，周娥皇善歌舞，尤其擅长琵琶。 中主李璟办寿时，周娥皇曾表演了一支美轮美奂的琵琶曲。 李璟惊叹之余，赏赐给她一把烧槽琵琶。 至于采戏弈棋等游戏，周娥皇也深谙其道，时常陪伴丈夫嬉戏玩耍。 于是，李从嘉新作出炉，周娥皇是第一个读者，不仅欣赏而且还配曲弹奏，曲到情深意浓处还伴有歌舞。 李从嘉感到由衷的高兴，美酒歌舞爱妻，兴趣享受知音，孤独和落寞已经绝尘而去。 上天赐予了自己一个貌美如花的妻子，赐予自己源源不断的创作动力，还能奢望什么呢？

管他朝堂掀起滔天巨浪，管他权力风云变幻，只要能和心爱的人诗文唱和双宿双栖，此生足矣。

二

命运便是这般奇特，越是你不想要的东西往往越要硬塞给你。

李从嘉的大哥、太子李弘冀在谋杀亲叔叔、齐王李景遂后，被强大的心理压力击垮了。骨肉相残的道德谴责让李弘冀精神分裂，常常看到死去的李景遂变成狰狞的恶鬼纠缠自己。最终，不堪精神压力的折磨，不治身亡，变成了宗庙牌位上的"文献太子"。李从嘉的命运由此发生了重大转折。李璟的二儿子、三儿子、四儿子和五儿子此时都已死去，六子李从嘉成了李璟最大的儿子。毫无悬念，李从嘉很快就被李璟立为太子。从此，李从嘉不得不告别无忧无虑的隐逸世界，不甘不愿地回到现实中来。

公元 961 年 6 月，南唐中主李璟去世。太子李从嘉即位，改名李煜，就是大名鼎鼎的南唐后主。

周娥皇在和丈夫度过 7 年夫唱妇随的快乐生活后，成为南唐皇后。

从没想过当皇帝的李煜坐上了龙椅，可他的心始终没有坐上去。李煜单纯善良恬静，是个温存的丈夫，一位优秀的渔翁、花农、文人、画家和艺术事业的慷慨支持者，可偏不是一个合格的皇帝。他压根就不会治国。即位之后，李煜没关心过国事，关心的还是谱词度曲，每日依然过着风流潇洒的生活。皇帝身份给予他的，就是能够把日子过得更潇洒风光、更飘逸安乐。春天来了，李煜就将殿上的梁栋窗壁、柱拱阶砌，都装成隔筒，密密麻麻插满各种花枝，称之为"锦洞天"。他让妃嫔们都绾高髻，鬓上插满鲜花，在"锦洞天"内饮酒作乐。李煜最爱的还是周皇后，史载周皇后"宠嬖专房，创为高髻纤裳及首翘鬓朵之妆，人皆效之"。一个冬夜里，李煜、周娥皇夫妻俩又是一场歌舞酣醉。皇后举杯请李煜起舞。疲倦的李煜说："如果你能创出新曲来，我就和你共舞。"李煜是风流天子，日夜歌舞，哪有他没有听过的曲子。不想，周娥皇马上命人摆好纸墨，喉无滞音，笔无停思，瞬间谱成了一首新曲。原来周娥皇重新考证编排了"霓裳羽衣曲",让这个失传的曲子重现南唐宫廷。欣喜的李煜高兴地应诺与爱妻醉舞一曲。郎情妾意,好一对恩爱夫妻。

李煜著名的《一斛珠》就写于此时,专门写娇妻周娥皇的情态:

> 晓妆初过,
>
> 沉檀轻注些儿个,
>
> 向人微露丁香颗,
>
> 一曲清歌,暂引樱桃破。
>
> 罗袖裛残殷色可,
>
> 杯深旋被香醪涴。
>
> 绣床斜凭娇无那,
>
> 烂嚼红茸,笑向檀郎唾。

千年以后,我们还能清晰地看到南唐宫廷中那个早晨。晨曦透过纱窗,照在正在化妆的周娥皇身上。李煜慵懒地半躺在榻上,欣赏着爱妻的容颜,深吸着爱妻的体香。只见周娥皇用混合沉香、檀香、紫丁香、梨汁做成的绛红色的稠稠的浓汁轻轻画眉、点口红。她的动作是那么轻巧、那么熟练,可李煜还是生怕爱妻太用力地涂,伤了樱桃小嘴;他又觉得爱妻的整体妆容已经很漂亮了,那口红不要很多,少许沾起一些点一下就够了。越看越觉得妻子美,李煜恍惚间看到妻子微微张开嘴巴,在说些什么,可他只留心爱妻的嘴唇和微露的舌头,根本没听见她说的是什么,只觉得那声音仿佛是一曲清歌,缠绵婉转。还没听够,周娥皇的樱桃小嘴猛地合上了,嘴角撇了起来。原来,周娥皇是在向李煜讨酒喝。李煜赶紧给妻子斟了一杯酒,递过去。周娥皇喝得高兴,杯子一晃,酒就溅出来了,美酒溅出来沾染了衣裳。本来的红袖被酒打湿,变成了深红色。

这么一闹,周娥皇斜靠在绣床上,撒起娇来,怪李煜傻乎乎的样子逗笑了自己,害得自己洒了酒。李煜不恼反喜,继续傻呵呵地看着皇后。只见周娥皇含一粒槟榔在嘴里嚼,李煜凑过去,想和妻子共嚼一个槟榔。周娥皇笑着把槟榔向李煜吐去。这就是"笑向檀郎唾"。檀郎,是中国古代美男子潘安的小名,这里代指爱人。而这里的"红茸",一般理解为槟榔,也有人说是红色茸线做的垫子或者毯子。按照这第二种理解,当时周娥皇亲昵地拿起床上的垫子或者毯子朝李煜砸去,很像现在的小夫妻在床上戏耍。

戏耍归戏耍,男欢女爱归男欢女爱,国家还是要治理的。李煜的问题在于他当皇帝只要享受的一面,不愿意承担治理国家的责任。李煜的爱好太多,音律、书画、游乐,还有周娥皇,他都喜欢。很自然的,南唐的政事被荒废了。监察御史张宪言辞恳切地进谏,请李煜以国事为重。李煜根本听不进去。好在他并非暴君,也知道张宪是为了自己好,赏赐他帛30匹,以表彰他尽职劝谏。明白归明白,赏赐归赏赐,李煜就是本性不改。

花前月下、细柳池边,李煜、周娥皇享受着幸福的甜蜜,羡煞旁人。

羞答答的爱情

美中不足的是，周娥皇身体不太好。拥抱幸福仅3年，周娥皇就生病卧床了，病情还很严重。周家派人进宫探视，派来的人就是皇后的妹妹：周女英。周皇后在瑶光殿养病，周女英就被安排住在瑶光殿的画堂里。

周家派周女英来的原因很简单，因为李煜母后很喜爱这个小姑娘。时光流逝，当年混沌未开的小女孩已出落成15岁的婀娜少女。周女英身上有少女一切的优点：青春可爱，活泼开朗，纯真善良，而且出落得亭亭玉立，就像一朵洁白的莲花被一阵风吹入了南唐宫廷，飘入了李煜因为皇后病重而被阴郁笼罩的心里。

一个闷热的午后，在床上辗转反侧难以午睡的李煜索性身着便装，来瑶光殿看望皇后。经过画室，李煜决定先去看看小姨子。

在这个令人昏昏沉沉的午后，明媚的阳光铺满画室，宫女们各安其位打着瞌睡，室内一片寂静。周女英午睡未醒。李煜径直走入画堂，平静地来到周女英的床前，悄悄掀起泛着亮光的竹帘，向里观望。一个小仙女沐浴着午间的阳光，静静地躺在席子上，发出均匀的呼吸声。李煜能够闻到少女身上特有的芳香，香气袭来，让李煜感到浑身舒畅，仿佛整间画室都在飘荡，竹帘摇曳透发出竹海荡漾的清香。周女英在梦中，不知梦见了什么，盈盈的笑容在她脸上逐渐绽放开来。李煜从这笑容中联想到了无限的情意。他很想触摸周女英那散发香味的绣衣，抚摸她那红扑扑的脸蛋，但最终还是收回了悄悄伸出的手。李煜端详了周女英一会，静悄悄地离开了，就像他静悄悄地到来一样。

下午，周女英收到了一个宫女传递来的皇上的一封词笺。她略为惊讶后，拆开了，里面是一首《菩萨蛮》：

蓬莱院闭天台女，

画堂昼寝无人语。

抛枕翠云光，

绣衣闻异香。

潜来珠锁动，

恨觉银屏梦。

脸慢笑盈盈，

相看无限情。

越往后看，周女英的胸口起伏得越厉害。红晕不可遏制地爬上了她的脸颊。这分明是一封情书！周女英仿佛能看到姐夫李煜在写这首词时兴奋起伏的内心——正如她手捧这首词的心境。她完全明白了李煜的心意，尤其是最后那一句"相看无限情"。朦朦胧胧中，10年前种在小女孩心中懵懂的情愫开始枝繁叶茂。

送信的宫女看周女英把词读完，附耳告诉她："皇上今天晚上在御苑红罗小亭等着你。"

短短的一句口信，让周女英的下午变得漫长无比。

月亮终于爬上了柳梢头，这是一个飘着花香的夜晚，月光朦胧，万籁俱寂。周女英在送信宫女的引导下，蹑手蹑脚地走出画堂，匆匆向御苑走去。脚下的金缕鞋在石板上发出有规律的响声，敲得周女英心惊肉跳，生怕它破坏了幽会机会，于是索性脱下金缕鞋，提在手里，小脚尽量轻地踏着石板，奔向目的地。走近建筑在御苑花丛之中的红罗小亭，周女英发现整个亭子罩以红罗，装饰着玳瑁象牙，雕镂得极其华丽；亭内有一榻，榻上铺着鸳绮鹤绫，锦簇珠光，生辉焕彩。美中不足的是，亭子面积狭小，只可容两人休息。周女英看到金碧辉煌的榻上放着床上用品，顿时面红耳赤，呆立着不知如何是好。

突然，一个男人悄然从红罗里面快速出来，从后面抱住了周女英。周女英回头一看，正是李煜！李煜正含情脉脉地看着她。周女英害羞得低下头去，身体禁不住微微发抖……

缠绵一晚，李煜写下了《菩萨蛮》来追记红罗小亭的美妙时光：

> 花明月暗笼轻雾，
>
> 今宵好向郎边去。
>
> 刬袜步香阶，
>
> 手提金缕鞋。
>
> 画堂南畔见，
>
> 一向偎人颤。
>
> 奴为出来难，
>
> 教郎恣意怜。

李煜传神地道出了周女英既爱又羞且怕的心理。一句"奴为出来难，教郎恣意怜"，对情场之中的男子具有百分之百的杀伤力。

许多人可能会为李煜和周女英的行为不齿，痛恨李煜对妻子周娥皇的不忠。昨日还与妻子恩爱难分，今天就把感情投注给了另一个女人。李煜做得是不是太过分了呢？

不被祝福

一

周女英在宫中待了好几日后，姐姐周娥皇偶尔透过褰幔看到了妹妹。她吃惊地问："妹妹，你什么时候来的？"周女英年纪尚小，不知避嫌，如实回答："我来了好几天了。"

什么都不用解释了，周皇后立刻明白了。她感到一阵阵心痛，撇下妹妹，愤怒地面朝床里，避不见外人。

李煜内疚万分，朝夕相伴左右。他尽其所能地照顾妻子，亲自张罗妻子病中的所有饮食，亲口品尝妻子的汤药，确定没有问题、温度合适后再一勺勺地喂给妻子喝。周娥皇卧床多月，转眼到了冬天。李煜在寒冷的冬夜也坚持守护在周娥皇身边，倦极了就和衣而卧，衣不解带。不幸的是，李煜和周娥皇生的次子李仲宣夭折了。幼子的死让本来就病重的周娥皇病情急剧加重。她自知人生将尽，留下遗言说："婢子多幸，托质君门，冒宠乘华，凡十载矣。女子之荣，莫过于此。所不足者，子殇身殁，无以报德。"（这是官方史书公布的遗言，里面没有对李煜的抱怨之情，反而充满知足之心。只是不知这遗言是真是假。）周娥皇要求将中主李璟赐给自己的烧槽琵琶陪葬。最后，周皇后支撑着病体，自己沐浴更衣上妆，更是亲手将含玉放进嘴里，安然等待死亡的降临。公元964年，周娥皇病逝于瑶光殿，年仅29岁。她和李煜做了10年夫妻。

李煜将妻子葬在懿陵。他悲伤地亲自刻了墓石，还将妻子喜欢的金宝、琵琶陪葬。李煜还以"鳏夫煜"的名义，写了一篇极其酸楚的《昭惠周后诔》悼念亡妻。全文上千字，四字一句，仅有几句是六字、七字对仗句，读起来朗朗上口。读者无不被文章情感真挚、哀泪涟涟的风格所打动。悼文一共13次"呜呼哀哉"，李煜

"扠血抚榇，邀子何所"，"吊孤影兮孰我哀？私自怜兮痛无极"，最后以"呜呼哀哉"的悲叹结束全文。这篇悼文是李煜留世作品中最长的，也是感情最悲、最直露的一篇。

李煜虽然之前对爱妻周娥皇有过背叛行为，但他对周娥皇的爱是一贯的，始终没有变。这个世界上，有一些男人天生多情。现在我们知道，李煜不幸就是那样多情的人。他在心底永远给周娥皇留着一席之地的同时，接纳了周女英。

李煜永远生活在超越世俗的精神世界，所以他能为艺术舍弃江山，也能"反世俗"地同时接受两个女子。理解这一点，我们就基本能够理解李煜了。

二

发妻周娥皇死后四年，李煜才和周女英正式结婚。

这期间，李煜和周女英如胶似漆地生活在后宫中。为什么要拖延四年才结婚呢？因为周娥皇死后一年，李煜的母后钟氏去世，李煜按礼要守孝 3 年。

在李煜正式迎娶周女英之前，北方的宋太祖赵匡胤曾经派人来提亲，希望李煜能够迎娶宋朝女子。当时的形势是，崛起的北宋在对南唐战争中节节胜利，南唐不得不臣服北宋。现在宋太祖欣赏李煜，希望唐宋和亲，南唐大臣们都希望能促成此事，保境安民。李煜也深知此事重要，但身为风流天子的他岂能舍弃爱情、背叛周女英而和来自北方的女子同床共枕呢？因而，李煜拒绝了和亲。说到底，在李煜心里，江山社稷远不如风流爱情重要。

李煜和周女英的爱情在盛大婚礼中修成正果。婚礼后的第二天，李煜大宴群臣。皇帝结婚，做大臣的肯定要写文章贺喜，写不出来起码也得说几句祝福的话。可群臣对李煜的第二次娶后都心怀不满。李煜拒绝北宋和亲，是一错；结婚前，李煜已经和周女英在宫廷中过了 4 年夫妻生活，还流传出"手提金缕鞋"之类闻名遐迩的多情诗句，又是一错。因此，群臣都不情不愿地参加宴会。在宴会上，众人不写贺词不行，只好说些怪腔怪调的话，与其说是恭贺不如说是讽刺。李煜也不在意。

由于李煜娶了周家两姐妹为后，历史上称周娥皇为大周后，周女英为小周后，以示区别。

婚后，李煜和小周后一头扎进了莺歌燕舞的后宫。"凤箫吹断水云闲，重按霓裳歌遍彻。"小周后能歌善舞，能像大周后那样和李煜夫唱妇随。同时，小周后在追求精致生活方面，更胜一筹。周女英偏爱青碧色，所穿衣装均为青碧色，飘飘然有清新脱俗的气质。后宫便以此为时尚，都效仿小周后的青碧色衣裳。宫女们嫌民间所染的青碧色不纯正，亲自动手染绢帛。据说有一个宫女染绢的时候，夜间晒在室外忘记收回。绢暴露空中一夜，被露水所沾湿，第二天颜色分外鲜明，赢得普遍赞誉。妃嫔宫女，都用此法染衣，号为"天水碧"。周女英又好焚香，常常垂帘焚香，坐在满殿氤氲芬芳中，外人望去烟雾萦绕中隐约端坐着一位仙女。焚香有个不好的地方，就是古代宫廷是木结构的，帷帐纱帘很多，晚上睡觉时在殿中焚香有失火的危险。小周后就发明了"蒸香"：用鹅梨蒸沉香，不仅大大降低了火灾危险，还让香气夹杂着沁人心脾的清甜。沉香混着热气，弥漫在宫廷中，小周后名其为"帐中香"。

李煜在生活如此精致的妻子的带动下，也搞起了"小发明"。他将茶油花子制成各种形状的花饼，令宫嫔淡妆素服，缕金于面，用花饼施于额上，取名"北苑妆"。北苑妆的特点就是朴素，李煜创立后，嫔妃宫女纷纷去了浓妆艳抹，用花饼打扮，穿起朴素的青碧装，反而别具风韵。李煜还喜欢搜集各国的食材，利用中国菜的烹饪方法制作新的菜肴。他一共研制了数十种新菜，都清新芳香。在此基础上，李煜整顿了南唐宫廷御膳，把每道菜都取了名，刊入食谱，取名"内香筵"。他把这个当做自己的"重要政绩"，常常备下盛筵召宗室大臣入宫品尝。

李煜与小周后就这么一个做花饼做菜，一个染衣服蒸香，还很乐意与外人分享成果，生活得相当潇洒。

当爱已成往事

一

李煜夫妻生活在世俗之外，可世俗社会的残酷不会放过他们。

李煜生活的五代十国战乱频繁，是个"王侯将相宁有种乎？ 兵强马壮者为之耳"的年代。 弱肉强食是这个年代的运行法则，李煜注定不适应这残酷的丛林法则。 在北方，篡夺了后周帝国的赵匡胤建立了北宋，以翦灭群雄统一全国为目标。 宋军不断侵略蚕食南唐领土，对南唐形成战略压迫之势。 南唐则积贫积弱，在李煜即位时即已奉宋正朔，向宋朝进贡，在江南苟安。 李煜在宫廷逍遥的时候，赵匡胤正一个个消灭割据王朝，渐渐把刀子架到了南唐身上。北宋开宝七年（公元 974 年），赵匡胤屡次命令李煜北上，想在汴梁安排李煜做寓公，和平吞并南唐。 李煜当然是推辞不去，可也不做任何应变准备。 赵匡胤软的不行来硬的，集结大军南下总攻。 第二年，金陵城破，李煜不得不肉袒出降，被押到汴梁做了违命侯。

"四十年来家国，三千里地山河。"境遇的改变，让李煜从精神的天堂直线堕入现实，终于开眼看到了宫墙外沦落的南唐江山，看到了生活中应有的一面。 "最是仓皇辞庙日，教坊犹奏别离歌，垂泪对宫娥。"李煜毕竟是风流天子，即便在被俘北上的时候，还有歌伎舞女唱着离歌送别。 李煜唯有流泪，面对往日的宫娥舞女，失去了才知道珍惜，为什么身在福中的时候，不知道珍惜呢？ 李煜也只能挥泪告别往日的逍遥生活了。

小周后和丈夫一起被俘，来到汴梁的违命侯府。 小周后被封为郑国夫人。 夫妻俩开始了长吁短叹的凄凉后半生。 值得庆幸的是，两个相爱的人还能在一起。

"往事已成空，还如一梦中。"往日的逍遥成了美好的回忆。

好在李煜夫妻生命无忧，生活得相当安逸。 赵匡胤对投降的各割据政权君主还是很优待的。 等到宋太宗赵匡义即位后，情况就恶化了。 赵匡义虽然加封李煜为陇西郡公，升了他一级封爵，却在暗中进行监视，对李煜下了杀心。

赵匡义要杀李煜，有两大原因。 第一是风流天子李煜在亡国后，反而爱国忧民起来。 李煜写过一首《相见欢》：

> 无言独上西楼，
>
> 月如钩，
>
> 寂寞梧桐深院锁清秋。
>
> 剪不断，
>
> 理还乱，
>
> 是离愁，
>
> 别是一番滋味在心头。

李煜一改文风，发愁愁的不再是儿女情长，不再是风花雪月，而是国家和人民，是故国的江山社稷。 如果他是皇帝，忧国忧民或者奋发图强，都没有问题，但现在作为寄人篱下的亡国之君，他的忧国忧民来得太不是时候，太晚了。 这也恰恰是李煜的天真之处，虽然身陷现实之中，但还是没能看清楚现实，没学会说话办事。

南唐宫女庆奴，在金陵城破的时候隐身民间，后来做了宋军将领的妾侍。 庆奴不忘旧主，给李煜写了封问候信。 李煜本是多愁善感的人，见了庆奴的信，更加伤感，怀着满心的哀怨回了一封书信。 信中有"此中日夕只以泪眼洗面"一句。 这件事和这封信，都被暗中监视的密探报告了宋太宗。 宋太宗看了"此中日夕只以泪眼洗面"这一句勃然大怒，认为李煜暗中联系旧人，心怀怨望。 北宋王朝高官厚禄养着这些投降的君主，李煜竟然还和往日的宫女通信，心中对新政权不满，这怎么能不让小肚鸡肠的赵匡义愤怒呢？

第二是赵匡义看上了周女英，李煜就成了他的情敌。 宋朝惯例，朝廷命妇常常入宫搞些"夫人外交"或者和皇室联络感情。 这是不成文的规定，哪个命妇不去反而奇怪了。 小周后也常常入宫。赵匡义登基后，小周后一入宫就是好几天，回到家后大哭大闹，打骂李煜。 她骂得很难听，说李煜无能懦弱，声闻于外。 是什么原因让恩爱夫妻反目呢？ 周女英入宫的那么多天里，又发生了什么呢？ 汴梁城里半公开的秘密是： 赵匡义在周女英入宫的时候，多次强行奸污了小周后。 小周后自然百般反抗，无奈柔弱的她怎么能敌得过赵匡义呢？ 宋朝有人画画记录了汴梁宫廷中不堪入目的场景： 四五个宫女抓住周女英，托着她的身子，方便赵匡义行禽兽之举。 如花似玉的周女英惨遭摧残后，回家把所有的委屈和愤怒都指向了丈夫。面对横遭凌辱的妻子，李煜只能长吁短叹。 他本性就是柔弱的人，掌权的时候都没有碰过硬，现在寄人篱下更不知道该怎么处理这难题了。

赵匡义对小周后越来越喜欢，恨不能长相厮守，李煜也就越来越成眼中钉肉中刺了。

二

太平兴国三年（公元 978 年），七夕，李煜 42 岁生日。

李煜和小周后苦中作乐，在庭院中自备薄酒，庆祝生日。

月色朦胧，微风泛起，李煜夫妻的心安静下来，感受着月夜的静谧和苍凉。 酌了几杯酒后，被现实压迫得麻木的李煜又一次想起了江南往事，想起了以前的美景和歌舞。 往年自己诞辰，群臣祝贺，宫中赐酒赐宴，酒筵是内香筵；歌舞响起，宫女们鱼贯而出，穿着天水碧的服装，化的是北苑妆。 而如今，院子里只有李煜和小周后孤零零的二人，好似囚犯，只是监牢更大、枷锁无形而已。 故国亡故、物是人非，巨大的心理落差让李煜心力交瘁，愁绪倾泻。 他写下了一首《虞美人》：

> 春花秋月何时了，
> 往事知多少。
> 小楼昨夜又东风，

故国不堪回首月明中。

雕栏玉砌应犹在，只是朱颜改。

问君能有几多愁，

恰似一江春水向东流。

写完后，李煜兴致很高，让小周后配曲唱出来。小周后不愿唱，挨不过李煜的再三要求，轻启朱唇将《虞美人》一字一字依谱循声唱了起来。歌声飘扬，让苦难中夫妻俩的思绪短暂回到了歌舞升平的往日。

突然，赵匡义的圣旨到了。他派人送来了祝贺李煜生日的御酒。李煜没有怀疑，谢恩喝下御酒。不多时，李煜的身体突然失去了控制，尤其是脑袋或俯或仰，好似织布梭子牵机一般不能停止。小周后哭着抱着他，看着丈夫痛苦的样子无能为力，哭喊着任凭热泪狂流。李煜脑袋越摇摆越快，然后渐渐慢下来，殷红的鲜血从耳鼻中涌出来，最后躺在爱妻的怀里不能动弹。原来，狠毒的赵匡义在御酒中下了"牵机毒"。

作为掩饰，赵匡义下诏追赠李煜为太师，追封吴王，并废朝三日。李煜被葬于洛阳北邙山。宋朝将李煜的葬礼办得很体面，一切按照程序进行，派人护丧，赐祭赐葬，礼节一点不差。可见，哀荣和生前的现实存在多大的差距。

一代文豪和风流天子就这么走了。后人没有不为李煜的悲惨结局惋惜的。李煜天资过人，又是帝王贵胄，原本可以有更好的结局，最起码可以自然死亡。李煜的悲剧是他自己造成的：他才华横溢，却没有用在权力斗争和列强争霸上，而花费在了花前月下和文字飞扬上。李煜"生于深宫之中，长于妇人之手"，柔弱无力，是个权力的门外汉，却肩负着带领南唐王朝在乱世中求生存、求发展的重任，不失败才怪。权力斗争的失败衍生出了李煜个人生活和命运的悲剧。权力是造成李煜和周女英悲剧的幕后黑手。

有一件小事可以说明李煜和小周后的政治幼稚程度。他们两人都崇信佛教，在境内大兴土木造寺庙浮屠。北宋为了消耗南唐国力，派披着袈裟的间谍来南唐宣讲佛法，成功鼓动李煜夫妇大修佛寺，大兴佛事，引导他俩在崇佛的道路上越走越远。 据说，宋军兵临金陵城下。 李煜首先想到的是请佛教"大师"来退敌，结果敌人没退，倒是空余了许多江南寺院，在烟雨中自生自灭。

命运的戏剧性突变，严重影响了李煜的文学创作。 他前期的作品以儿女情长、春华秋实为主，风格柔靡；亡国之后，"国家不幸诗家幸，话到沧桑句便工"，李煜作品题材和意境大为扩展，亡国之恨、人生深悟都入诗入词。 在后期作品中，身陷囹圄的李煜，灵魂脱离了苦难的躯壳，吟诵着凄凉悲壮的文字，一路飞奔回江南大地，以磅礴的气势巡视着往日的疆土。 他的灵魂和躯体一样，泪流满面。 正如王国维在《人间词话》中所言："词至李后主而眼界始大，感慨遂深。"这让李煜成了承前启后一代文豪。

三

小周后料理完丈夫的丧事后，赵匡义屡次催促她入宫。 小周后拒绝多次后，在当年年底自杀身亡。

李煜长子李仲寓是他和大周后周娥皇所生。 南唐亡国后，李仲寓跟着北迁汴梁，担任了北宋的右千牛卫大将军。 父亲死后，李仲寓悲伤过度。 赵匡义遣使劳问，丧事完成后赏赐汴梁城积珍坊住宅一处。 过了几年，李仲寓主动说明家族人多口杂，向朝廷"讨官"，希望能到地方州县去谋个实职"养家"。 可见，李仲寓比父亲李煜务实多了。 赵匡义就任命他为郢州刺史。 李仲寓居官没发生什么大事，淳化五年（公元 994 年）就死了，年仅 37 岁。

李仲寓的儿子李正言很早就夭折了，李煜从此绝嗣。

李煜死的时候，江南一带闻知死讯，很多人都哭了一场。 听到李煜绝嗣后，南唐遗民又掀起了一场悼念浪潮。

帝国瑰色

宫人累——宫廷对食和魏忠贤的兴衰

沉浮

魏四进宫

乳母客氏

阴差阳错

魏四进宫

一

河北肃宁县人魏四，在二十多岁已经娶妻生女的情况下，自己割掉生殖器当了太监。

二十多岁已经过了当太监的黄金时间——多数太监是从小净身，被送入宫中从底层做起的，而且还面临诸多困难。 生理上的困难是成年男子发育完全了，再净身的手术风险很高。 古代手术技术和术后保养都跟不上，许多和魏四想法相同的人都没能挺过手术和其后的并发症。 心理上的困难是成年男子如何面对家庭、社会的歧视和内心的挣扎。 他舍弃的不仅仅是一个器官，还有生活的幸福和做人的尊严。

所以说，自我净身要求入宫当太监的成年男子都是意志极其坚强的人。 支撑他们战胜生理痛苦和心理挣扎的只能是内心的渴望。 一种渴望是对皇宫的渴望，渴望在皇帝身边飞黄腾达，渴望能够改变自己和家族的社会地位，名利双收。 第二种渴望是生存的渴望，一些成年男子把当太监作为一个职业选择，迫切希望通过进宫来吃饱饭穿好衣，顺便拿一份俸禄可以养家。 皇宫外面的民间，生活是那样艰难。 从小被父母送去当太监的小孩子们不会有切身的感受，自然也不会产生那么强烈的渴望，只有在生活中滚打了多年的成年男子才会有。

很多年以后，猛烈批判魏四或者试图客观解释魏四言行的人，都想当然地认为魏四入宫的动机是对权力的强烈渴望，也就是第一种渴望让他踏上了一条布满荆棘的道路。

但笔者相信，魏四自宫的动力主要来自于生存的压力。

当你看到连裤子都穿不起的魏四躲在肃宁城里的柴火堆中，被赌场追债的人揪出来，当街拳打脚踢的时候，你就能多少理解魏四的选择了。 魏四是肃宁这个穷乡僻壤中最穷、最底层的那类人。 被人打过以后，魏四拖着伤痕累累的身子，胡乱在地上捡几根布条或者几把枯草抹抹伤口，然后就蹒跚地回到那破败不堪的土坯房。 深夜，躺在柴草堆上，他透过屋顶的窟窿仰望天空，耳边传来妻子、女儿的鼾声，鼻子里是刺鼻的霉臭味。 此情何堪！ 魏四长得身高体壮，干活也是把好手，无奈家里的几分薄地三下五除二就种完了，一年也收不了多少粮食。 魏四每年有大把大把空闲的时间，无所事事，就找人赌钱。 他想赢几个钱，却越输越多。 原本好好交往的朋友竟对他恶语相向，动手打人。 魏四空有满身能力却无处发泄，无助地看着自己在贫困卑贱、饥寒交迫的道路上沉沦下去，仿佛一眼就能看到几十年后自己悲惨死去的结局。 他不愿意就这么生活下去，他想吃饱饭，想有衣服穿，想翻新自家的土房，如果别人能客客气气地对他说话就更好了。 可魏四不知道该怎么做才能实现这一切，除非——去当太监。

河北肃宁盛产太监，因为这个地方穷。 另外，不定时的有肃宁籍的太监回乡省亲，骑着高头大马，衙门里的差役迎来送往，穿着漂漂亮亮、干干净净的衣服。 他们都对魏四这样底层的贫民起到了榜样的作用。 当魏四决心要入宫当太监后，他的妻子竟然没有反对。已经分家单过的哥哥还卖掉了家里的驴，来给弟弟魏四筹措手术的费用。 对于贫贱的魏家来说，用一个人一生的幸福，来换取全家人可能得到的衣食无忧，很划算。 对于意志坚定的魏四来说，当太监是无奈中的最好选择。 于是，人高马大的魏四告别家乡和亲人，悲壮地上路了。

魏四到了北京城，用仅有的一点钱找了一个私人手术师做了净身手术。 非常幸运的是，在手术过程中和手术后的一个月中，强壮的体质帮了魏四大忙。 他竟然没有任何差错地挺了过去，顺利下地行走，还保留了强壮的力气。 没有人知道魏四在不能排尿、整天躺在臭烘烘的草堆里的一个月里有什么感受。 是悔恨，是痛苦，还是对社会的满腔仇恨？

下地后，魏四面临一个更大的难题：如何进宫去？宫廷制度森严，不是谁想进宫当太监就能当的。成年太监想入宫，要托关系找门路。为此，魏四的哥哥们把家里的房子给卖了，几家人搬到城外破庙里住，把钱送给能找到关系的吴公公。谁知人家根本就看不上那几两银子，不收。魏家人狠狠心，把家里的薄田卖了，把魏四的女儿也卖了，凑了钱再给吴公公送去。这回，吴公公收了，让魏四"等着吧"。这一等，就是四个多月。北京城里有许多像魏四这样进不了宫的"半太监"，生活无着，或乞讨作恶，或蜷缩等死。魏四就在寒冷的冬天，顶着刺骨的北风，在北京龙华寺的廊下窝了四个多月。后来，宫中的前三所需要一个倒马桶的太监。各个送了钱记了号的"半太监"们都被叫去等候挑选，其中就有冻得半死不活的魏四。结果，魏四中选了。不是因为他送的钱最多，而是几个主事太监看中魏四个子最高，样子最傻。万历十七年（公元1589年）腊月十四，魏四正式进了宫，倒起了马桶。

应该说，每一个主动净身入宫的成年男子都是一个悲剧，他们的背后都有一段辛酸的往事。

多年以后，没有名字的魏四有了一个很主旋律的名字，叫做魏忠贤。

二

不过，魏四在宫廷最初登记的名字不是魏忠贤。负责记名造册的人问魏四，你叫什么名字？魏四傻乎乎地摇头，说俺姓魏，没有名字。那人就随手造了一个名字：李进忠。

倒马桶的活，对李进忠来说太简单了。每天清晨早早起来，把各家各户的马桶倒完后，就没有什么固定的活儿了。但是因为他是最低级的太监，谁都可以指使他干活。常常是比李进忠小好几岁甚至十几岁的高级太监，颐指气使地叫他打杂干私活。李进忠也很乐意干这干那，毕竟宫中的生活比肃宁的日子好过多了。结果，李进忠整天默默地忙这忙那，加上他个子高，长得又憨厚，在宫中得了一个外号："傻子"。

既然是"傻子"，宫中的各种升迁、好处都没有李进忠的份了。

宫中太监、宫女的待遇，除了生活中的吃饭穿衣和住宿免费外，每月法定的报酬就是几斗米，非常有限。要想通过当太监改善生活，必须获得一定级别才行。从最高级的司礼监掌印太监、秉笔太监、随堂太监，到其他各监、司、局的负责太监，再到具体的管事太监，李进忠和最高级太监的差级，用全部手指头和脚指头来数都不够。那些高级太监，金银财宝源源不断，可以在宫外置办宅邸、美妾，过着和显贵权威相同的生活。次一等的太监，或者因为能够在皇帝、妃嫔的身边，或者受命出去办事，有许多灰色收入，可以保证衣食无忧。李进忠就很凄惨了，只有法定的死俸禄，每月那一点俸米还不够自己开销的，根本接济不了家庭。被卖掉的女儿不知去向了，根本谈不上赎回。家里生活越来越窘迫，侄女、外甥女也相继被卖到北京来做奴婢。

李进忠倒了好多年马桶，还没有任何升迁的迹象。他也慢慢成了一个中年太监。全家人在李进忠身上的投资，看起来是失败了。

不过李进忠傻傻的形象也有一个好处，就是在尔虞我诈的宫廷环境中不招人注意。不招人注意也就不招人忌恨，李进忠得不到什么好处，也没有什么危险。一些高级太监比较喜欢李进忠这样的角色，比如李进忠的直接领导魏朝，又比如大太监王安。《明史》说："朝数称忠贤于安，安亦善遇之。"也许是天长地久，魏朝知道手下有个憨厚年长的李进忠，觉得这个人很独特，就介绍给了更高级的太监王安。王安是明朝大太监中唯一一个得到朝廷读书人认可，被认为是清正廉洁的人。王安不整人，也不以权谋看人，所以对魏朝介绍的李进忠观察了一下以后，觉得他的确是个憨厚可用之人，于是作出了提拔李进忠的决定。

这个决定，改变了李进忠的命运，也间接改变了明朝的命运。

其实，王安对李进忠的提拔是正常的提拔。李进忠在宫中多年，原本就该提拔了。 王安用李进忠的长处（办事老实认真），提拔他当了东宫一个才人（王才人）的伙食管理员。 东宫是太子朱常洛的宫殿。 万历皇帝很不喜欢朱常洛，只是迫于朝臣的压力才不得不立这个长子为太子，立了以后还时常捉摸着如何废太子。 朱常洛的位置很不稳，宫中的太监、宫女们都不太看好他的前途。 李进忠又是去给朱常洛的一个才人（低级嫔妃）做伙食保管员，看起来也挺没有前途的。 王安对李进忠的提拔，实在算不上是"破格"。

不过李进忠对伙食保管员的新职位很满意。 新工作比倒马桶要强多了，而且李进忠可以发挥小农的狡黠，每月捞那么几两散碎银子的灰色收入。 所以，李进忠对伙食保管员的工作干得很认真负责、很投入，把王才人的伙食照顾得好好的，没有出任何差错。 他还是那么傻，对东宫主人朱常洛岌岌可危的位置，对王才人并不高的地位都没有概念，只是埋头做好自己的工作，然后偷偷摸摸想方设法把积累的散碎银子拿出宫去，接济赤贫的家人。 王才人对埋头干活的李进忠很满意，特许他改回本姓。 于是，李进忠改名为魏进忠。

在伙食保管员的职位上，魏进忠一直干到53岁。 53岁的魏进忠已经远远超过了明朝人的平均寿命，此时距离魏进忠进宫已经过了30年了。 任何人，包括魏进忠自己在内，都认为他这一辈子也就这样了。

魏进忠对自己这辈子感到满足了。 现在的他不愁吃喝，每年能有一百两左右的灰色收入，又得到主子的肯定，比在老家肃宁种一辈子地好得多了。 最重要的是，50岁的魏进忠生活还不枯燥无聊。 在东宫，他有类似家庭的丰富生活。

乳母客氏

一

魏进忠管理了几年王才人的膳食之后，王才人就给太子朱常洛生下了长子。 这是万历皇帝的长子长孙，取名朱由校。

朱由校出身金贵，原本应该接受系统的贵族教育。 无奈当时父亲朱常洛的太子位置朝不保夕，一度还遭遇"梃击案"，几乎被刺客要了性命。 弟弟福王朱常洵和父皇的宠妃郑贵妃对他虎视眈眈，朱常洛整天想着自己的安危，根本没时间照顾儿子朱由校。 身边的人，包括理应负责皇孙教育的高级太监和宫女们并不看好朱常洛，也不愿接手皇孙朱由校的教育问题（有说法是万历皇帝本人不让人教育朱由校）。 最终，朱由校成了个"三不管"的孩子：父亲无暇管、爷爷不让管、宫廷不愿管。

生母王才人又是命短的，生下朱由校没几年就死了。 朱由校表面上是交给其他的嫔妃"抚养"，实际上，其他嫔妃才不会理睬这个没娘的孩子呢。 加上宫廷制度对皇子皇孙和嫔妃的接触设置了种种障碍，朱由校实际上是处于一种"野孩子散养"的状态。

那么，朱由校是怎么成长起来的呢？ 他是被乳母客氏和生母的伙食太监魏进忠一把屎一把尿地拉扯大的。

我们先放下乳母客氏不说，说说魏进忠和皇长孙朱由校的特殊关系。

魏进忠看着朱由校出生。 他之前没有好好照顾亲生女儿，为了进宫还默认家人卖掉了女儿。 这道心理创伤让他对亲情深感内疚，进而极有可能把这份内疚转移到亲眼看着出生、长大的朱由校身上。 朱由校出生后，魏进忠顺带兼管皇长孙的伙食。 看着朱由校成了"野孩子"，就毅然担起了教育的重任。 这份重任之前没有人愿意挑起，现在被一个年老的太监主动挑了起来。

虽然不能从根本上改变朱由校"散养"的状态，但魏进忠尽他所能教育着朱由校。朱由校学会了骑马、溜冰、爬树、掏鸟窝和挖蚯蚓，还特别痴迷于制作桌椅板凳，老琢磨着怎么把它们给卸了再重新装上。这些乡间顽童的行为爱好，很难说全部是朱由校"无师自通"的。来自乡间、在乡间生活了二十多年再入宫的魏进忠对朱由校的内外塑造，肯定起了不小的作用。常常，到了夕阳余晖挂在紫禁城琉璃瓦顶的时候，朱由校还缠着魏进忠玩骑马游戏，或者吵着要魏进忠讲河北民间的风俗故事。

魏进忠的这种义务教育，是没有名分、纯粹义务的，在所有人看来都是"无私"的。一个年过半百的老太监尽力抚养一个不知世事的小皇孙，况且这个皇孙和他的太子父亲一样地位不稳，你说这个老太监有什么功利目的吗？比较可信的解释是，在宫中30年的魏进忠的生活需要有所寄托，他把教养朱由校当做虚拟的家庭生活，当做一种对亲情的弥补。

当然，魏进忠不是教育学家，他的教育粗糙又不全面。他没有教朱由校儒家伦理——这是帝国宣扬的意识形态和朝臣们的思维方式，也没有教朱由校历史兴衰——这是一个合格的皇室成员应该知道的，更没有教朱由校如何做一个有为的皇帝——这需要教吗？朱由校有多大可能成为皇帝呢？可叹的是，魏进忠目不识丁，根本就没读过书。上面那些东西在他头脑里压根就没有，怎么教给朱由校呢？朱由校长到15岁，还没有上过一天学，只认得几个简单的字——其他太监闲来无事的时候，教他认的。但这丝毫不影响魏进忠在朱由校小小心灵中崇高的形象。

现代心理学告诉我们，幼年会对一个人的人生造成终身影响。朱由校从小烙下的对魏进忠的信任、依赖和类似亲情的感情，日后会对明帝国产生巨大的消极影响。

二

另一个烙刻在朱由校幼小心灵上的人物是乳母客氏。

客氏是河北保定人，出身贫寒，大字不识一个。 她最初的人生和魏四相似，但比魏四幸运，客氏在 18 岁时成为皇长孙朱由校的乳母。 当时，皇宫里乃至整个北京城的奶妈都不合朱由校的胃口，小家伙一口奶都不吃，愁死了宫中操办的人。 这个皇长孙虽然前途不太好，可如果因为没有奶喝而夭折了，这个责任谁也负不起。 于是，寻找奶妈的范围扩大到北京附近的州县。 保定的客氏刚刚生下儿子侯国兴不久，奶水很足，被地方官送到宫中候选。 奇怪了，朱由校谁的奶水都不吃，就只吃客氏的奶水。 顺理成章的，客氏留在宫中成了朱由校的专职奶妈。

因为朱由校的地位不高，客氏的宫廷地位也不高。 她的生活和魏进忠一样枯燥无聊，能做的就是用母亲一样的胸怀关心朱由校。朱由校的父亲自顾不暇，母亲早死，生活上是客氏一手照顾。 客氏和朱由校朝夕相处，叫他起床，哄他睡觉，看着他慢慢长大，简直把他当成了少小分离的亲生儿子。 朱由校对生母王氏没有太深印象，懵懂之中客氏就像是自己的母亲，哺育自己，帮自己穿衣服，喂自己吃饭，帮自己解决一个又一个问题。 渐渐的，朱由校离不开奶妈了。

朱由校有两个朝夕相处的人，就是客氏和魏进忠。 客氏解决了朱由校生活上的问题，主内；魏进忠教导朱由校认识自然和社会，学会各种本事，主外。

这一主二仆，是皇宫中独特的风景，多少令人感慨。

万历四十八年（公元 1620 年），情况发生了翻天覆地的变化。先是常年隐居深宫的万历皇帝朱翊钧驾崩了，苦等皇位 30 年的太子朱常洛顺理成章地当了新皇帝。 朱常洛的漫长等待只换来了 3 个月的短暂龙椅，很快就因为纵欲过度、身患重病撒手人寰了。 临死前，朱常洛指定长子朱由校为接班人。 在王安、杨涟等内外臣工的支持下，年幼的朱由校被拥立为新皇帝，年号天启。

事情变化得太快。 几个月前还很少有人对朱由校热情相对，突然间所有太监和宫女就都把热脸往朱由校身边凑。 顺带着，地位卑微的魏进忠和客氏也成了宫廷里的香馍馍，谁都对他俩高看三分。

朱由校虽然当了皇帝，可什么都不会，凡事都要仰仗魏进忠的指点，遇到什么难题首先想到的就是去问魏进忠这个老奴才应该怎么办。 在生活上，还是客氏全权打理朱由校的一切，只是原来的粗茶淡饭变成了美味佳肴。 皇帝离不开客氏。 朝臣们认为皇帝即位了，奶妈还留在宫廷中，甚至和皇帝同吃同住，实在不合礼制，所以纷纷上书要求将客氏送出皇宫。 朱由校迫于压力，在即位初让客氏搬出了皇宫。 可在客氏离开后，朱由校厌食、失眠、头晕，精神恍惚，生活不下去了。 几天后，他不顾大臣们的反对，把客氏召回了紫禁城。 整个天启朝，客氏都自由出入宫廷，和朱由校生活在一起。

因为多年陪护之功和皇帝对他俩的依赖，魏进忠和客氏在朱由校即位不久便鲤鱼跳龙门："未逾月，封客氏奉圣夫人，荫其子侯国兴、弟客光先及忠贤兄钊俱锦衣千户。"除了兄弟子侄得到官职之外，魏进忠也升迁为"司礼秉笔太监兼提督宝和三店"。 这个"司礼秉笔太监"是司礼监替皇帝草拟政令意见的人，起码得由识字的太监担任，但魏进忠打破了这个职位的任职条件。

从社会底层瞬间跃升成帝国的核心角色，魏进忠和客氏两人还真有点不太习惯。 每个人，不论他处在什么地位，都有渴望尊严、权势和得到社会认同的欲望，只是绝大多数人的欲望被强力压制着，不能得到满足。 魏进忠和客氏也是这样，如今"潘多拉魔盒"打开了，欲望的实现不再遥不可及，而是唾手可得了。 他们没有经受住荣华富贵和一切享受的诱惑，很自然地把手从朱由校身上伸到了朝廷上。

面对骤然到手的权势，面对可能发挥的巨大作用，当事人的素质决定了梦想实现以后对己对人是福还是祸。

不用说，魏进忠和客氏的政治素质和思想境界都不高。 与生俱来的小农意识主导了他们面对富贵的态度。 他们对天下事谈不上什么规划和谋略，尽管他们在干预朝政的时候也不见得有什么恶意。他们关心最多的还是眼前的利益，宫廷里的享受和到处"摆阔"。

魏进忠先把名字改为了"魏忠贤"，说明自己不仅忠诚，而且还是贤才。 他很快也像前朝的大太监一样在北京城里置办了大宅院，往返于宅院和紫禁城之间都要锣鼓动天，前簇后拥，带齐侍卫、婢女、听差、马夫、轿夫、医生、仪仗队、戏班子、吹鼓手等人，顺便调来禁军保护安全。 所以，魏忠贤出一趟门，带个七八千人随行很正常，带上一万人也是常有的事情。 通常，"魏公公"如果要回家，那么从紫禁城到魏府的道路就是他的专用道了——因为有一万多人在路上排着队，拿着各种家什走路呢。 "摆阔"这一点在"奉圣夫人"客氏身上体现得更为明显。 奶妈每回出行，排场都不亚于皇帝本人，沿途必定是清水泼街，黄沙铺路，香烟缭绕。 回到保定老家，家族人等一一拜见，州县父母官则连拜见的资格都没有，在外面等着听客氏随从的吩咐。 另外，和魏忠贤很大一部分精力放在宫外不同，客氏全部精力都放在宫中，独霸后宫，地位类似太后。 每年客氏生日，朱由校都亲自操办庆寿，宫里宫外"老祖太太千岁"的呼声喊破了天。

魏、客二人根本不知道高调张扬的排场是官场的禁忌，也容易招致老百姓的骂声。 这在历史上都有实实在在的反面教材。 遗憾的是，魏、客二人没读过书，不知道历史上兴衰荣辱的教训。 相反，暴发户的心理和潜在的小农意识让他们很享受奢侈跋扈的日子。

三

地位稳固后，魏、客二人的动作开始多了起来，朝着肆无忌惮的方向发展了。

客氏之前有个宫中的"对食"，就是魏忠贤原来的上司魏朝。

什么是"对食"呢？ 对食就是太监、宫女们为了排遣枯燥乏味的宫廷生活而过起的虚拟的家庭生活，可以是宫女和宫女之间，但以太监和宫女对食居多。

对食的起源很早。在前面关于赵飞燕的一章中，就提到过史书明确记载曹宫和道房"对食"。可见，在西汉时期，宫廷中就有对食存在。它是怎么发展起来的呢？据说宫廷的太监不能生火做饭，而宫女则可以。所以如果太监轮到值班或者当差时错过了饭点，就没有饭吃，而相熟的宫女会把自己的饭分给太监吃或者给太监做饭，久而久之，两人干脆生活在一起，称作对食，也有叫"菜户"的。慢慢的，这个做法在宫中发展成太监和宫女为了消灭寂寞而互相安慰，私下恋爱生活。如果和婚姻类比，那么它就是一种"无性婚姻"。一开始，宫廷严禁对食，可禁不住，后来就睁只眼闭只眼，不闻不问了。太监和宫女们就凭借这种畸形的家庭生活，走完漫漫人生旅途。其间不乏双方忠贞不贰，相扶相持的感人情形。

客氏入宫时年轻美貌，很快就和高级太监魏朝组成了对食。魏忠贤当时地位低下，年纪大（比客氏大了 20 岁），凭硬性条件肯定竞争不过魏朝。但魏忠贤因为照顾朱由校，和客氏在一起的时间很多。两人相互了解越来越多。客氏发现眼前这个长得高大、冒傻气的老太监，其实是个挺可靠、挺能干的人，对魏忠贤的感情越来越深了。而魏朝呢，职位高，事情多，和客氏在一起的时间很少，慢慢地在竞争中落在了魏忠贤的后面。

眼看着客氏和魏忠贤日渐亲昵，魏朝不甘心，吵也吵了，闹也闹了，魏忠贤也强硬地不肯退让。三个人的关系就僵在那里了。

朱由校当了皇帝以后，魏忠贤才彻底战胜了魏朝。有一次魏朝和魏忠贤又发生了一次大争吵，事情闹到了朱由校面前。朱由校以九五之尊，亲自来解决宫中的对食纠纷。他把客氏也叫了过来，问奶妈到底是喜欢哪个人，魏朝还是魏忠贤，他来替奶妈做主。结果，客氏选择了魏忠贤。于是，朱由校亲口认可了魏、客二人的对食关系。这桩由皇帝主持的对食关系堂而皇之地被记在了《明史》里面，可见事情闹得很大，也可见朱由校不顾身份地对魏、客二人的支持。

客氏是朱由校最依赖的人，离开她，朱由校都活不下去。 魏忠贤没有客氏这样的地位，但客氏选择了魏忠贤，魏忠贤就和她紧密地联系在一起，进退一体，荣辱与共了。 朱由校对客氏的信任和依赖，很大部分转移到了魏忠贤身上，魏忠贤等于是集两份恩宠于一身了。

至于失败的魏朝，命运就悲惨了，不仅高级太监当不了了，还被贬出宫去当差。 魏忠贤在此时体现出了他凶狠的一面。 他指使亲信在宫外找了个过错，轻易杀掉了魏朝。 想当年，如果没有魏朝的引荐，魏忠贤还当不了伙食管理员呢。

至于提拔魏忠贤当伙食管理员的大太监王安，也被魏忠贤"绊倒"了。 王安是声望不错的太监，在扶立朱由校等事情上立过大功。 魏忠贤没读过书，却知道一山难容二虎，一条街上不能有两家羊肉铺。 于是，魏忠贤找了王安的一个过失，利用朱由校的信任，把王安贬到南海子当了一名"净军"——宦官士兵。 朱由校记得王安的拥戴之功，没有采取进一步的行动。 魏忠贤就派了王安的仇家去当"净军"的顶头上司。 很快，南海子就传来了前任大太监王安的死讯。

铲除魏朝、王安后，宫廷大内就成了魏忠贤和客氏的天下。 魏忠贤推荐唯唯诺诺的太监王体乾担任司礼监掌印太监，做名义上的头，他自己依然取秉笔太监的实利，又兼任了特务机构东厂的总管太监，加上派往各支部队的监军太监，魏忠贤集明朝政务、特务和军务大权于一身，成了大权显赫的人物。

阴差阳错

一

一个人压抑了五十多年的欲望、付出沉重代价换来的荣华富贵、从最底层突然上升到一人之下万人之上的巅峰的炫目感觉，三者在魏忠贤身上纠结在一起。

魏忠贤缺乏准备——不论是能力上还是思想上，却不得不走上政治前台，用他的方式治理起国家来。

从小好动、爱好广泛的皇帝朱由校把喜欢桌椅板凳的爱好发扬光大，疯狂迷恋上了木工，"朝夕营造"，乐此不疲，成了中国历史上的"木工皇帝"。他造的东西好坏我们不得而知，但他工作的热情却是惊人的。史载朱由校"每营造得意，即膳饮可忘，寒暑罔觉"。朱由校对寒暑都不问，对朝政自然也不放在心上，推给魏忠贤处理。掌握代拟政令权力的魏忠贤等于是"代理皇帝"。

事实证明，魏忠贤是明王朝的一场灾难。

每天要处理各种奏章公文，魏忠贤遇到的第一个麻烦是不识字，只好找识字的太监来把内容念给他听。可是，大臣士子们写的文言文，魏忠贤连听都听不懂。没办法，只好麻烦念字的太监再把念完的内容用魏忠贤能够听懂的口语解释一遍。然后，魏忠贤再根据从泥土中得到的经验教训作出判断，找人写成批语。一个大字不识的人竟然掌握了中国的政治中枢，真是不可思议。而且魏忠贤还极力隐瞒自己不识字这个"公开的秘密"。有大臣鄙夷魏忠贤"目不识一丁"，结果被抓进东厂打得皮开肉绽。审问的东厂爪牙骂那大臣，你说你批评魏公公什么不好，怎么能说他不认字呢？

明朝是太监专权弊政突出的朝代，但明代高级太监中不识字的可能就只有魏忠贤一个人了。先后专权的王振、刘瑾等大太监不仅识字，而且文化水平都不低。 王振更是接受了系统的儒家教育，入宫前还当过官呢！

当然，魏忠贤也不是一无是处。 从他的表现看，魏忠贤有两大优点： 第一是记忆力不错。 即使五十多岁了，魏忠贤还是能记住那么多的政务和人事，而且根据旁人的转述作出准确判断。 第二是处事果断，只要是他认准的事情或者必须作出选择的时候，魏忠贤不会犹豫，迅速作出决策，很有当年在肃宁赌博时有血性、敢担当的模样。 这两点不是学校教育的必然产物，农夫走卒都可能具备这两大优点。 魏忠贤很自信地开始发号施令了。

遗憾的是，魏忠贤面临的大明王朝正在飞速下滑，就像是一艘千疮百孔的船航行在惊涛骇浪中一样危险。 魏忠贤朴素的两大优点并没有给他带来什么政绩，没有遏制住关外女真势力的崛起和挑衅，没有镇压住中原星星点点的农民起义，更没有处理好朝廷内部的党争。即便是要拍魏忠贤马屁的人都感到棘手，因为魏公公的政绩几乎等于零，想拍马屁也找不到由头啊。

执政一段时间后，魏忠贤除了加强集权和不断摆阔以外，对朝政没有丝毫贡献，于是反对的浪潮开始涌起。 蜂起攻击魏忠贤的主要是东林党人。 东林党人以纲常伦理自诩，以气节操守相互激励，本来就看不惯凭借宫廷裙带关系干政的"阉宦小丑"，早就对魏忠贤憋着一肚子气。 天启四年（公元1624年）东林党干将、副都御史杨涟上疏痛斥魏忠贤的24条大罪，揭发魏忠贤的大奸大恶。 义士和清流们，纷纷上书控告魏忠贤。

魏忠贤第一次面对举朝的反对。 他在慌张之余，兴许还觉得有点委屈。 魏忠贤处理政务很辛苦，很认真，没有功劳，也有苦劳，怎么就没有人体谅，没有人理解呢？ 而且魏忠贤也对自己的能力有那么点信心，不相信自己把所有的事情都搞砸了，总不会招致那么多峨冠博带的士大夫的口诛笔伐吧？

魏忠贤着了慌，只想到一个应对之策，就是向皇帝朱由校哭诉忠心、陈述事情的前因后果。 客氏也在一旁为他辩解。 朱由校本来就信赖他们，如今经两人陈述，更加确信魏忠贤是忠诚的、正确的，是遭到了朝臣的打击。 明朝皇帝和朝臣的关系一直很紧张，从开国皇帝朱元璋开始到末代崇祯皇帝为止，皇帝和朝臣都相互猜忌——不然也就不会有厂卫特务机关了。 皇帝普遍不信任大臣而偏向太监，朱由校又是个对朝政毫无兴趣，和魏忠贤一样对朝臣的语言方式一窍不通的皇帝，就更加不相信杨涟等人的控告而相信魏忠贤了。 魏忠贤在大臣们的猛烈攻势过后，安然无恙。 朱由校对控告的奏折先是扣住不放，再接到就下诏书痛责，最后谁再控告就直接打板子。

情形准确无疑地表明，只要朱由校在，魏忠贤的地位就岿然不动。

看明白了这一点，大臣中的一些人就蠢蠢欲动了。 和崇尚名节操守的东林党人不同，文人大臣中难免有些钻营取巧、卑鄙无耻的小人。 魏忠贤俨然是一棵大树，树下好乘凉，开始陆续有小人投到魏公公门下。 最先主动投靠的就是官至内阁大学士的顾秉谦和魏广微。 顾秉谦投靠后分化拆散了在朝中居多数的东林党人，魏广微不仅无耻而且下流。 因为年纪大了，他不好意思认魏忠贤做干爹，拐着弯地让儿子认魏忠贤当干爷爷，巴结魏忠贤。 魏忠贤还叫魏四的时候，女儿被卖后不知下落。 现任川贵总督张我续发现府里有个婢女姓魏，一查是魏忠贤的本家女子，赶紧把魏姓婢女称为"魏夫人"，地位放在正妻之上，到处张扬，仿佛自己就是魏忠贤的"准女婿"。 天启四年以后，魏忠贤势力开始膨胀成一个大的政治集团。其党羽逐步占据了朝野上下的要职。 由于党羽爪牙太多，民间将他们细分为"五虎"、"五彪"、"十狗"、"十孩儿"、"四十孙"等。 魏忠贤像农村大家庭的家长一样管理着党羽，基本上是党同伐异，只要是自己人一律袒护提拔，只要不是自己人一律监视打压。东林党的左光斗、杨涟、高攀龙、周宗建、黄尊素、李应升等人相继遇害。 东林书院被全部拆毁。

强力清除了反对派后，魏忠贤欣然接受了各地谄媚之人送上来的"九千九百岁"的称呼。 单单从这年龄上来看，如今的魏忠贤真正是一人之下万人之上了。

朱由校一如既往地信任支持魏忠贤。 在朝野的一致要求下，为了表彰魏忠贤的"突出贡献"，朱由校封魏忠贤为一等公，还滥封他的侄子侄孙官爵。 侄子魏良卿被封为肃宁伯，还替皇帝祭天。

那么魏忠贤怎么看待自己的真实地位和成绩呢？ 必须承认，所有人在魏忠贤的位置上都会对汹涌而来的献媚和赞美感到舒服，难免会自我膨胀。 魏忠贤也一样。 不过，五十多年的生活经验还是提醒智商正常的魏忠贤： 这里面有虚假的地方。 魏忠贤也知道自己哪有下面人赞美得那么好啊，哪能活九千多岁啊。 可他还是默认了虚假成分的存在。 他把过分的谄媚当做判断是否是自己人的标准，当做对自己多年辛苦工作的肯定，当做对之前半个多世纪苦难生活的补偿，更当做一种麻醉剂、一味毒药。 这就形成一个恶性循环，魏忠贤越来越需要党羽爪牙的精神麻醉了。

在 1626 年到 1627 年短短一年的时间里，全国各地一共建造了魏忠贤生祠 40 处，对魏忠贤的个人崇拜达到了高潮。 南京国子监的一个监生陆万龄甚至向皇上提出以魏忠贤配祀孔子，以魏忠贤之父配祀孔子之父。 在国子监西侧建魏忠贤生祠的建议，简直要将本朝的大太监神化了。

强权主政又无拘无束后，魏忠贤行为肆无忌惮起来。 但是其间，魏忠贤也遇到过不顺心的事。

一次，朱由校泛舟游玩，魏忠贤和客氏陪伴。 不幸发生了朱由校落水事件。 尽管魏忠贤跳水救护，但当时情况非常危险，朱由校差点御驾归西。 事后，潜伏着的反魏势力借题发挥，弹劾魏忠贤和客氏"护驾不周"。 客观上很难证明魏忠贤要为这起突发事件负责，而朱由校事后也没有追究。 魏忠贤和客氏逃过了一劫。

就像政治上凶悍的人往往有他的情感弱点一样，政治上昏庸的君主往往在亲情上是个好男人。 昏庸荒唐出名的朱由校就对皇后张氏、弟弟信王朱由检等至亲重情重义。 一天，朱由校与皇后闲聊。他问皇后最近在看什么书，皇后回答说是《赵高传》。 魏忠贤知道了，很自然地认为皇后以赵高影射他，怒不可遏。 第二天，魏忠贤就在宫内埋伏全副武装的士兵。 朱由校发觉后，大为震惊，命令把这些士兵押送东厂、锦衣卫处置。 魏忠贤企图借题发挥，诬告国丈等人"谋立信王"，计划大开杀戒。 奏疏都写好了，可是魏党的核心人物、司礼监掌印太监王体乾极力劝阻魏忠贤。 王体乾说："主上凡事愦愦，独于兄弟夫妇间不薄。"意思是说现在的皇上在很多事情上都庸庸碌碌，但在有关至亲的事情上却不是糊涂人。 魏忠贤的计划很难骗过皇帝，反而可能给整个魏党带来杀身之祸。 魏忠贤听了觉得很有道理，慌忙将已经伸出去的魔爪缩了回来。

二

客氏在宫中也表现得肆无忌惮、无法无天。

天启三年（公元 1623 年），张皇后怀孕。 朱由校喜不自胜，客氏却妒火中烧。 她怕张皇后生子，地位提高，威胁到自己。 客氏竟然买通宫女，在给张皇后按摩腰部时用力使其流产。 后来，裕妃也怀孕了。 出于同样的担心，客氏想方设法要阻止她把孩子生下来。这次做得更狠，裕妃被借故囚禁于冷宫，断绝了饮食，最后饥渴而死。 第三个遭到客氏迫害的是怀孕的李妃。 李妃也被囚禁在冷宫里。 好在李妃听到裕妃的噩耗后，预先在衣服里藏有食物，才没有饿死，但是孩子没保住。 最后，李妃被贬为宫人。

客氏毕竟是乡下村姑，没有见识。 表面上她阻止了所有嫔妃生育，却造成朱由校没有子嗣，一旦驾崩，皇位必将传入他人之手。那时，客氏也好，魏忠贤也好，到哪儿去找朱由校这样的坚强靠山啊！ 为客氏计，她还不如和嫔妃搞好关系，继续培养绝对信赖自己的下一代皇帝。 也许，目光短浅的客氏觉得朱由校比自己小将近 20岁。 按照自然规律，自己会死在朱由校前面。 她才不管什么皇室子嗣问题呢，也管不了身后事了。

不幸的是，朱由校偏偏是个短命皇帝。 天启七年（公元 1627年），年仅 23 岁的朱由校死了。

朱由校一生依赖魏忠贤和客氏，却在临终前固执地做了一回主：招信王朱由检入宫，将皇位传给弟弟信王。

和哥哥朱由校完全不同，朱由检是系统的儒家教育培养出来的青年君主，雄心勃勃要开创儒家经典中的盛世。 他和满口伦理纲常的东林党人类似，对魏忠贤的所作所为痛心疾首。 在魏忠贤的高压下，朱由检"初虑不为忠贤所容，深自韬晦，常称病不朝"。 被召入宫时，他特意穿了一件宽大的衣服。 原来是害怕宫中的食物被人下毒，他在袖子里面藏了信王府做的麦饼、准备了饮用水。 在入宫的头两天，他就是靠这些东西解决饥渴问题的。 进宫后的第一夜，朱由检彻夜未眠，秉烛而坐，随时准备处理突发情况。 登基后，朱由检改年号崇祯。

崇祯皇帝上台，魏忠贤和客氏的末日就来临了。

首先，客氏在新皇帝登基后，作为先帝明熹宗朱由校的奶妈就没有留在宫中的理由了。 她一下子失去了独霸后宫的合法性，被勒令搬出宫去。 出宫的那天早晨，客氏身穿丧服，早早来到朱由校的灵堂，取出珍藏的朱由校幼时的胎发、痘痂及指甲等烧了，痛哭而去。可见客氏对朱由校还是有感情的。 但是她能力见识实在有限，长期肆意妄为，此时也是自作孽不可活。

新皇帝登基初期，没有动魏忠贤。 唯一的变化是崇祯皇帝朱由检非常勤政，样样政务都亲自过目，亲笔题写指令，作为秉笔太监的魏忠贤顿时"闲"了下来，无事可做了。 很快就有人上奏弹劾魏忠贤的种种不法行径，朱由检都留着不发表意见，把弹劾的奏章越积越多。 后来，嘉兴贡生钱嘉徵弹劾魏忠贤十大罪：一并帝，二蔑后，三弄兵，四无二祖列宗，五克削藩封，六无圣，七滥爵，八掩边功，九朘民，十通关节。 朱由检借机，开始处理魏忠贤。 他的做法很巧妙，把魏忠贤叫过来，让人把钱嘉徵的奏章读给魏忠贤听。 魏忠贤呆若木鸡，无言以对。

在客氏搬出皇宫两个月后，被撤去官职的魏忠贤踏上了去明朝皇帝老家凤阳的"安置"道路。 魏忠贤落难了，还摆阔，拉起上千人的队伍，抬着众多金银珠宝，浩浩荡荡地向凤阳出发。 走到阜城县南关的时候，消息传来：崇祯皇帝已下旨缉拿魏忠贤。 随从一哄而散，魏忠贤在南关的旅馆里与同党李朝钦痛饮之后，上吊自杀。 死后，崇祯皇帝下令将他悬首河间，警戒世人。

紧接着，客氏被捕，被押解到宫中的浣衣局接受严刑审讯。《明史》记载客氏招供了一个惊天大案： 当时宫中查出 8 位宫女怀孕，客氏承认这 8 人都是自己从外面带进来的婢女，入宫前就已怀孕。 她和魏忠贤想学秦朝吕不韦，用宫女私生子来冒充朱由校的儿子，篡夺明朝江山。 之前，魏忠贤在朱由校死前，说已有两名宫女怀孕，劝说朱由校立那肚子里的孩子为继承人。 可惜事情已经晚了，朱由校没有采纳。 现在客氏的供认证明，魏、客两人竟然有如此大逆不道的预谋，罪不容诛。 于是，客氏在浣衣局被用竹杖和板子活活打死。 据说宫中之人恨死客氏，下手极重，客氏很快就被打死了，魏忠贤的尸首也被挖出来凌迟。

至于魏良卿、侯国兴、客光先等人，都被斩首弃市。 魏、客两家被抄家，家族成员发配蛮荒边远之地。

魏忠贤和客氏胡作非为了几年后，被彻底定性为恶人，钉在了耻辱柱上。

据说崇祯皇帝朱由检在李自成农民军攻进北京前夕，不知何故在太监的建议下，收葬魏忠贤的遗骸，在魏当年选定的墓地香山碧云寺安葬了他。 清康熙年间，魏忠贤墓还"峻宇缭墙，覆压数里，郁葱绵亘，金碧辉煌"，御史进言称京城首善之区不应"留此秽恶之迹"，于是被完全夷平。

圆圆曲——清军入关和陈圆圆的身世之谜

姑苏歌姬

冲冠一怒为红颜？

魂归何处

姑苏歌姬

一

陈圆圆本来既不姓陈，也不叫圆圆，而叫邢沅。 她是明末清初江苏武进人，出身贫寒，父母早亡，投靠苏州的姨母陈氏。 到了苏州陈家后，可怜的小姑娘改姓陈，正式定名为"陈沅"。 在明末清初时的史料中，"陈沅"就是陈圆圆。

那么"陈沅"又怎么成为"陈圆圆"的呢？

话说陈沅这个小姑娘越长越漂亮，得到了苏州优美风俗和旖旎风光的精华。 这让姨母一家人决定把她当做"瘦马"来养。 所谓"养瘦马"，是明清时期苏州一带的方言，就是领养幼女，培养长大后卖给别人做妾或做歌妓。 一些小姑娘从小就被人按照或妩媚或清纯或歌舞出众的标准来培养，到了十五六岁就被当做商品出卖。 陈沅长大后，色艺双全，没有被卖为妾，而是被卖入了一家戏院，登场演出。 戏院给她取了一个艺名，叫做"圆圆"。 随着她的名声越来越大，"陈圆圆"这个艺名变得广为人知，取代了"陈沅"的真名。

陈圆圆"容辞闲雅，额秀颐丰"，有大家风度，每次演出都明艳出众，独冠当时，"观者为之魂断"，没几年就成为苏州著名歌姬。明朝天启至清朝康熙年间，吴江人邹枢所著《十美词记》中记载："姑苏歌姬昆曲戏子陈圆圆年青聪慧，容貌娟秀，姑苏歌姬陈圆圆演《西厢》，扮贴旦红娘脚色，体态倾靡，说白便巧，曲尽萧寺当年情绪，常在予家演剧，留连不去。"陈圆圆因为色艺冠时，被誉为"江南八艳"之一。

如果按照歌姬这条职业路线发展下去，陈圆圆有三条道路可走。第一是继续辉煌几年，年纪大了以后顶着著名歌姬的光辉嫁入富豪人家做妾，或者被名人士大夫赎身，与人诗文唱和，总之是依靠他人度过后半生。 这是歌姬最成功、最美好的出路。 第二是在歌姬行业发展到底，慢慢地授徒传艺，然后自己经营戏院，做戏院的老板，自食其力。 这是歌姬最职业化、最独立的出路。 第三条路最凄凉，就是陈圆圆年老色衰后，无人问津。 如果她之前积攒了足够的钱财，可以默默无闻地隐居，了此余生；如果她没有足够的钱财，那下场就悲惨了。 然而，陈圆圆走出了第四条道路，即介入了政治，在明末清初、朝代更迭的大潮中刻下了芳名。

我们跳出尚能歌舞升平的苏州富庶一方，会发现当时的明朝已经处在水深火热之中。 广大地区民生凋敝，政治黑暗，赋税沉重；中原地区有以李自成为代表的农民起义，如火如荼；北方有勃兴的满族人，横刀跃马，对明朝虎视眈眈。 在位的崇祯皇帝忙得焦头烂额，理不清头绪。

皇帝天天绷着脸，没有一丝笑容。 他身边的人最害怕了，保不准什么时候皇帝龙颜大怒，就拿自己开刀。 于是，他们商量着选些年轻貌美的女子进宫，伺候皇上，让皇帝高兴。 这叫转移注意力。这个办法得到了宫廷内部的一致同意，马上联系各自的家人亲戚，让外戚们赶紧张罗着物色美女。 崇祯的国丈、皇后的父亲周奎，祖籍苏州，觉得苏州美女甲天下，决定去苏州寻求美色。 可是他年纪大了，自己办不了这事，就委托国舅、田妃的哥哥田畹下江南选美。

到了苏州，田畹很快就听说了陈圆圆的大名，慕名去一探究竟。田畹目不转睛地看了陈圆圆的一场表演，当即惊为天人。 天底下竟然还有这么美丽的女子，还有这么悦耳动听的歌声！ 他立刻拿出2000 两白银来给陈圆圆赎身，要带她回京复命。

陈圆圆一介歌姬，对把自己卖来卖去的行为自然反感，可她一个弱女子又能如何呢？ 她只能跟随田畹前往北方，奔向未知的未来。到了北京，陈圆圆渐渐知道了自己不过是逗皇上开心的一个玩偶，既没有名分，也见不得光。 可她除了感叹不幸，又能如何呢？

好在崇祯皇帝并非荒淫无耻的恶人。 他始终沉浸在繁重的国事中，战乱频繁、国库空虚，根本没有心思淫乐。 对外戚们送进宫来的那些美女，崇祯也觉得很反感，挥挥手说，我不需要，你们都带回去吧！ 就这样，陈圆圆和紫禁城作了一次短暂的邂逅后，回到了田畹的府邸。

有人说失去了作用的陈圆圆回到田府被田畹占为己有，也有人说陈圆圆在田家充当了普通歌姬。 可怜的陈圆圆啊！ 她离开了富庶的苏州，离开了欣赏自己的舞台，来到了烽火噩耗频传的京城，做起了压抑苦闷的家奴。

二

田畹家并不是陈圆圆避风的港湾。 北京的局势越来越紧张，今天有某地被农民军攻陷的噩耗，明天又传来关外官兵大败的战况，城中官民担惊受怕。 明朝的江山不稳，说不定还有王朝倾覆的危险。田畹作为皇亲国戚，害怕起来。 不管是谁推翻了明朝，他田畹的荣华富贵都没了。 更可怕的是，农民军誓言要攻陷京城，惩治贪官污吏。 田畹就是对百姓敲骨吸髓的贪官污吏，说不定连命都会没了。

田畹要寻找依靠，为将来做打算了。

崇祯末年的一天，关外的年轻将领吴三桂来京陛见。 他立刻成了京城权贵争相结交的"香饽饽"。 田畹等达官贵人竖着耳朵打听吴三桂什么时候有空，什么时候能来赴宴，又喜欢吃什么菜？ 人们为什么对吴三桂这么一个品级不高的关外将领如此重视呢？

吴三桂，祖籍江苏高邮，出生在辽东。 其父吴襄、姑父祖大寿，都是关外抗击满族铁骑的主要将领。 吴三桂长于兵戎，智勇双全。 天启末年，他曾带二十余名家丁在四万满族大军的包围中救出父亲吴襄，孝勇之举震惊敌我，得到了"勇冠三军、孝闻九边"的美誉。 明朝军队在关外屡战屡败，吴三桂掌握的数千关宁骑兵不仅幸存了下来，还逐渐成为抗敌的主要力量。 史载吴三桂的部队"胆勇倍奋，士气益鼓"，是当时王朝最后一支有战斗力的军队。 盛世重文，乱世重兵，手握铁骑的吴三桂自然成了各方拉拢交结的对象了。

田畹很幸运地拉吴三桂来到自家赴宴。 席间，田畹自然少不了述说仰慕之情，称赞吴三桂是朝廷栋梁，希望吴三桂能够多关照田家。 这样的话，吴三桂听得多了，口头上虽然答应下来，有没有放到心里去就难说了。

宴席少不了歌舞助兴。 陈圆圆出场的时候，一曲尚未歌罢，吴三桂的心已经全在她身上了。 次次宫廷接见、场场歌舞欢宴，吴三桂都不在意，但陈圆圆的一丝一毫都让他放在心底，神魂颠倒。 陈圆圆是吴三桂心中最美丽的女子。 吴三桂装作若无其事地询问旁人，此女子是何人啊？ 旁人回答，姑苏歌姬陈圆圆，特地找来给将军助兴的。

就在吴三桂陶醉不已的时候，一个噩耗在席间传播开来。 原来李自成军队在河南、山西又大败官兵，攻城略地，离北京更近了。在座的官员贵戚们仿佛看到了愤怒的农民军挥舞的钢刀，明晃晃地令人心寒。 田畹恐慌地凑过来问吴三桂："贼寇将至，我们这些人怎么办？"吴三桂趁机说："如果能以陈圆圆相赠，我首先保护君家无恙。"田畹大喜，当即答应把陈圆圆送给吴三桂。 用一个歌姬换取全家人的安全保障，田畹觉得这笔买卖很划算。

陈圆圆就这样稀里糊涂地成了吴三桂的女人。 疲倦的她，不禁打量起吴三桂来。 这位将军没有想象中高大魁梧的武人形象，也没有官场中的富态，而是与陈圆圆年纪相差不大，平凡中透出英武之气的俊朗形象。 陈圆圆觉得这一次自己似乎不像之前两次那么倒霉了。 而吴三桂得到陈圆圆之后，惊喜地发现在惊人美貌和善歌善舞背后，陈圆圆还有着丰富多彩的内心世界，知书达理，善解人意，尽管屡受伤害却坚强平淡。 短短几天接触，陈圆圆不卑不亢，也发现吴三桂在风风光光的表象背后，有着一颗迷茫的心。 他对时局没有把握，又踌躇满志，希望能够在乱世中建功立业，名垂青史。

两颗年轻的心，在乱世中偶然碰撞在一起，相互了解，相互欣赏。

吴三桂爱上了陈圆圆，要娶陈圆圆为妻，而且还要带陈圆圆去辽东前线。 他希望两人能够长相厮守。

　　吴襄对陈圆圆的到来却颇有微词。 陈圆圆的出身太让他说不出口了。 吴家虽然不是贵戚世家，但父子两代毕竟也是朝廷将领，婚姻嫁娶不能不讲究门当户对。 吴襄坚持不同意儿子娶一个歌姬为妻，只同意陈圆圆作为一个妾进吴家的门。 他也反对儿子把陈圆圆带到前线去，那样做太招摇了，太犯官场的忌讳了。 你吴三桂是来北京公干的，结果带回一个名妓，别人会作何感想？ 对手们又会怎么诋毁你？ 况且，让陈圆圆一个弱女子身陷军营，也不符合明朝的军队制度，对陈圆圆本人也不好。

　　吴襄坚持要求吴三桂把心爱的陈圆圆留在北京，独自去前线。

　　吴三桂觉得父亲的话也有道理，就接受了，在朝廷的催促声中，他告别了爱人陈圆圆，回辽东前线去了。 他从来不是一个坚持己见的人。

冲冠一怒为红颜？

一

崇祯十七年（公元 1644 年）正月初一，文献记载京城的天气是"飞沙咫尺不见，日无光"。 沙尘暴在北京城的大街小巷呼啸、肆虐，无人可挡。 许多官员都精通天象，认为这是不祥之兆。 有官员占卜一卦，卦文上说，将有暴兵破城之灾。 没几日，凤阳祖陵发生了地震。 初九，兵部收到"大顺皇帝"李自成派人送来的文书。 李自成宣称如果明朝不同意和他裂土而治，崇祯帝和他平起并坐，农民军就要对北京城发动总攻。

崇祯皇帝朱由检断然拒绝了李自成的最后通牒。

从新年开始，崇祯皇帝心急如焚，寝食难安。 面对咄咄逼人的农民军，他手中的牌并不多。 明朝在南方有旧都南京，崇祯皇帝可以迁都南京，但他害怕承担丧失北方领土的罪责，剩下的就只能困守北京了。 但是怎么守呢？ 崇祯皇帝最大的王牌就是东北宁远总兵官吴三桂。 吴三桂手里有一支人数超过一万的铁骑。 这是明朝赖以抵抗东北清军势力的钢铁长城。 正因为如此，关宁铁骑经历战火洗礼，战斗力强大，非关内军队可比；也正因为如此，崇祯皇帝犹豫是否要调吴三桂回师，但失去抵抗的清军骑兵就会涌入关内。

几天后，李自成对北京城完成了合围。 当天，"黄沙障天，忽而凄风苦雨，良久，冰雹雷电交至，人情愈加惶惑"。 崇祯已经顾不上抵抗关外的清军铁骑了，十万火急地令山海关沿线明军撤入关内勤王。

拿到圣旨，吴三桂唯有苦笑。 在他看来，回军勤王的最佳机会已经错过了。 放弃关外可以，勤王也可以，但并不是说想回军就能回军的。 关宁铁骑官兵基本是辽东人士，现在要全军调拨北京，光动员就需要几日时间。 再说，吴三桂所部是明朝长城沿线各州县的依靠，现在要撤退了，必然引起骚动。 关外各州县官府、百姓知道消息后都乱哄哄地要随军撤退回关内——他们不希望无依无靠，更不愿意成为拖着辫子的满洲人的奴隶。 结果，吴三桂所部的关宁铁骑，裹挟着辽东大小官员、官役、百姓，共约十万人，缓缓南撤。吴三桂的大部队撤进山海关后，逐步南移至昌黎、滦州、乐亭、开平一带，日益接近北京城了。

遗憾的是，李自成抢在吴三桂之前进入了北京城。 3 月 18 日，农民军对北京发起总攻。 一夜之间，北京外城就被攻破。 19 日，李自成率军从承天门进入北京城。 对吴家恩重如山，对吴三桂寄予厚望的崇祯皇帝朱由检跑到煤山（今景山），悲凉地上吊了。

大明王朝结束了，一个新王朝的建立还需要多少时间呢？

天下的局势是这样的： 大顺国的李自成势力占领了中原大部分地区和京城、满族人在盛京已经称帝并建立了清朝、在南方有明朝残留势力和张献忠等其他农民起义军。 李自成是公认的新王朝皇帝的头号热门人选，他的大顺朝也正在招降纳叛，接收江山。 但是清王朝的大军具有同李自成争夺天下的实力，而阻隔在两者之间的就是吴三桂那一大摊子人。

原本成不了一方势力的吴三桂，因为特殊的情势，成为平衡天平的关键筹码。

吴三桂听到崇祯皇帝上吊的第一个反应，不是号啕大哭，为崇祯皇帝发丧，而是思考如何自保。 南方是如日中天的李自成大军，投向李自成的原明朝居庸关总兵唐通，已经奉李自成的命令占领了山海关，截断了吴三桂的退路。 如今，吴三桂首先要考虑的是避免与李自成作战。 那么，他该如何与李自成相处呢？

李自成已经建立了大顺王朝。 大顺王朝对吴三桂很重视，确切地说是对吴三桂手里的关宁铁骑很重视，一心想招降吴三桂。 李自成让吴襄、陈圆圆分别写信劝降，还派人给吴三桂送去了四万两军饷。 投向大顺王朝成了吴三桂最顺理成章的选择。 尽管新王朝曾经是自己的敌人，尽管新王朝逼死了崇祯皇帝，但如果把它看做是又一次的改朝换代，吴三桂心里就坦然多了。 当年太祖皇帝朱元璋还是乞丐出身呢，李自成好歹还是驿卒出身，对着他磕头也不算屈辱。于是，吴三桂及其部下宣布投降李自成，等待新王朝接收了。

而就在关内大乱的同时，掌握清军实权的多尔衮乘机收取了关外地区，并决定大举伐明。 清军的思路是清晰的，就四个字： 趁火打劫。 他们决定趁明王朝自顾不暇，能捞多少好处就捞多少。 清军没有想到，明军那么不经打，4月初就得知大顺军攻克北京、明廷覆亡的消息。 多尔衮马上决定"扩大趁火打劫的规模"，其中的关键就是要在大顺军站稳脚跟之前，迅速出兵。 这还只是一个强盗计划。多尔衮之所以没有更大的野心，比如占领原来明朝的华北地区或者干脆取明朝而代之，是因为连他自己都不相信新成立的清朝具有那样的实力。 与连地上千里、人口千万计的明朝比起来，清朝偏居辽东一隅、人口不满百万，它与明朝的战争就像是老鼠与大象的战争。 老鼠能吞掉大象吗？ 多尔衮不相信。

多尔衮命令国内70岁以下、10岁以上的男丁全部从军，几天后就匆忙"统领满洲、蒙古兵三之二及汉军恭顺等三王、续顺公兵，声炮起行"。 时间就是胜利啊，得赶紧趁关内的汉人新王朝建立前多去攻城略地、抢占人口。

后来有人说，当时清军就立志要灭亡明朝，统一中国。 这样的计划肯定会吓多尔衮好几跳的。 也许，清军的统治者有统一中国的大志，但是当时他们根本不敢相信这么一次仓促的起兵能够一战定乾坤。 而阻挡着他们去路的吴三桂，也根本没有与清军接洽——多尔衮也没派人与吴三桂接洽。 他们是夙敌，多次在战场上杀红了眼。

吴三桂的关宁铁骑很厉害，如果与它纠缠，清军就达不到趁火打劫的目的了。 所以，多尔衮采纳了降清的原明朝大学士洪承畴的建议，避开山海关，计划在蓟州、密云之间挖开长城，攻入关内掠夺。于是，清军朝着山海关以西进军。 这时，历史送给了多尔衮一个巨大的机遇： 山海关的大门敞开了。

二

大门是吴三桂自己打开的。 为什么历史会发生如此戏剧化的转折呢？ 吴三桂换了一副脑子了吗？ 有关吴三桂献关降清的最权威记载是《明史》："初，三桂奉诏入援，至山海关，京师陷，犹豫不进。 自成劫其父襄，作书招之，三桂欲降。 至滦州，闻爱姬陈沅被刘宗敏掠去，愤甚，疾归山海，袭破贼将。"

这段记载有两个要点： 第一，吴三桂起初答应了大顺王朝的投降，并且已经带兵走上归降之路了。 看到大势已去，实力远逊于李自成农民军的吴三桂投降了新朝大顺，是很自然的选择。 这也是绝大多数明朝官员的做法。 当时在北京的明朝官员有近四万人。 城破之时，慷慨赴死的只有三十余人。 绝大多数人抱着在新朝做新官的态度迎接了起义军。 尽管之后起义军在京城内镇压官绅，依然有明朝旧官自我安慰说，当初洪武皇帝（朱元璋）刚得到天下的时候，也是这样做的。

第二，它把吴三桂降而复叛的原因归结为爱妾陈沅（即陈圆圆）被农民军大将刘宗敏掠去了。 举着白旗的吴三桂大军走到滦州的时候，见到一位从北京逃脱的家人，知道爱妾陈圆圆被他人抢走。 夺妻之恨让吴三桂勃然大怒，率军掉头反攻山海关，夺取关隘后，全军为崇祯皇帝戴孝，以明朝残余自居，走上了与李自成兵戎相见的道路。

后人常说，当吴三桂听到留在京城的家眷的遭遇后，冲冠大怒，高叫："大丈夫不能自保其室何生为？" 遂投降了清军与农民军开战。 清初的大诗人吴梅村在《圆圆曲》中写道："恸哭六军俱缟素，冲冠一怒为红颜"，说的就是这件事。 于是，人们习惯于把吴三桂的叛变看做是"冲冠一怒为圆圆"。

吴三桂的这个反复，不能完全归咎于农民军抢走陈圆圆。 久经沙场、宦海沉浮的吴三桂断然不会因为一个女人，拿名节、军队乃至国家命运来赌气。 一开始，吴三桂就不是死心塌地地投降李自成，只是为了自保。但是起义军做法太过激了，先是扣押了吴襄，再是抢走了吴三桂心爱的陈圆圆。吴氏家族的利益已经受到了极大损害，吴三桂还没投降就仿佛看到了自己的悲惨遭遇。他很自然想到明朝残余还控制着淮河以南地区，包括数十万军队和旧都南京。鹿死谁手，还不一定呢。如果自己能在山海关配合南方剿灭李自成，那就是再造明朝的大功臣了。主客观两方面原因，促使吴三桂回师山海关。

有人说，吴三桂想做"石敬瑭第二"，他要用山海关向清朝换取荣华富贵。这是不对的。吴三桂的确主动和多尔衮联系了，他的如意算盘是借助清朝铁骑来抵抗农民军的进攻——李自成的军力实在太强了，吴三桂必须借助外力。清朝官方说吴三桂是"遣人东乞王师"。可见，清朝也承认吴三桂最先是来接洽"求援"的，而不是投降。在信中，吴三桂坦言要复兴明朝，请清朝出兵相助。他说："三桂自率所部，合兵以抵都门，灭流寇于宫廷，示大义于中国。则我朝之报北朝岂惟财帛，将裂地以酬，不敢食言。"吴三桂夸口事成之后报答清朝的除了财富，更不惜割让土地。

李自成获悉吴三桂叛变，意识到情况严重，一面以吴襄的名义写信规劝吴三桂，麻痹敌方；一面做好武力解决的准备，出兵平叛。他很快亲率近10万大军，对外号称20万，扑向山海关。向山海关进发的农民军裹胁着明朝太子朱慈烺、永王、定王、晋王、秦王和吴襄。在封建伦理上，依然以明臣自居的吴三桂很难抗拒这样的阵势。在大顺军的猛烈进攻下，吴部大败，几乎被压缩在长城一条线上，局势危如累卵。

李自成此举推动了吴三桂由向清朝"借兵"转为"投降"。

不管吴三桂有没有料到李自成这么"重视"自己，他已被压制得动弹不得，接近身败族灭的厄运。危急时刻，出使清朝的使节带回了"救命稻草"：清朝同意出兵，但不是"借师"而是要求吴三桂先接受清朝"平西王"的封号才出兵。也就是说，清朝不把吴三桂当做对等的合作伙伴，而是要他接受收编，做清朝的奴才。

　　将时间倒回，再说当多尔衮意外收到昔日对手的求援书信，当即明白了吴三桂的处境。他非常清楚，现在吴三桂是站在低处求自己。"裂土酬谢？"这是一个非常吸引人的条件。但多尔衮提出了更高的要求，他还要吞并吴三桂手中的山海关明军，占领尽可能多的土地。多尔衮一边在脑海中盘算：除了要山海关，还要求什么地方呢？京城，直隶，山东？他马上下令清军改变进军路线，直趋山海关，并给吴三桂回了一封信："伯虽向守辽东，与我为敌，今亦勿因前故尚复怀疑。……今伯若率众来归，必封以故土，晋为藩王，一则国仇得报，一则身家可保，世世子孙长享富贵，如山河之永也。"

　　途中，多尔衮再次接到吴三桂的告急文书。吴三桂什么都没说，只是请求多尔衮"速整虎旅，直入山海"。在吴三桂和大顺军之间，多尔衮喜欢吴三桂。为了避免大顺军占领山海关，遏止清朝内侵，多尔衮下令全军以二百里速度急行军。当晚清军到达距山海关外十里的地方，已经能够看到山海关上的烽火，甚至能隐约听到大顺军和吴三桂部的厮杀声。

　　多尔衮慢悠悠地下令全军扎营休息，并派人告诉吴三桂：本王到了。

　　吴三桂心里必然经历了一番挣扎，但是历史留给他选择的余地很小，时间非常有限。手中没有任何讨价还价的砝码、在死亡线上苦撑的吴三桂慌忙带领亲信多人到多尔衮面前称臣迎降。生的渴望压倒了其他考虑，一个明朝名将从此定格为了清朝的"平西王"。

　　关内大顺军与吴三桂军酣战正急，逐渐取得了优势。突然，清军铁骑驰入，万马奔跃，矢石如雨，大顺军慌忙迎战。两派三方战成一团，大顺军渐渐不敌。李自成没有预料到吴三桂这么快就与清军合兵，知道形势不可挽救，驱马后撤。大顺军随之溃回北京。清军也受到沉重打击，追击后缩回山海关休整。

　　奇怪的是，北京的大顺政权因山海关战败而顷刻间由盛转衰。先是北京人心惶惶，再是李自成匆忙称帝，全军退回陕西。后人有的说是起义军经不起都市豪华生活的诱惑，日趋骄奢淫逸，导致军心涣散，实力衰微；也有人说华北长期战乱，而大顺军游荡成性，缺乏根据地和物质储备，支撑不起一个新的王朝；更有人考证出当时的北京城正在流行鼠疫，消耗了大顺军的实力，逼走了李自成。反正，客观结果又帮了清军一个大忙。与大顺军一样，多尔衮也几乎兵不血刃就占领了北京。李自成没有使用上的明朝降官，帮忙多尔衮迅速建立起了统治。

三

李自成战败后，将吴之父及家中 38 口人全部杀死，然后弃京出走。幸运的是，陈圆圆并没有惨遭毒手，活了下来。

吴三桂在北京城里重新夺回了陈圆圆。物是人非，重逢后的吴三桂已经不是陈圆圆第一次看到的那个明朝将军，而是引清军入关的"平西王"了。"民族大义"，陈圆圆还是懂得的。但是她更懂得"身不由己"。陈圆圆的一生，是不情愿的一生，美好的目标并不是想做就能做到的。况且，陈圆圆即便认为吴三桂是卖国汉奸，又能如何？她只能跟随吴三桂，眼看着爱人做清军前驱，南下攻城略地，成了清朝战车的重要部分。

清朝建立后，吴三桂抱着杀父夺妻之恨，昼夜追杀农民军到山西。陈圆圆跟随吴三桂由秦入蜀，然后到贵州云南等地。清朝授权吴三桂"永镇云贵"，实际上是默许吴三桂在西南行割据之实。吴三桂到达了一生权势的巅峰，在西南说一不二，他的势力还遍布南边半个中国。同时，吴三桂成了天下"人皆可杀"的大汉奸。明朝移民将他看做是亡国头号罪人，不少人昼夜思索如何杀掉吴三桂。陈圆圆受吴三桂所累，声名随之恶劣，也被视为卖国奸贼。

《武进县志》记载："圆圆，金牛里人，姓陈氏，父业惊闻，俗称陈货郎。崇祯初为田戚畹歌妓，后以赠吴逆三桂……三桂镇云南，叩圆圆宗党，谬以陈玉汝对，乃使人以千金招之。玉汝笑曰，吾明时老孝廉，岂为人宠姬叔父耶？谢弗往。陈货郎至，三桂觞之曲房。持玉杯，战栗坠地，圆圆内惭，厚其赐归之。"这里说吴三桂人清后去江苏寻访陈圆圆的亲人，找到了一个叫做陈玉汝的老头，说是陈圆圆的叔父。结果老人家说自己是明朝的孝廉，怎么也不肯做汉奸宠姬的叔父。好容易找了一个陈货郎请到云南，陈货郎因为害怕而失态，陈圆圆觉得惭愧不已，只能厚赐送还。亲人感情荡然无存。

还有一则资料提到了陈圆圆不受欢迎。李介立《天香阁笔记》记载：

> 平西王次妃陈氏，名沅，武进奔牛人。父好歌曲，倾赀招善歌者与居，家居常数十人，日夜讴歌不辍，以此破其家……父死，失身为妓。予邑金衢道贡二山之子若甫，往金华省父，出浒关，见之悦，输三百金赎之归，室人不容。二山见之曰，此贵人，纵之去，不责赎金。田皇亲觅女优于姑苏，得沅歌舞冠一时……会平西镇滇中……移檄江南，为访其母兄，抚按下之武进，榜于通衢……沅闻母兄至，拥侍女百余骑出廊来迎，其母耄年，见房装飞骑至，已惴惴矣。及相见，沅跳下马，抱母而泣，母不知为己女也。惊怖死，久之乃醒。由是不乐居府中，数请归，平西乃厚赏遣之。

这个李介立是明朝遗民，江阴人，对明末清初时事特别留心。文中提到的"贡二山"叫做贡修龄，是万历四十八年进士，明末曾在金华等地为官。这些史料说陈圆圆的哥哥和母亲在明末清初的乱世中一直生活在故乡，被陈圆圆请到云南享福，结果称消受不起，坚持回故乡。到底是老人家不习惯云南的风俗习惯呢，还是不愿意和大汉奸住在一起，忍受世人的辱骂呢？

吴三桂的结局我们都清楚。他被欲望和政治现实击垮，在康熙十七年（公元1678年），起兵叛清的吴三桂称帝，国号大周。同年秋，吴三桂在长沙病死。其孙吴世璠继位，退居云南。康熙二十年（公元1681年）昆明被围，吴世璠自杀，余众出降。陈圆圆不知所终。

魂归何处

一

1983 年，贵州岑巩县县委宣传部的黄部长接到贵州省文化局转发的国家文物局关于编写《中国历代名人名胜录》的通知。 通知明确要求搜集名人逸闻逸事，点明岑巩县注意搜集与思州（岑巩古称呼）有牵连的吴三桂、张三丰、田佑恭和李白等人的资料。

黄部长接手这项任务，第一次前往本县的马家寨调查，希望搜集陈圆圆的逸闻、找到传说中的墓地。 为什么要去马家寨呢？ 因为马家寨是吴三桂子孙的聚居地。 马家后人为纪念护送陈圆圆的大将马宝，将居住地取名马家寨。 他们极可能知道陈圆圆的后事。

黄部长没有想到马家寨的吴三桂后人并不配合工作。 他们全都拒绝谈论祖先的后事，尤其是对他们称之为"陈老太婆"陈圆圆的墓地讳莫如深。 黄部长等人几经周折，也没能得到陈圆圆墓地的信息。 吴三桂后人的不配合有他们的理由。 "老祖宗吴三桂兵败后，想留下吴家之根。 后世子孙为免遭诛灭九族，逃难隐藏，才世代隐居此处。 族人不愿'出卖祖宗'。"

就在调查陷入绝境的时候，一个细节让整件事情"柳暗花明"。 黄部长在调查过程中，在马家寨一名吴三桂后人的一处墓碑上，无意间发现了一副奇怪的对联："阫姓于斯上承一代统绪，藏身在此下衍百年箕裘"。 其中的"阫"字到底是什么字呢，是不是"阮"或者"院"字的错别字呢？ 而且这副乡间的对联是什么意思呢，又隐含着什么？ 黄部长等人的诚恳执著打动了吴家后人。 经过反复做工作，吴三桂的一个直系后人终于配合了县里的寻访工作。 老人说"阫"字是"隐"字的简化，是吴家人自己造的，字典上没有这个字。 这个字表示后世隐藏此处。 在吴家后人的帮助下，调查者得以在寨右边的山凹上找到了不起眼的"陈老太婆"陈圆圆的坟墓。

陈圆圆的墓地前立着一块清朝雍正六年（公元 1728 年）立的很不显眼的小石碑。碑脚已被泥土掩埋，上面有一块山字形的碑帽，左边有一块石夹柱，右边的那块石柱已经不知去向，只好用石头垒砌撑起。碑上阴镂"故先妣吴门聂氏之墓位席。孝男：吴启华。媳：涂氏。孝孙男：仕龙、仕杰。杨氏。曾孙：大经、大纯……皇清雍正六年岁次戊申仲冬月吉日立"。整块碑文都是繁体字，只有一个简化的"聂"字。难道说这个"聂氏"就是陈圆圆吗？

二

关于陈圆圆在明朝灭亡之后的生活，传说多于史迹。她的史料本来就少，入清以后更像是被人遗忘了一样。

话说，吴三桂晋爵想立陈圆圆为正妃。陈圆圆托故辞退，吴三桂只好另娶他人。不想新立的正妃悍妒，对吴三桂的爱姬多加陷害冤杀。陈圆圆只好独居别院。陈圆圆逐渐被吴三桂冷落，对吴三桂渐渐离心。吴三桂曾阴谋杀她，陈圆圆得悉后，遂乞削发为尼，从此在五华山华国寺长斋绣佛，以女道士卒于云南。还有一种说法是，陈圆圆的确出家了，改名寂静，字玉庵。后来吴三桂在云南宣布独立，康熙帝出兵云南，1681 年冬昆明城破。吴三桂死后，陈圆圆亦自沉于寺外莲花池，死后葬于池侧。直至清末，寺中还藏有陈圆圆小影二帧，池畔留有石刻诗。

可见，有关陈圆圆的最后死亡有两种说法。第一种说法是陈圆圆出家做了尼姑，在吴三桂反叛失败前就已经病死了；还有一种说法是陈圆圆死于破城之日。在第二种说法中，陈圆圆的死法又存在自缢而死、绝食而死或投滇池而死几种说法。

昆明周边地区流传着许多陈圆圆结局的传说。一种说法是陈圆圆对吴三桂反清复明的前途没有信心，提前在昆明周围建了十余座尼姑庵，现存的妙法庵、白衣庵、金莲庵、紫衣庵都是她当年建的。建成之后，陈圆圆挑选外貌与自己相像的女子，入庵当住持。她自己则不定期到各座尼姑庵里居住修炼，久而久之，每个尼姑庵都说陈圆圆住在她们那里。 结果，谁也不知道陈圆圆到底在哪座尼姑庵里，究竟谁是真的陈圆圆？ 还有一种说法是陈圆圆在昆明城破之时，乔装逃走，不知所终。

康熙时陆次云的《圆圆传》所述的陈圆圆的故事比较完整。 他说吴三桂在云南被封为"平西王"后，建苏台，营郿坞，华贵无比，陈圆圆常歌"大风之章"向吴三桂献媚，吹捧他"神武不可一世"，因而受到吴三桂数十年如一日的专房之宠。 后来吴三桂叛乱也是出于陈圆圆的"同梦之谋"。 陈圆圆的结局是和吴三桂一起"同归歼灭"。 至于如何被"歼灭"，陆次云没有说明细节。 我们可以做被清军所杀或作为罪囚被处死两种解释。

《龙门阵》2006 年第 4 期刊登了《陈圆圆花落峨眉山》一文，为陈圆圆在清朝的人生轨迹提供了一种全新的说法。 文中说："已五十多岁的陈圆圆和侍女娥眉来到峨眉山，立即爱上了这座仙山。 她在山中樵夫的引导下，寻寻觅觅，最后在今洗象池寺后避风的山林中，以原木为墙，以野草作顶，建起了能避风挡雨的茅庵，开始了带发修行的生涯。 在峨眉山的花开花落、云起云飞中，和宫女娥眉相依为命，青灯黄卷，清静度日……当吴三桂被清朝处以极刑的消息传来峨眉山，早预知其结果的陈圆圆，此刻还是深为悲痛，于茅庵内焚香祷告了一夜。 在洗象池外凄厉悲凉的猿啼声中，在眼前袅袅盘绕的青烟中，她想起了过去吴三桂对自己的恩爱，以及为了她作出的种种非义之举，不觉黯然神伤，也深感罪孽深重。 如果当初吴三桂听自己的劝说，和南明王朝联络联合反清，作出让天下人称颂的大义之举，以洗雪引清入关的不齿；到了云南后不要急于向清廷邀功，去缅甸捉回永历皇帝斩而杀之……就不至于越陷越深。 自己这生有太多的'如果'，但每个'如果'后面的结果都是不确定的。 她知道这都是命，是无法用正常的逻辑或道理来推断和解释的。 看茅庵前花开花残，任山谷中云卷云飞，又是若干年过去了，寂静法师陈圆圆终于平静地走完了人生历程，为自己是是非非的一生做了个了结。"也就是说，该文认为陈圆圆是在峨眉山出家，并且善终。

陈圆圆死后，她的墓地何在，又成为一个新的疑案。现在云南、上海、苏州等地都有陈圆圆墓冢的传说。之前，除了云南昆明找到过陈圆圆的衣冠冢外，其余均缺乏真凭实据。那么陈圆圆到底埋葬在什么地方呢？陈圆圆的埋葬地可以反过来向我们透露出她晚年的行踪。让我们一起重新回到贵州岑巩县。

三

黄部长等人在马家寨左侧找到了一个吴氏家族墓地。那里坟茔累累，墓碑林立，其中的"故先妣吴门聂氏之墓位席"是否就是陈圆圆的墓地呢？南京地方志专家王涌坚认为那不是一个普通的墓，"虽然墓上并无'陈圆圆'三个字，但这应该就是陈圆圆安息之地"。王涌坚解释，陈圆圆的墓碑不用真名而用隐语，是为了对外保密。"'聂'由双耳组成，暗指陈圆圆的姓名。陈圆圆原名叫邢圆圆，因为父亲早逝，由其姨父抚养成人，姨父姓陈，所以陈圆圆就改姓了陈。'邢'与'陈'都有耳朵旁，一个在左，一个在右，配成双耳，'双'又隐含'美好'、'圆满'、'团圆'之意，又与陈圆圆的名字暗合。"事实上，石碑上的"聂"字，是吴家人创造出来的，至于以后有这么一个简化汉字纯属巧合。而墓上所写"吴门"也有两重含义，一是指陈圆圆的夫家姓吴；二是暗指陈圆圆的籍贯苏州（苏州古称吴门）。

王涌坚告诉《金陵晚报》、《北京科技报》等记者说，陈圆圆是为了不使吴三桂无后而离开吴三桂的。吴三桂死后，清军南下，要灭其九族。"陈圆圆得到消息后，为了吴家能有后代，就带着儿子吴启华（一说吴昌华）、孙子吴仕杰，在吴三桂生前亲信、军师马宝的护送下，逃到贵州的一片原始森林避难。为了纪念吴家的恩人马宝，同时也为避人耳目，避难的地方就叫做马家寨。如今马家寨全寨170余户900余人，全姓吴。这里的人都自称是吴三桂与陈圆圆的后裔。"对自己的身世，马家寨的吴姓人采取秘传的方式，每次确定一两个传人，代代相传。 为防止泄密，除了传人知晓底细外，没有任何其他人知晓。 辛亥革命后，这个规矩也没有解禁。 陈圆圆的墓碑此前也一直被埋在地里。

专家的解释是否正确？ 贵州岑巩县马家寨的墓地是否就是陈圆圆的归宿呢？ 让我们再来看看岑巩县志的记载。 《岑巩县志·文物名胜篇》第 834、835 页载："陈圆圆墓（考）。 明末清初名妓陈圆圆葬于思州城东北 38 公里，今水尾镇马家寨狮子山上，鳌山寺南端。"另外还有："据考，陈圆圆墓碑上没有直书其名，系对外保密而隐讳……马家寨名为马家，实际居住者全部姓吴，历来自称吴三桂后代，如今吴氏已有后裔一千多口。 为保护陈圆圆墓，雍正年间立碑之后未进行重修……据吴氏相传，陈圆圆晚年住天安寺（又名平西庵）……留有皇伞、御字簿、大刀、金银等物。 同时，马家寨还有《七颗针的寿鞋》、《吴启华藏身达木洞》、《襄子家屋场》和《马宝护送陈圆圆》等传说故事。"看来，岑巩马家寨的陈圆圆墓是最"靠谱"的陈圆圆的墓地了。

20 世纪 80 年代初，马家寨的吴氏家族逐步向外界透露自己的身世。 有关部门将碑挖出后竖在了陈圆圆墓前。 遗憾的是，人们的这一举动招来了盗墓贼。 20 世纪 80 年代末，陈圆圆的墓被盗一空，仅剩下一具女性骨架和 36 颗排列均匀的牙齿。

帝国瑰色

忆美人——爱不由己和顺治帝的出家之谜

爱情传说

家庭不幸

剃发未出家

爱情传说

一

福临 6 岁当皇上，7 岁在叔父摄政王多尔衮铁骑的护卫下入关统一了天下，之后长期在多尔衮和生母孝庄太后的管教之下生活。虽然只是个小孩子就当了天下之主，但福临的生活并不如意。

福临登基之初年纪很小，正是贪玩的时候，母后的管教却非常严格。清晨起床读书做功课，然后上朝听朝堂议政，晚上请安睡觉，顺治小皇帝的一天安排得满满当当。母后孝庄太后的生活也不如意，孤儿寡母两个人要应付朝野的明枪暗箭，又要压制声名显赫的摄政王多尔衮。她把希望都寄托在了儿子福临身上，希望儿子能成长为一位强大、勤政又聪敏的伟大帝王。所以，孝庄太后对福临的管教之严格，可想而知。

小孩子不知道大人的苦心，加上孝庄和福临母子俩缺乏深入交流（孝庄太后太忙了），福临开始在心中埋怨母亲。这种埋怨进而演变成了隔阂，影响了顺治皇帝和孝庄太后的关系。

终于，在婚事问题上，顺治皇帝和孝庄太后的矛盾公开化了。

顺治八年（公元 1651 年），虚岁 14 岁的福临到了可以迎娶皇后的年龄。孝庄太后给儿子安排了一个新娘：蒙古科尔沁部的博尔济吉特氏。这个博尔济吉特氏是孝庄太后的侄女。孝庄太后安排侄女做皇后的目的很明确，就是在宫廷中多一份助力，增强自己的势力。当年 8 月，顺治册立博尔济吉特氏为皇后。小皇后从小娇生惯养，在马背上长大，性情张扬；福临从小谨慎生活，醉心孔孟之道。福临夫妻俩性格不合，时常发生口角。

后来顺治实在受不了了，吵嚷着要废黜皇后。孝庄太后大惊，自然是百般阻挠。最后，顺治皇帝不顾反对，绕开母后，要大学士冯铨查阅并奏报前朝废后的历史故事。顺治废黜博尔济吉特氏的意思很明显了。当冯铨等大臣得到了孝庄太后的"关照"，反问顺治废后的理由时，顺治皇帝大怒，指斥"皇后无能"。礼部尚书胡世安等18人分别具疏力争。顺治皇帝力排干扰，强硬地让诸王大臣会议讨论废黜皇后事宜。诸王大臣会议提出了一个折中方案：暂缓废后，皇后博尔济吉特氏仍居中宫。顺治坚持己见，奏报孝庄太后，要求废掉皇后。事情到了这一步，孝庄太后也不好公开挽回了。最后，孝庄下懿旨，降皇后为静妃。事情就这么结束了。

孝庄太后并没有放弃，又在顺治十一年（公元1654年）给儿子安排了第二个皇后。这位皇后同样来自蒙古科尔沁部，还是博尔济吉特氏，当时只有14岁。孝庄先安排她来做王妃，两个月后让顺治册封为皇后。不用说，孝庄太后又安排了一个亲戚来做皇后，目的还是和原来一样：政治斗争险恶，多一个自己人就多一份力量啊！可惜，顺治和第二位博尔济吉特氏还是性格不合。顺治对婚姻不自由非常不满，婚后不久就训斥了新皇后。好在第二位博尔济吉特氏性格圆通，颇能委曲求全，孝庄太后则一开始就强硬支持新皇后，顺治这才没有再废掉皇后。

至顺治驾崩，第二位博尔济吉特氏稳居皇后之位。顺治死后，博尔济吉特氏又活了56年，直到康熙五十六年（公元1717年）才病逝，享年77岁。

在博尔济吉特氏委屈圆通的时候，顺治遇到了真正让他心动的女人，就是董鄂妃。

二

顺治皇帝对董鄂妃宠遇有加，可这位董鄂妃的身世却是清史的一桩疑案。

《清史稿·后妃传》说董鄂妃出自栋鄂氏，内大臣鄂硕之女，"董"是"栋"的汉音。董鄂妃约在18岁时入宫，顺治十三年（公元1656年）被册立为贤妃，后又被加封为皇贵妃。这样的记载不可谓不清楚，可惜后人一般都不相信这段记录。

许多历史学家根据当时传教士汤若望的记录和旁证，对董鄂妃的入宫作出了"具体描述"：董鄂妃原来是福临异母第十一弟襄亲王博穆博果尔的妃子。这个博穆博果尔年纪轻轻，毫无功绩，却在顺治十二年（公元1655年）突然飞黄腾达，被封为亲王。人们相信他的王妃董鄂氏在其中发挥了重要作用。据说董鄂氏不仅长得漂亮，而且聪明过人、善解人意，被顺治皇帝看上后，两人恩爱了起来。不想，此事被博穆博果尔发现了。回家后，董鄂氏遭到夫君的斥骂。事情闹大了，董鄂氏哭了，顺治也恼了。博穆博果尔的突然荣升，被认为和这则被揭开了的"绯闻"有关。博穆博果尔于顺治十三年（公元1656年）7月暴亡，不知道是激愤而死，还是自寻死路。为丈夫服丧期满后，董鄂氏就被迎娶进了紫禁城。整件事情弄得类似当年唐高宗迎娶父亲唐太宗的才人武则天，唐玄宗霸占儿媳妇杨玉环的传奇故事。

在民间，人们既不相信《清史稿》的说法，也不认同历史学家的考证。民间说法是董鄂妃就是江南名妓董小宛。这个说法从清朝一直流传至今。

董小宛，生于明朝天启四年（公元1624年），从小因家境贫寒堕入娼门，后来成为秦淮名妓。她和陈圆圆年代相同，经历也类似，同列"秦淮八艳"。明朝末期，烽火连天、生灵涂炭，秦淮河两岸照样莺歌燕舞。歌姬舞女依旧翩翩起舞，书生公子们还是以激流清议，追求声色为时尚。在一片吴侬软语、满桌美味佳肴中，歌姬有"秦淮八艳"，风流倜傥的公子哥儿们也被评出了"江南四公子"。来自扬州如皋的冒襄（字辟疆）就有幸入选了。冒襄出身书香门第，家境殷实，文采飞扬，又懂得怜香惜玉。他科举考试不太顺利，但考场失意，情场得意，很"博爱"，和许多歌姬舞女诗书往来、眉来眼去。

秦淮河两岸从来不缺才子佳人的故事。董小宛第一次见到冒襄，就钟情于他。可惜当时冒襄玩兴正浓，和当时多名美女传出绯闻来，据说还有陈圆圆。 后来陈圆圆被外戚田畹买到北京去了，开始了另一段故事。 董小宛则好不容易逃脱了田氏的搜罗，决心从良，结束卖笑为生的日子。 终于在崇祯十五年（公元 1642 年，也有说是崇祯十二年的），董小宛在姐妹和恩客的财力支持下为自己赎身。 一艘花船载着名妓董小宛，来到了冒府。 冒襄阅遍天下美色后，最终被董小宛感动了，娶董小宛为妾。 婚后，二人感情真挚，相敬如宾。 冒襄文采风流，却不拘小节，又不善理家。 冒家有园池亭馆之胜，冒襄很喜欢在家里招待宾客，满足那种人文荟萃、四海来宾的感觉。 冒家客无虚日，终于家道中落，冒襄"怡然不悔也"，和董小宛隐居不出。

冒襄和董小宛两人将隐居生活过得有滋有味。 两个人都有很深的文学修养，情感细腻，把琐碎的日常生活过得浪漫美丽，饶有情致。 清晨，两个人去收集花瓣柳叶尖上的露水，然后花一个上午来煮水泡茶，再花一个下午来吟诗品茶；到了晚上，董小宛运用巧思妙想，把平常的食材做出各种雅致的菜肴来；深夜，董小宛会静观皎洁的月光透进窗子在房间里移转。

平静美好的生活很快被清军入关给破坏了。 冒襄不愿意降清，又不敢参与抗清，就带着董小宛踏上了流亡寄寓之路。 如皋的冒府在战火中毁灭，冒襄夫妻守节，誓不降清。

南下的清军统帅洪承畴素闻"秦淮八艳"之名，占领江南后要搜罗这些美女。 董小宛在战乱中没有了音讯，人们就说董小宛被洪承畴搜罗走了，进献入宫了。 也有说董小宛是被豫亲王多铎俘获，送入宫的。 清初的大诗人吴梅村写了八首诗，题"冒辟疆名姬董白小像"，其中就有："乱梳云髻下妆楼，尽室仓黄过渡头。 钿合金钗浑弃却，'高家'兵马在扬州"；又有"欲吊薛涛怜梦断，墓门深更阻侯门"。 人们相信这是委婉地说董小宛的去处。 而冒襄本人也在《影梅庵忆语》中写道，顺治八年（公元 1651 年）3 月底自己梦见董小宛被人抢去，并说董小宛在同一夜里自己也梦见被人抢走了。 由是，人们更相信董小宛在清兵入关后，被抢入皇宫，成了顺治的宠妃董鄂妃。

民间传说富含悲剧色彩，情节曲折，可惜不是真的。 首先，真实的董小宛死于战乱中。 江南陷入战乱，冒襄、董小宛二人颠沛流离，相依为命。 董小宛劳累过度，于顺治八年（1651年）正月病死，时年28岁。 冒襄悲伤欲绝，把爱妾安葬在如皋影梅庵。 历代文人多有凭吊。 而晚年冒襄以写字卖文为生，因为坚守气节而声名鹊起。 其次，清廷规定满汉不通婚，更不会允许顺治皇帝迎娶汉族女子董小宛了。 对于从江南送来的陌生女子，孝庄太后和朝野大臣肯定会群起攻击的。 在这点上说，董小宛不可能是董鄂妃。 第三，顺治皇帝和董小宛年龄相差过大。 两人相差14岁，董小宛去世时顺治皇帝仅14岁。 董小宛去世的时候，顺治皇帝刚好迎娶他的第一位皇后。

综上所述，顺治皇帝和董小宛的爱情传说仅仅是传说。 董鄂妃和董小宛是一南一北两个不相关的人物。 关于董小宛被清军掳掠入京的传说就和同期盛传的多尔衮和孝庄太后的婚事一样，都兴盛于江南。 南方对明朝的灭亡和清兵的蹂躏最接受不了，反清意识最严重。 清朝严厉镇压了南方的反抗，南方的文人就从思想观念上继续反清。 这方面就包括在清朝皇室的生活问题上制作了许多"传说"，比如说了许多多尔衮和孝庄皇后的坏话，说了洪承畴等人掳掠名妓董小宛的故事，等等。 这些故事，当事人不可能留下记录，而且许多事情原本就是皇室忌讳的，即使有相关的事情也不可能被记录下来。 这也为明末清初盛产传说创造了土壤。

家庭不幸

一

我们再来看顺治和董鄂妃相遇后的恩爱生活。

顺治十四年（公元 1657 年）10 月，董鄂氏生下一位皇子。 这是顺治的第四个儿子。 但小皇子在 3 个月后就夭折了。 这件事对顺治皇帝和董鄂妃的打击太大了。 顺治帝追封这个儿子为荣亲王，在儿子的墓碑上刻着："和硕荣亲王，朕第一子也。"这里的"第一子"不是年龄上的第一个儿子，而是心目中的第一子。 顺治皇帝最珍爱董鄂妃的儿子，最看重这个儿子。 爱子夭折，让生活本已不顺的顺治皇帝心里更加不顺了。

这时候，佛教进入了顺治的精神世界。 佛教始终是生活不顺者的精神良药，非常适应顺治当时的需要。 顺治皇帝召见了著名和尚憨璞性聪。 顺治问："从古治天下，皆以祖祖相传，日对万机，不得闲暇，如今好学佛法，从谁而学？"憨璞性聪回答："皇上即是金轮王转世，夙植大善根、大智慧，天然种性，故信佛法，不化而自善，不学而自明，所以天下至尊！"和尚的回答很讨巧，顺治皇帝信以为真。 既然自己有慧根，就好好学佛吧。 顺治学佛后，与当时名僧交往密切，其中最受顺治信任的是浙江和尚玉林琇。 顺治一度拜玉林琇为师，从他那里得了"行痴"的法名（一说是顺治皇帝自己取的）。 玉林琇引荐了木陈忞、玄水杲、茆溪森等和尚与顺治皇帝来往。 顺治皇帝都以礼相待，一起讨论佛法，请教疑难。

慢慢的，顺治皇帝产生了出家的念头。 他在西山慈善寺墙壁题诗云："十八年来不自由，江山坐到几时休？ 我今撒手归山去。 管他千秋与万秋。"顺治还曾对木陈忞说："朕于财产固然不在意中；即妻孥党亦风云聚散，没甚关系。 若非皇太后一人挂念，便可随老和尚出家去。"他对江山、财富、妻妾都看开了，一切都是过眼烟云而已，已经留不住他了。 可是顺治对生母孝庄太后还有留恋，觉得得尽到孝道，所以还没有出家。

董鄂妃也跟着顺治皇帝信佛学佛，但佛学的力量还是没有医治好她的丧子之痛。 儿子夭折的打击损害了董鄂妃的健康，她的病情逐渐恶化。 顺治皇帝着急了，采取一切措施，力图挽回爱妃的生命。他诏示天下，遍寻名医；派大臣广祀百神，大赦天下，还亲自到西山碧云寺为董鄂妃祈福。 不幸的是，董鄂妃还是在顺治十七年（公元1660 年）8 月逝世了，年仅 22 岁。

于是我们看到了这样的一幕，顺治皇帝痛不欲生，不顾一切地寻死觅活。 宫人不得不昼夜看守着他，防止皇上自杀。

顺治皇帝辍朝五日，追封董鄂妃为"端敬皇后"。 他为董鄂妃大办丧事，在景山建水陆道场；命全国服丧，官员一月，百姓三日。顺治皇帝亲撰行状，说董鄂妃对皇太后"奉养甚至，左右趋走，皇太后安之"（实际情况是董鄂妃和孝庄太后的关系很紧张）；说董鄂妃"事朕，候兴居，视饮食服御，曲体，罔不悉"（这是实际情况）；说董鄂妃"至节俭，不用金玉，诵四书及易，已卒业；习书未久，即精"（董鄂妃的确知书达理）。

悲哀过度的顺治还下了两道过分的命令。 第一是命令上至亲王下至四品官的所有官员，还有公主、命妇齐集哭灵。 不仅要哭，还要哭得悲伤，"不哀者议处"。 孝庄太后不赞成。 她对董鄂妃的死就没有顺治那么悲伤，难道还要处置太后？ 最后在孝庄太后的坚持下，顺治收回成命。 顺治怕董鄂妃在另一个世界没有人服侍，想把原先伺候董鄂妃的太监、宫女 30 余人悉行赐死。 在大臣们的劝阻下，这条"人殉"命令才没有被执行。

因为董鄂妃信佛，遗体要火化，就由茆溪森和尚在景山主持董鄂妃的火化仪式，顺治亲自为董鄂妃收取骨灰。

二

董鄂妃的死，成了顺治皇帝郁闷压抑生活的最后一根稻草。 爱妃故去，顺治皇帝觉得尘世已经没有可以留恋的了——包括不喜欢董鄂妃的孝庄太后也不值得留恋了。 他的思想越来越消沉。

我们看顺治皇帝的一生，"不幸"是个关键词。 福临一出生就是父亲皇太极众多儿子中的一个，而且是庶出的小儿子。 他本不受父皇喜爱和宗室吹捧，却在崇德八年（公元 1643 年）突然成了大清朝的皇帝。 当年，清太宗皇太极突然逝世，引发激烈的皇位之争。最有希望得到皇位的是福临的大哥、皇太极的长子豪格和福临的十四叔、睿亲王多尔衮。 双方剑拔弩张，各拉起一帮人来斗得死去活来。 斗争的结果是福临作为一个折中人物得到了两派的认可。 年仅6 岁的福临就成了顺治皇帝。 这造成了他一生的悲剧。

福临的皇位是侥幸得来的，所以他在位后要"还利息"。 一方面是放弃自己当皇帝，支持福临的叔叔多尔衮在福临皇帝生涯的前 7年出任摄政王，把持军国大政；一方面是临危出马、拉拢多尔衮拥戴福临的生母孝庄太后。 孝庄太后为了儿子当上皇帝、当好皇帝，付出了太多太多，所以把巨大的期望值压在了福临的身上。 在内外两个强势人物的注视之下，顺治的皇帝生涯是苦闷、无助和没有乐趣的。

摄政王多尔衮对福临造成了巨大的心理阴影。 多尔衮把持朝政后，一度以"皇父摄政王"自居，粉墨登场扮演了许多应该由顺治扮演的角色。 在多尔衮一党的监视下，福临甚至连见孝庄太后都没有充分的自由。 民间盛传孝庄太后和多尔衮暧昧不清的"传说"，愈来愈盛，最后传到了顺治的耳朵里。 顺治皇帝的难堪之情，可以想象。 谢天谢地，摄政王多尔衮在顺治七年（公元 1650 年）暴亡，年仅 39 岁。 顺治皇帝随即在第二年正月亲政。 第二个月，顺治就对多尔衮进行反攻倒算，给多尔衮追加了十大罪状，抄没家产，削其封典，撤其享庙，诛其党羽。

对多尔衮，顺治可以"痛打落水狗"。 但对生母孝庄太后，顺治却无计可施。 孝庄太后为了儿子顺治，忍辱负重，付出了许多，顺治对母亲的这一点很感激。 可孝庄的强势，干涉了顺治的权力、童年、少年、日常生活和婚姻幸福。 顺治很不满，却无计可施。 比如孝庄太后对顺治皇帝专宠董鄂妃就很不满。 她希望儿子多亲近自己的族人女子。 所以，孝庄太后和董鄂妃的关系很不好。 最明显的例子就是在顺治死后，董鄂妃的牌位进不了太庙，祭祀规格立即降低，也没有推恩惠及外戚。 因为当时孝庄太后还活着，力主降低董鄂妃的地位。

民间传说中有多个孝庄故意对董鄂妃（董小宛）"找茬"的段子。 比如说孝庄惩罚在宫中唱南方小曲的董鄂妃，又比如很多人相信董鄂妃是触怒孝庄皇太后被赐死的。 虽然这些传说将董鄂妃认为是董小宛，没有历史依据，但一定程度上道出了孝庄太后和董鄂妃的紧张关系。

顺治夹在爱妃和生母之间，很为难。 他的感情站在董鄂妃一边，却帮不了爱妃抵御太后的刁难。 如此纠结的结果是顺治对孝庄太后的亲近感越来越低，心理越来越逆反。

如今，心爱的董鄂妃死了。 顺治决定出家修行。 爱妃死后的两个月中，顺治皇帝和佛教走得更近了。 他先后 38 次拜访茆溪森的馆舍，论禅论佛，有时还彻夜交谈……最后，顺治向茆溪森提出了一个要求："为我剃度为僧。"

剃发未出家

一

顺治的剃度请求，让茆溪森大吃一惊。和尚为皇帝剃度，前所未有，哪个和尚敢操刀啊？茆溪森就不敢，还反复劝阻顺治。顺治不听，坚持要出家为僧。

顺治十七年（公元 1660 年）10 月，固执的顺治皇帝在西苑（今中南海）万善殿让茆溪森和尚为其举行了皈依佛门的净发仪式。他剃了头发。

之前，"皇上要出家"的消息已经成为爆炸性新闻在宫廷和朝堂上流传开了。大臣们劝阻不了皇上，孝庄太后也知道劝不了儿子。他们就不在顺治皇帝身上打主意了，而是从茆溪森身上找到了突破口。孝庄皇后下令，火速将茆溪森的师傅玉林琇召回京城，挽救皇权危机。

玉林琇匆忙赶到北京。当时顺治皇帝已经剃发，但还没有正式出家。玉林琇就命人取来干柴，扬言要当众烧死敢为皇帝剃度的弟子茆溪森。顺治皇帝出面说情，玉林琇转而劝阻他放弃出家的想法。顺治皇帝问："佛祖释迦牟尼和禅祖达摩，不都舍弃王位出家了吗？"玉林琇回答："佛祖和禅祖是悟立佛禅。现在最需要陛下在尘世护持佛法正义，护持一切菩萨的寄身处所，所以您应该继续做皇帝。"修行不一定要出家。顺治这才答应不出家了。一场皇权风波就此平息。

作为补偿，顺治皇帝让宠信太监吴良辅替自己在悯忠寺出家为僧，名义上自己还是出家了。

二

然而，民间盛传顺治皇帝真的出家了，还言之凿凿地说顺治皇帝是在五台山出的家。原因是董鄂妃的去世让他悲痛欲绝，加上对尘世绝望，所以就舍弃龙椅出家了。理由则有很多。首先，顺治皇帝在茆溪森为他剃度之后的两个多月后就被宫廷宣布驾崩，病因没有公布；其次，顺治皇帝的陵墓中没有顺治皇帝的尸首，而只有一个骨灰坛；第三，继位的康熙皇帝成年后频繁驾临五台山，令人生疑；第四，顺治皇帝的"遗诏"无情地自我批评，几乎自我否定了，让人怀疑不是顺治的本意。和之前的"绯闻"传说一样，顺治出家的传说也很盛，成为清朝一大疑案。

同样，认为顺治出家的理由没有一条是直接的、有力的证据。即便所有理由合起来，也不能证明"顺治出家"这个事实。

根据《清世祖实录》的记载，顺治十八年（公元 1661 年）正月初一，顺治皇帝免去群臣的新年朝贺礼仪。当日，皇帝本应该祭祀太庙，结果却派官员前往代为行礼。皇上又出什么事情了呢？第二天（正月初二），《实录》正式记载顺治身体不适。也就在这天，顺治让宠信的太监吴良辅作为替身，出家当了和尚。

初四，朝廷正式宣布皇帝患病。初五，紫禁城各宫门所悬的门神、对联全部撤去。

初六，顺治传谕，本应皇帝参加的大享殿（祈年殿）礼仪，改派官员代祀，令礼部列出代祀官员的名单。皇上身体不适不能去太庙祭祀，还可以说得通，可连近在宫中的大享殿也去不了了，说明顺治的病情已经相当严重了。同日，皇帝传谕赦免京城内十恶死罪以外的一切罪犯。根据《清圣祖实录》（康熙的实录）补正，在初六日顺治皇帝召原任学士麻勒吉、学士王熙到养心殿，奉旨在乾清门撰拟"遗诏"。这也从另一面证明了顺治知道自己时日不多了。

正月初七凌晨，顺治皇帝在养心殿驾崩，年仅 24 岁。

宫廷没有公布病因。当时宫中传谕全国"毋炒豆，毋点灯，毋泼水"。 这是民间为避痘讲究的迷信做法，人们推测顺治皇帝是得了"天花"。 可以相信，顺治皇帝的确是病逝的。 也许是因为病逝时间和剃度时间过于接近，加上太监吴良辅顶着顺治的名号出家，才给人"顺治出家"的错觉。

而现存的顺治皇帝《遗诏》，黄纸墨迹，保存完好。 在大臣代拟、顺治认可的遗诏中，顺治皇帝作了深深的自责，包括热衷汉族文化习俗、没有对太后尽孝、与亲友隔阂等，还承认自己在董鄂妃死后"丧祭典礼，过从优厚，不能以礼止情"。 顺治皇帝自责的内容，和孝庄太后对顺治帝的不满惊奇地吻合。 有人据此认为遗诏是假造的。

实际上，感情细腻的顺治皇帝经常自我反省、自我批评。 这是皇帝很难得的品质。 而顺治就经常把自然灾害、社会动乱归于自己的"政教不修，经纶无术"，屡次下诏自责。 顺治十六年（公元1659 年）正月，朝廷正式统一全国，顺治皇帝竟然拒绝大臣祝贺，认为没有必要庆祝战争结束。 一年后，顺治皇帝在祭告天地、宗庙时，对执政的 17 年做过简单的总结。 整个总结都在自谴自责中度过，还下令官员不要给自己上庆贺表章。 所以，顺治皇帝在遗诏中的自我批评，也在情理之中。

历史学家黎东方在《细说清朝》中对顺治的系列疑案作了一个结论："顺治的确有出家的意思，而且剃了头，但是未曾能够真的当了和尚，便死于天花。"

顺治皇帝的大殡，是按照佛教礼节进行的。 玉林琇等和尚亲临葬礼；顺治尸体被火化，茆溪森和尚亲自为顺治遗体秉炬火化。 就这样，清朝入关的第一位皇帝，匆匆走完了并不如意、让民间疑云重重的一生。

帝國瑰色

叔嫂情——同治中兴和慈禧的掌权之路

世间不如意之事

一

咸丰三年四月（公元 1853 年 5 月），赋闲在家多年的恭亲王奕䜣终于接到了一个任务：皇帝哥哥让他去熔内务府的三口金钟。

事情起因是这样的：当年太平军动摇了清朝的半壁江山，而国库存银仅 22 万多两，完全不敷军费使用。咸丰皇帝就想到了内务府还有三口废弃不用的金钟，可以熔化了充当军费。奕䜣接到这个不算什么事儿的事儿，诚惶诚恐，赶紧上奏说："臣等唯有督率司员，始终奋勉，勤慎奉公，以期无负圣主委任之至意。"毕竟，这是他被皇帝闲置 3 年来，接到的第一个有实质内容的任务。

21 岁的奕䜣很认真地带人查实了三口金钟的情况，再拉过去熔铸，最后炼出黄金 27030 两。事成后，奕䜣再次很认真、很虔诚地向咸丰皇帝启奏：皇上交办的事情办完了。

仅仅 3 年前，奕䜣和哥哥咸丰的关系还不是这样的。那时候，他们还不是君臣而是兄弟。咸丰皇帝奕詝是四阿哥，奕䜣是六阿哥。在众多的儿子中，父皇道光最喜欢的就是奕䜣，因为奕䜣长得一表人才，文武全才，资质超过其他兄弟。文的方面，奕䜣出口成章，写得一手好诗词；武的方面，奕䜣骑射本领高超，是满族著名的武士。史书一致记载道光对六子奕䜣"最钟爱"，但他挑选的继承人却是跛脚、懦弱、平庸的四子奕詝。

道光皇帝一共有九个儿子，前三个儿子夭折了，第五个儿子过继给了人家，后三个儿子年纪还小，真正竞争皇位的就是第四子奕詝和第六子奕䜣。道光花了不少心思来考察这两个儿子。他安排两个儿子参加围猎，结果奕䜣收获满满，拿下了全场第一；奕詝却一无所获，回来对道光说现在正是野兽繁育的时候，我不忍心让它们骨肉离散。 道光病重时，分别召两个儿子来询问时政和对策。奕䜣侃侃而谈，指点江山，意气风发；奕䜣则长跪不起，泪流满面，只希望父亲早日康复。 结果，道光皇帝觉得还是四儿子仁义孝顺，品德高尚，像他自己。 于是，奕䜣的道德优势战胜了奕䜣的实干进取精神。

临终前，道光皇帝觉得六儿子奕䜣挺可惜的，以遗诏的形式封他为恭亲王。

奕䜣继位后，对竞争对手奕䜣怀恨在心。 按照他的本意，奕䜣别说是晋封亲王，估计连皇族俸禄都要停发了。 因为有父皇遗诏在，咸丰不敢把六弟怎么样，就搁置起来不用了。

大清王朝的龙椅，奕䜣似乎触手可及，可就这么差一点儿决定了他后半生的悲剧命运。

就在奕䜣诚惶诚恐地熔化金钟的同时，宫中兰贵人家遭遇了巨大变故。

兰贵人姓叶赫那拉，比奕䜣小 3 岁，当时年仅 18 岁。 一年前（公元 1852 年），正当奕䜣小心翼翼地躲避咸丰皇帝的排斥打击，夹着尾巴蛰居在京师的时候，叶赫那拉氏经过了长达一年多的"选秀"过程，成为新皇帝咸丰的嫔妃，位列最低级的贵人。 当时，叶赫那拉的父亲惠征外放地方道员，因为选秀是大事，叶赫那拉不能随行，只能含泪和家人告别。 年纪轻轻的她独自一个人留在了紫禁城候选，此后五十七年再也没有回到家中和父母姐妹团聚。

叶赫那拉氏生于北京下等满族官员家庭。 祖辈都是五六品京官。 她出生时，父亲惠征是二等笔帖式（文书），八品小官。 惠征监生出身，在部委衙门抄抄写写了多年，终于在咸丰初年外放蒙古、安徽等地任道员，官居四品。 遗憾的是，女儿在咸丰元年（公元 1851 年）就被列入秀女名册，不能随家人一起外任了。 日后，有人说慈禧出生在江南，还会唱江南小曲，并因此获得了咸丰的喜爱，这不是真的。 慈禧是纯粹的北京人，生在北京，长在北京，除了两次被洋人赶出北京逃亡外，一生从未离开过北京。 慈禧弟弟桂祥的曾孙子证实了这一点："我记得在小的时候听爷爷大体讲过，后来父亲也曾经带我到据说是慈禧出生的大院去看过，这个院子位于北京西四牌楼的辟才（劈柴）胡同。"

惠征在安徽池州当道员，正巧赶上了太平军进攻。咸丰三年太平军攻陷安庆，杀死安徽巡抚，安徽全省震动。惠征带着饷银万两逃往镇江。咸丰皇帝下令严查逃跑官员，惠征名列其中，同年被罢官，几个月后病死在了南方。若干年后，惠征的女儿发达了，追封倒霉的父亲一个世袭的"承恩公"。日后，又有人编造，惠征死后，慈禧扶棺北归的一系列奇遇。其实，慈禧压根就没出京，而且在父亲死前一年就已入宫了，怎么可能扶棺北归？

在咸丰三年，奕䜣和叶赫那拉氏的心境都是灰暗的。奕䜣饱受皇帝哥哥的打压，委曲求全；叶赫那拉氏死了父亲，家庭陷入困境，而她只是宫中小小的贵人，不仅帮不上忙，还要应付宫廷内部残酷的倾轧争斗。两个年轻人都看不到光明的未来。

二

兰贵人叶赫那拉氏很快就引起了咸丰皇帝的注意。

因为叶赫那拉氏长得很漂亮，咸丰迷恋她的美貌。《十叶野闻》记述："当文宗初幸慈禧之日，颇有感溺之象，《长恨歌》中所谓'春宵苦短日高起，从此君王不早朝'者，仿佛似之。"当然，叶赫那拉氏很有心机，人很聪明，知道怎么迎合咸丰。这也让她能在后宫众多的嫔妃中接近并得到咸丰的宠幸。慈禧的侄子、桂祥的儿子德锡回忆说："慈禧对隆裕说，她刚刚进宫那会儿，因为长得漂亮，而且得到咸丰的宠爱，咸丰对其他嫔妃看都不看一眼，所以很多人都嫉妒她，常常在背后说她的闲话，甚至用一些手段陷害她。"好在，兰贵人挡住了明枪暗箭。

叶赫那拉氏知道皇帝的恩宠不是永久不变的，今天可能对你甜言蜜语，明天就可能看都不看你一眼。而她要想在激烈的竞争中保住地位，最有力的武器就是生一个皇子。母以子贵，只要生了皇子，后妃在宫中就能挺直腰板，抬头做人，就有了抵御大风大浪的资本。

果然，好色的咸丰皇帝很快就对兰贵人失去了兴趣，移情别恋了。 咸丰不再怎么去兰贵人的房间，此时却得到了兰贵人怀孕的消息。 这将是体弱的咸丰的第一个孩子。 朝野上下翘首以待。 幸运的是，兰贵人生下了一个男孩。 他就是咸丰唯一的儿子载淳。 母以子贵，兰贵人叶赫那拉迅速升格为懿嫔、懿妃、懿贵妃，地位仅次于皇后——尽管此时咸丰皇帝已经对她很少过问了。

咸丰皇帝去干什么了呢？ 首先，他专门辟出圆明园来"金屋藏娇"，沉溺女色。 清朝的一代强后孝庄太后曾在宫门竖一铁碑，上书："敢以小脚女子入此门者斩。"所谓的小脚女子就是汉族女子。 因此，咸丰皇帝才移驾到圆明园，宠幸汉族女子，在文字上没有违反祖宗的规矩。 "文宗（咸丰）渔色，于圆明园隅，暗藏春色，谓之四春，世竞传之。"可见，咸丰和"四春"的故事，在民间是公开的秘密了。 "四春"之外，咸丰还钟情一个曹姓寡妇，也收来享受。

其次，咸丰酗酒。 酒量不好，每次喝酒都喝得酩酊大醉；酒品也不好，一喝醉就对侍女大打出手，痛加凌辱。 每醉即有一二侍女遭殃，往往凌辱或打得侍女几致于丧命。 后宫嫔妃深受其苦。

最后，咸丰竟然吸食鸦片。 他一继位，国事日非，内忧外患。太平军攻陷南京后，咸丰更是逃避到鸦片的世界里，染上了大烟瘾。后来英法联军来了，咸丰逃亡热河，被政务弄得焦头烂额，干脆抛弃政务，沉溺在鸦片吞吐之中。

叶赫那拉氏摊上了这么一个无能懦弱、劣习缠身的丈夫，着实不幸。 她的人生似乎就要和这么个丑陋的人一同走完了。

咸丰皇帝带着嫔妃、美女在圆明园享乐的时候，有志报国也有能力出来整顿朝纲的恭亲王奕䜣正被咸丰闲置在属于圆明园分院的和春园里。 和春园本是个废弃的院子，咸丰即位后"赏给"弟弟奕䜣作府邸。 奕䜣赶紧谢恩，然后草草收拾一番，勉强能够居住，就搬了进去。 咸丰的目的是让他住在京郊，无法染指政务；奕䜣就索性隐居其中，把院子改名为"朗润园"，终日诗书自娱。

日后，又有好事者和影视剧作品说奕䜣和叶赫那拉在这段圆明园岁月中相识相知并相爱。这又是没有根据的八卦绯闻。

<h1 align="center">三</h1>

咸丰三年十月初七（公元 1853 年 11 月 7 日），咸丰特命恭亲王奕䜣在军机大臣上行走。因为他是宗室亲王，自然成了领班军机大臣。

咸丰让弟弟当了军机大臣，是要重用他吗？是，也不是。因为当时太平天国的北伐军势如破竹，渡过黄河，已经逼近天津了。咸丰皇帝无奈，只能拉亲戚兄弟中最有本事、文武双全的奕䜣出来临危救难了。这不是重用，而是利用。这不，等奕䜣和僧格林沁等将领把太平天国的北伐军消灭在天津，眼前的危险没有了，咸丰皇帝就大大低估了奕䜣的利用价值。咸丰五年（公元 1855 年），南方还在酣战，咸丰就以奕䜣为生母"请封"的家庭冲突罢了他的官。

事情是这样的。咸丰生母早死，由奕䜣的生母静贵妃抚养成人。他和奕䜣算得上是一奶同胞。咸丰五年，老人家病重，咸丰和奕䜣都侍候在旁。一天，静贵妃迷迷糊糊地错把咸丰皇帝当成了奕䜣，交代他说："你父皇本来是想立你当皇帝的，不料成了现在这个样子。这是你的命啊！以后，你好自为之。"老母亲看到了亲生儿子奕䜣韬光养晦背后郁郁寡欢的心。可在养子咸丰听起来，特别不是滋味。恰好不久后奕䜣求咸丰在生母临终时将她从贵妃升为皇后，了却老人家的一桩心事，让她风风光光地离开人世。小气的咸丰支支吾吾，不做肯定的回答。着急的奕䜣想当然地把咸丰的支支吾吾当做默许，传皇帝的"口谕"升静贵妃为皇后。逝世的静贵妃得了"康慈皇太后"的谥号，可咸丰却以奕䜣办理太后丧礼"疏略"的罪名，把他赶出了军机处，让他继续养花种草去。

这一赋闲就是五年光阴。其间，奕䜣自号"乐道堂主人"，写了大量诗作。他都写些什么呢？一年四季、花鸟鱼虫、日月风雨和小景色小东西，还有就是对皇帝哥哥歌功颂德的文章。仅在咸丰六年（公元 1856 年）秋天，奕䜣仅咏秋的诗作就写了《秋咏三十首》，内容涉及秋月、秋云、秋风、秋雨、秋露、秋霜、秋阳、秋水、秋菊、秋葵、秋桂、秋兰、秋荷、秋声、秋叶、秋色、秋渔、秋樵、秋获、秋吟、秋社、秋鸿、秋鹰、秋恐、秋燕、秋弥等。不管窗外风起云涌、人来人往，奕䜣都很乖地待在"乐道堂"里吟诗作画。

其间，曾经有人提议过让奕䜣出来为国家做点事情。这个人就是懿贵妃叶赫那拉氏。

咸丰八年（公元 1858 年）5 月，英法联军攻陷大沽口炮台，天津城危在旦夕。咸丰皇帝还在圆明园"天地一家春"和后妃美女欢宴。酒半，紧急军情来报"英法军已陷天津"，"帝痛苦起，罢宴。孝贞与诸妃皆泣，后独进曰：事危急，环泣何益，恭亲王素明决，乞上召筹应付"。（费行简：《慈禧传信录》）

当咸丰皇帝无计可施，皇后和其他后妃只能哭泣的时候，叶赫那拉氏保持着清醒的头脑。一方面，她知道哭泣没有用，应该召集大臣商议；另外，她直接推荐了恭亲王奕䜣来办这件事。这表明那拉氏在后宫的地位已经巩固，可以向咸丰皇帝进言，参与朝中大事了。这也表明那拉氏对奕䜣很了解，清楚整日无所事事的奕䜣才是朝廷的能臣干将。咸丰皇帝还真的召奕䜣和大臣肃顺等前来商议如何御敌。奕䜣主和，肃顺等人主战。咸丰皇帝听取了肃顺的意见，对英法联军采取了强硬态度，把奕䜣打发回去继续吟诗作画了。

虽然叶赫那拉氏推荐奕䜣出山没有成功，却明明白白地显示她已经开始干政。

清朝入关后就立下规矩"后妃严禁干政"，可叶赫那拉氏在国家危难、丈夫孱弱的情况下破了这条规矩。之前许多人归因为叶赫那拉氏本人的政治野心，现在渐渐有人开始从叶赫那拉氏的角度来思考她为什么要介入政治："她也和武则天一样，是政局逼着她一步步走上政治舞台的。如果咸丰帝有能力、有作为、有主见，就不劳她去思虑、去'进言'，她也根本无此机会参与政事。事态相反，在那紧张时刻，逼着她去想、去参与。敌人打到门外了，该如何办？凭她的所处地位，想想自己、想想儿子，是抵抗、是逃走，她能不向皇帝、向仅有她生的一子的丈夫说个主意吗？何况她也是热衷于此的。"一来是叶赫那拉氏本人有干政的兴趣和能力；二来客观环境也推着她这么做，两个因素相互糅合开始塑造了日后的当国太后。

权力搭档

一

话说咸丰皇帝主战，结果节节败退。 咸丰十年（公元 1860 年），他不得不任命奕诉为全权钦差大臣，处理与英法联军的交涉。

不用说，这次还是让奕诉来当消防员，替自己解决燃眉之急。 奕诉上任的情形可以用"兵临城下""危如累卵"8 个字来形容。 当年，英法联军再次攻陷天津，在京郊歼灭僧格林沁的蒙古骑兵，磨刀霍霍直向北京城而来。 咸丰赶紧宣布"北狩"承德，携带重臣和后妃弃城而逃，留下奕诉来签订城下之盟，收拾残局。

之后的史实深为中国人所熟悉。 英法联军火烧了圆明园，并且和奕诉等人签订了《北京条约》。 奕诉勉强保住了北京内城，维持了一个"和局"。 在一年的外交活动中，奕诉痛定思痛，睁开眼睛看世界，对西方文化和洋人采取了比较客观和友好的态度。 这让他得到了西方列强的好感。 由于朝廷孤悬承德，留在北京的官员、办理交涉的人和京畿军队都聚集在奕诉身边，形成一个相对开明的政治集团。

奕诉因祸得福，有了强大的政治资本。

咸丰皇帝逃跑前，叶赫那拉力劝皇帝留在京城。《吴可读日记》记道："当皇上之将行也，贵妃力阻。 言皇上在系，可以震慑一切。"咸丰一逃，人心散了，就难以继续组织抵抗了。 叶赫那拉氏面对大敌，是主战的。 所以，在逃亡承德的起初岁月里，她对一心主和、向西方示好的奕诉很有意见，甚至有些排斥他，跟着别人叫奕诉：鬼子六。

咸丰皇帝的死让叶赫那拉氏的视野一下子抬高、扩大了。

咸丰十一年（公元 1861 年）8 月 23 日，咸丰帝在承德避暑山庄病重，自知将不久于人世，口授遗诏，立唯一的儿子、年方 6 岁的载淳为皇太子，继承皇位，同时任命载垣、端华、肃顺、景寿、穆荫、匡源、杜翰、焦佑瀛八人为"赞襄政务大臣"。 第二天，咸丰帝就死了，年仅 31 岁。 临终前，咸丰将自己的两枚印章（"御赏"和"同道堂"）分别交给皇后和叶赫那拉氏掌管，规定新皇帝发布诏谕时，除了玉玺必须盖上这两枚章才能生效。

载淳登基做了小皇帝，咸丰的皇后成为慈安太后，生母叶赫那拉氏成了慈禧太后。 好强又有心机的慈禧考虑的不再是和洋人战和与否，也不再是一两次战争的胜负，而是如何巩固自己和皇帝儿子的地位，如何把自己的心思贯彻到国家治理上。 她的设想和权欲强盛的肃顺迎头相撞，两人成为死敌。

咸丰很信任肃顺，据说临终前还担心日后慈禧专权，就和肃顺商量如何避免因载淳年幼，大权落于外戚之手。 肃顺建议咸丰皇帝行"钩弋故事"处死叶赫那拉氏。 汉武帝末年，考虑到继承人刘弗陵年纪太小，担心日后母后干政，汉武帝就赐死了刘弗陵的母亲钩弋夫人。 咸丰没有采纳肃顺的建议。 慈禧太后知道此事后，一下子就明白了权力斗争是你死我活的搏斗，必须学会分化组合、纵横捭阖。如今最迫切的威胁就是肃顺等八位顾命大臣，他们力求大权独揽，根本没把慈安、慈禧两个太后放在眼里。 慈安太后性格很温和，很懦弱，也觉得肃顺等人飞扬跋扈，难以忍受，看来肃顺等人揽权的确过分，不知道得罪了多少人。 和慈安太后的单纯厌恶不同，慈禧太后开始谋划如何铲除八个政敌。 她能够联合的首要对象就是在北京的奕䜣集团了。

错失皇位的奕䜣对没有权位的日子有切身感受。 他需要权位来施展才华，实现抱负。 咸丰的死给他提供了一个争权夺位的良机。可肃顺等人既不认同自己的政治理念，又处处争权夺利，奕䜣很自然站在了肃顺等人的对立面。 奕䜣集团和慈禧集团洞察彼此心思后，一拍即合。

奕䜣在哥哥死后，来到承德哭灵，哭得天昏地暗，不禁让旁人悲戚落泪。 肃顺等人防着奕䜣借机和慈禧太后联合。 可当奕䜣要去拜见两位嫂嫂，并请肃顺等人同去的时候，肃顺又不方便跟着去了。他只好拍拍奕䜣的肩膀说："六爷，这是你们的家事，我们就不去了。"结果，奕䜣和慈禧、慈安在没有第三者的情况下，紧张又兴奋地谈了两个多小时。 其内容不为人知，正史也没有记载。 一些人就猜测，叔嫂三人先是相对痛哭。 两位太后哭诉肃顺等人的侮慢和跋扈，奕䜣更多的是哭自己之前忍受的那么多委屈。 最后三人"密商诛三奸之策"，初步筹划了诛杀八位顾命大臣的政变计划。

之后，奕䜣返回北京。 表面看来一切平淡，可一张大网已经在北京和承德之间秘密展开，越织越密。 政变的主要步骤是借咸丰皇帝灵柩回京之机把肃顺等八人引回北京，奕䜣在北京严阵以待，等人一到就瓮中捉鳖。 肃顺集团能够做的主要就是拖延咸丰灵柩回京的日期，同时痛斥那些为两宫太后和奕䜣说话的大臣。 他们对咸丰皇帝临终授予的"顾命大臣"名义太看重了，自以为只要压制住奕䜣就万无一失。 殊不知，奕䜣和慈禧等人早已经严阵以待，甚至连捉拿肃顺等人公布罪状的诏书都已经写好了。 他们还商定好了捉拿肃顺的人选，就是咸丰和奕䜣的七弟，也就是对肃顺不满的醇郡王奕譞。

9月底，咸丰灵柩浩浩荡荡回京。 从承德迁回北京的人员太多、场面太大，众人不得不分为两拨。 其中肃顺、奕譞护卫灵柩为一路，缓缓而行；两宫太后、小皇帝和其他顾命大臣为一路，先回到京城。 一回到京城，两宫太后就接见奕䜣和周祖培、桂良、贾祯、文祥等人，哭诉肃顺、载垣、瑞华等人欺君侮后等罪。 奕䜣当场宣读谕旨，公示肃顺等人三大罪状： 第一是在战事上筹划失误，致使英法联军兵犯京津，火烧圆明园；第二是阻止回銮，造成咸丰"圣体违和"、"龙驭上宾"；第三是在咸丰死后专擅朝政，夺权胡为。 慈禧则从法律上彻底否定了肃顺等人的权力。 她说咸丰临死的时候，根本就没有任命什么"顾命大臣"。 肃顺等人是假传圣旨。 叔嫂二人这么一演双簧，肃顺八人的罪过可就大了。

当时，跟着两宫太后先行回京的载垣、端华得知太后、奕䜣等人在单独议事，就闯进宫来，喊道："太后不应召见外臣！"

奕䜣见状，根本就不回应，厉声宣布将载垣、端华等人革职拿问，严行议罪。载垣等被奕䜣党羽拿下后，还大喊："我辈未入，诏从何来？"

作为集团首脑的肃顺当时还在京郊，夜宿修正。奕䜣踢开房门，把睡梦中的肃顺绑进了京城。最后肃顺被斩首，其他大臣或被废为庶人发配边远恶土，或革职永不叙用。奕䜣和慈禧合作，把对手铲除得干干净净。因为政变发生在 1861 年辛酉年，得名为"辛酉政变"。

咸丰十一年十一月初一（公元 1861 年 12 月 2 日），清朝第一次"垂帘听政"仪式在紫禁城养心殿举行。养心殿正中间硕大的龙椅上坐着年仅六龄、茫然无知的小皇帝载淳；小皇帝身后是一架八扇黄色纱屏，屏后并坐着年轻的慈安和慈禧太后；小皇帝的御案左侧站着恭亲王奕䜣，他以议政王、领班军机大臣的身份接递朝臣奏疏，呈予御览，并发表自己意见。

在台上的这四个人，小皇帝载淳是摆设，慈安温顺懦弱与世无争，真正决策天下的是慈禧太后和奕䜣这对权力搭档。

辛酉政变的成功，奕䜣有一大半功劳。事后在权力布局的时候，奕䜣自然少不了要插手核心决策，但以什么名号来进行，大家都颇费脑筋。慈禧太后决定授予奕䜣"议政王"的头衔，另有深意。奕䜣的角色类似于入关之时的"摄政王"多尔衮，但多尔衮的擅权专断已经把"摄政王"三个字变成了一个忌讳的名词。慈禧又否决了朝臣提议的"辅政王"头衔。"摄政"也好，"辅政"也好，都有让出部分决策权的意思。慈禧不愿意，只希望奕䜣提供意见建议，所以定名为"议政王"。延伸起来想，政治决策、人事变动都由太后决定，奕䜣可不是只有"建议"和"议论"的权力吗？

载淳刚即位的时候，肃顺等人拟定了一个年号：祺祥。如今，慈禧以"同治"年号代替。她心目中的"同治"可不是太后与亲王共同治理天下，而是强调太后和皇帝母子共同治理天下的意思。当然，"同治"年号给奕䜣及其党羽的心理暗示是两宫太后很谦虚地要和大臣们共同治理江山。 这是他们自己想错了，慈禧不负责，也不解释。

这年，奕䜣 30 岁，慈禧 27 岁，慈安 26 岁。

二

慈禧太后和奕䜣的合作，取得了不错的成绩。 他们在政治蜜月期内动作不断，建立总理衙门、扑灭太平天国、开展洋务运动、支持汉族官僚、官派出国留学，等等。 曾国藩在给弟弟曾国荃的信中评价："两宫太后及恭邸力求激浊扬清，赏罚严明。"

起初，叔嫂俩关系非常好。 慈禧对奕䜣恩宠有加，有意笼络。比如同治初年，慈禧太后把奕䜣的大女儿接进宫中教养，接着就晋封她为荣寿固伦公主。 按照制度，亲王的女儿最多封郡主，只有皇帝女儿才能封公主。 慈禧向奕䜣示好，结果让年仅 11 岁的奕䜣女儿成了清朝唯一一个亲王生的公主。 朝会或者议政的时候，奕䜣率领军机大臣、六部九卿进见，然后就站在那里侃侃而谈。 慈禧见他站着议政很辛苦，常常在太监进茶的时候吩咐："给六爷茶！"奕䜣也欣然领受。 有一次，奕䜣站在御案旁议政了很长时间，说得口干舌燥，竟然顺手拿起桌子上小皇帝载淳的茶喝了起来。 这可是"大不敬"的行为。 奕䜣很快发现不对了，赶紧放回原处，然后装作若无其事的样子继续议政。 慈禧太后也不纠结这些礼节问题。 可等到两人关系不好的时候，奕䜣在细节上的疏忽就成了他飞扬跋扈的"罪证"。

奕䜣和慈禧关系恶化的原因是两个人都是进取心和抱负很强的人。 慈禧要用奕䜣之才来帮助自己治国；奕䜣却想借慈禧之力来施展抱负，中间肯定存在分歧。 慢慢的，两人在一些政务上产生了分歧，奕䜣大声辩论，坚持己见。 况且，奕䜣主政时间长了，也有礼节疏忽的地方。 比如有的时候没听清楚慈禧的话，让慈禧重复，等等。 随着统治越来越巩固，内忧外患渐渐消除，慈禧决心

"敲打敲打"奕䜣。

同治四年（公元1865年）3月，揣摩到慈禧意思的蔡寿祺上疏弹劾奕䜣贪墨、骄盈、揽权、徇私等情形。慈禧马上借机让大家"议议"。大学士倭仁、周祖培等齐集内阁，召蔡寿祺询问。事关重大，大家就奏折所言，一条一条地查证。结果，蔡寿祺拿不出所奏各条的证据，仅仅说"传闻"奕䜣在给某某人升官时接受了贿赂。于是，大臣们基本判断蔡寿祺是风闻言事，纯属诬告。可大臣们的判断不重要，重要的是慈禧"先入为主"的意愿。她根本不看大臣们的回奏，而是拿出了一份早已拟好的处理意见，交给几个大学士处理。

佳文共欣赏，慈禧的这份朱谕如下：

> 谕在廷王、大臣等同看，朕奉两宫皇太后懿旨：本月初五日据蔡寿祺奏，恭亲王办事徇私、贪墨、骄盈、揽权，多招物议，种种情形等弊。嗣（似）此重情，何以能办公事？查办虽无实据，是（事）出有因，究属暧昧，难以悬揣。恭亲王从议政以来，妄自尊大，诸多狂敖（傲），以（倚）仗爵高权重，目无君上，看（视）朕冲龄，诸多挟致（制），往往谙（暗）始（使）离间，不可细问。每日召见，趾高气扬，言语之间，许（诸）多取巧，满是胡谈乱道。嗣（似）此情形，以后何以能国事？若不即（及）早宣示，朕归政之时，何以能用人行正（政）？嗣（似）此种种重大情形，姑免深究，方知朕宽大之恩。恭亲王著毋庸在军机处议政，革去一切差使，不准干预公事，方是朕保全之至意。特谕。

上文括号中的是大学士周祖培替慈禧修改的错别字。整个诏书充分显示了慈禧平日自学文化取得的成果，语句可读，意思表达得非常清楚、强硬。亲奕䜣的周祖培只敢在"恭亲王从议政以来，妄自尊大"处加上"议政之初尚属勤慎"8个字，回复慈禧。慈禧同意了，命令："此诏由内阁速速明发，不必由军机！"因为军机处的班子都是亲奕䜣的，慈禧没时间和军机处再磨蹭，要的就是快速扳倒奕诉。 结果如她所愿，奕诉的"议政王"头衔没了，军机大臣和其他职务被全部撤去，空余一个"恭亲王"领俸禄用。 军机处随之大换血，改由惇亲王、醇郡王、钟郡王、孚郡王四人轮流领班。

奕诉真正见识了慈禧这个女人的厉害，仿佛重新嗅到了哥哥咸丰在位时期那种压抑的味道。 好在他多年来治国的成绩还在，同情支持他的人也还在。 接替奕诉的惇亲王奕誴是他的五哥，行事鲁莽，人又傻，道光皇帝不喜欢这个儿子，就把他过继给了别人。 奕诉也不喜欢这个五哥。 可就是他，第一个公开为奕诉鸣冤，觉得对奕诉处理过重。 奕誴的宗室地位很高，慈禧不能不处理他的意见，只好把他的鸣冤发给朝臣讨论。 讨论前，慈禧分批召大臣谈了自己的意见。 出来后，亲奕诉的文祥传述说，两宫太后对奕诉绝无成见，此次让大家公议一定会从谏如流，如果公认议政王奕诉无大过失，就请"复任"，两宫太后及皇帝"许焉可也"。 反对奕诉的倭仁却说慈禧认为："恭王狂肆已甚，必不可复用。"而两次召见都在场的钟郡王则证明：倭仁与文祥传述的谕旨都没有错，两个倾向完全不同的转述都是太后的口谕。

这是怎么回事呢？ 慈禧太后在如何处理奕诉的问题上，犹豫不决。 她既认可奕诉的能力和成绩，又不愿让奕诉分享过多的权力。这次，慈禧处理奕诉是为了"敲打"警告一下小叔子，并不是彻底埋葬奕诉的政治命运。 知道慈禧这个底子后，大臣们纷纷赞同处置奕诉的不当言行，希望太后能够让他改正错误，将功补过。

整个事件的结局是，慈禧下旨严厉"训诲"奕诉，奕诉则跑去慈禧面前"伏地痛哭"，表示要痛改前非。 不日，谕旨准奕诉重新掌握军机处，但撤去"议政王"头衔。

奕诉就像是一家公司的董事总经理，突然被董事长赶出了董事会，只让他专门做好职业经理人。

美国史学家马士在《中华帝国对外关系史》上对慈禧和奕诉的关系作了经典的评价：

　　辛酉政变之初，中国政坛上出现了两个当权者：慈禧和恭亲王。那时慈禧已是一个坚强意志和清醒头脑的女政治家,行将展布她伟大的执政才能。但她是个女人,又少执政的经验,所以才让恭亲王给以支持。而恭亲王自知自己有能力统治中国,但根据中国的皇权地位,他没有最后决定权。所以这两个人一起工作,最初是在准平等基础上的,到后来当亲王意识到他在国家中的地位的时候,才像主妇和管家一样。

安德海之死

一

同治八年（公元 1869 年）7 月初，两艘太平船沿京杭大运河扬帆南下。 两面大旗在船舷两侧猎猎作响，一面写着"奉旨钦差"，另一面是"采办龙袍"。 此外，船上还有迎风招展的使者旗帜、龙凤彩旗多面，船上不时传来丝竹音乐之声。 一路上，船队出北京经天津取道河北入山东，缓缓而行，准备去江南。 船队逢州遇县必停，惊扰地方官吏，要钱要物。 沿途一些趋炎附势的地方官争先恐后前去逢迎巴结。

到底是哪位钦差大人如此"高调"地出行呢？ 原来是宫中的总管太监、慈禧太后最宠信的安德海。

安德海是河北河间人，年轻时自宫入宫当了太监。 民间传说慈禧太后能够得到咸丰的宠幸，安德海帮过忙；又传说辛酉政变初期，慈禧和恭亲王奕䜣都不确定对方的心思。 安德海就充当了探路石的角色。 当时慈禧假装痛责安德海，把他赶出承德行宫。 安德海趁机逃往北京联络奕䜣，探听风声，之后往来北京和承德之间，为政变成功立下了汗马功劳。 这些传说不知道是真是假。 反正慈禧发达以后，很器重安德海，确有其事。 慈禧的生活起居全部由安德海负责照料，遇到什么事情慈禧也会询问安德海的意见。 安德海"以柔媚得太后欢"，使慈禧太后逐渐有点离不开他了。

民间传说安德海是一个净身不干净的"假太监"，和慈禧有暧昧关系所以得到宠信。 这个传说流传甚广，因为没有根据，不予采信。

安德海有了慈禧的宠信后，开始自我膨胀起来，不仅贪污腐化，还交接朝臣。 慈禧多少也知道安德海的劣迹，但也不加以真正遏制，反而把一些自己不方便出面的事情都交给安德海去做。 安德海更加行事嚣张了。 清朝对太监限制很严，严禁太监干政，还规定太监只能待在宫中，私自出宫者杀无赦。 自我感觉很好的安总管哪受得了这个，厌烦了宫中的清规戒律，就借给同治皇帝采办龙袍和大婚器物之机，请得慈禧同意后直奔江南而去了。

别看安德海只是个四品的太监总管，出京城后沿途州县官员都捧着他哄着他，让他很有傲视群雄、一览众山小的感觉。 外面的世界太让他享受了。 7月20日，船队到达山东北部的德州。 安德海说第二天是他生日，要在船上庆寿。 随从们赶紧忙起来，置办酒宴、请戏班子，把码头搞得乌烟瘴气。 21日，安德海把从宫中带出来的龙袍和翡翠朝珠摆在一把太师椅上，自己并排坐在另一把太师椅上，整个庆寿活动正式开始。 徒子徒孙们给他磕头拜寿，戏班子在船上演"八音联欢"，引得运河两岸聚满了密密麻麻看热闹的百姓。

安德海弄出的大动静，很快就传到了德州知州赵新的耳朵里。赵新很诧异：我从来没有接到内阁或者军机处的公文，不知道有钦差大臣过境啊！

事关重大，赵新不敢怠慢，亲自带上衙役前往运河码头察看。他来晚了一步，赶到时安德海已经办完寿筵，继续南下了。 赵新连忙把事情的来龙去脉呈文山东巡抚丁宝桢。

丁宝桢接到赵新禀报后，立即召集幕僚商议。 丁巡抚科举正途出身，清正刚硬，早就对狐假虎威、胡作非为的安德海不满了。 传统士大夫原本就对宦官太监不齿，对干政跋扈的太监更是深恶痛绝。如今安德海撞来了，丁宝桢和幕僚们很快就商定了"严肃处理"的意见。 丁宝桢一面写了道密折，以六百里加急送往北京；一面派东昌府（今聊城）知府程绳武尾随安德海的船队，命令一遇到有僭越或不法行径，立即捉拿严办。

程绳武过去一看。 这还需要看嘛，安德海僭越和违法的罪状都清清楚楚地摆在那里呢！ 严格依法办事的话，早就该抓了。 可程绳武不敢捉拿。 打狗要看主人啊，安德海之所以如此嚣张，是因为他后台硬得很，有恃无恐啊！

丁宝桢见程绳武没有动静，加派了总兵王正起带上军队追赶，务必将安德海缉拿。 王正起追到泰安县，终于将安德海一行截下逮捕。

却说捉拿安德海的时候是夜里，兵丁衙役们把安德海一伙人下榻的客栈团团包围起来，泰山知县和守备亲自冲进客栈抓人，很快就把安德海的随从们逮住了，可独独不见安德海。 安德海不见了，事情就不好办了啊。 如果他跑回京城去，反咬一口，山东的这一干人等可就惨了。 总兵、知县、守备慌忙命令仔细搜查客栈周边地区，最后终于在后院的水井中发现了安德海。 原来，安德海警惕性很高，听到动静后抓起金银珠宝，跳进后院的水井藏了起来。 人赃并获后，众人不敢懈怠，连夜把安德海等人押送济南，天明时分抵达济南，把人犯关进了历城监狱。

丁宝桢亲自来会安德海。 安德海起初还很嚣张，见到丁宝桢还趾高气扬，不肯下跪。 丁宝桢一示意，就有一个军官过来狠狠地摁住安德海的头，把他给摁跪在地。

安德海质问，丁宝桢，你认不认得我？

丁宝桢说，当然认得，抓的就是你安总管。

安德海反问，凭什么抓我？

丁宝桢说，就凭你"私自出宫"一条，我不仅要抓你，而且还要杀你呢！

安德海辩解，我可是奉旨出宫，为皇上采办龙袍。

丁宝桢说，圣旨在哪里？ 你说你是奉旨钦差，就真是钦差啊？

安德海咬咬牙，狠狠地说，丁宝桢，你杀不了我。 你等着。

丁宝桢肯定地说，安德海，你这回是死定了。 不仅是我要杀你，还有许多人早就想杀你了；单凭我一个人的确杀不了你，但其他人会帮我杀掉你的。

二

丁宝桢为什么这么说？他说的"其他人"又是谁呢？

首先是恭亲王、领班军机大臣奕䜣，他对安德海恨之入骨，早就想除掉安德海了。

宫廷政治布局错综复杂。安德海以为抱住慈禧太后的大腿就可以了，不想他的飞扬跋扈和无所顾忌，很轻易地得罪了其他政要。安德海仗着慈禧的宠信，贪得无厌，多次向朝臣们索要金银钱财、帮人买官求官。奕䜣一概不买安德海的账，可能还搬出祖宗禁止宦官干政的规矩对安德海有所训斥。安德海就恨上了奕䜣，在慈禧面前进谗言，给奕䜣小鞋穿。一次，奕䜣请见慈禧，看到太后正同安德海闲聊，安德海谈天论地，神态轻浮，甚为随便；慈禧也同之亲昵忘形，竟然没有接见恭亲王。奕䜣非常恼怒，退下来就对他的亲信说："非杀安，不足以对祖宗、振朝纲也。"同治四年（公元1865年），慈禧废黜了奕䜣的"议政王"资格，在朝野面前大大出了奕䜣的丑。据说这次巨大矛盾的发生，和安德海从中捣鬼不无关系。

所以，奕䜣早就想除掉安德海了，只是苦于没有机会，也忌讳慈禧的庇护。

当然了，奕䜣没有杀死太监总管的权力，即使有机会也需要请来圣旨才行。辛酉政变后，政令最后需由两宫太后认可，再通过小皇帝同治的玉玺盖章确认。所以，奕䜣要杀安德海除了要找到确凿的证据，还需要太后与小皇帝的协助。

也怪安德海的人缘实在太差。同治小皇帝是第二个对安德海恨之入骨、必欲除之而后快的人。慈禧太后对同治皇帝的要求很严格，安德海狐假虎威，对同治的要求也很严格。同治对安德海不客气，安德海更不客气。他常跑到慈禧面前说同治的坏话，惹得同治被慈禧责骂多次。同治恨死安德海了，曾做了个泥人然后一刀砍下它的脑袋。旁人就问了："皇上这是何意呀？"同治毫不掩饰地说："杀小安子！"

安德海出京采办之前，按制度要请示同治皇帝。 慈禧太后替安德海在同治面前打了声招呼，同治口头赞同，既没有正式同意更没有给安德海诏书或者证物。 一和慈禧分开，同治就把这个消息告诉了慈安太后。

为什么告诉慈安呢？ 因为慈安是第三个想设计铲除安德海的人——您看看，安德海的仇人都是些什么人啊，他怎么可能幸免呢？

我们知道慈安是个好脾气的太后，竟然也对安德海的行径看不下去，可见安德海得罪了多少人。 安德海依恃慈禧的宠信，竟然把慈安也不放在眼里。 慈安太后看他行为跋扈，不守朝廷规制，极为不满。 安德海离京后，慈安、奕訢和同治就开始想方设法怎么绕开慈禧，把安德海正大光明地正法。 刚好安德海离京前后，慈禧生病了，休养期间不处理政务。 慈安趁机建议让同治皇帝学习处理政事。 慈禧也同意了。 于是，地方的奏章和每天的廷议都送给同治皇帝，由慈安和奕訢协助着处理。 这下子，"杀安三人组"可以绕开慈禧直接处理安德海了。

奕訢从安德海必经的各省督抚中挑中了清正刚硬的山东巡抚丁宝桢，把他召进了京城，特地提到了安德海的事情，暗示一旦安德海行为不法，可以就地拿办。

所以，当安德海被缉拿后，丁宝桢才能那么肯定安德海这回必死无疑。

丁宝桢的奏报送抵朝廷，朝廷很快发回意见： 该太监擅自外出，不用审讯，就地正法。

朝廷处理奏报，其中有什么波折呢？ 有两种说法。 第一种说法是慈禧还在生病（也有人说慈禧正在看戏），并不知道安德海被缉拿的消息。 恭亲王奕訢禀报同治皇帝和慈安太后，三人召见军机大臣，很快讨论出了就地正法的意见——正如"杀安三人组"之前设想的一样。

第二种说法是丁宝桢奏报到达时被慈禧看到了。 慈禧大吃一惊，可安德海罪状确凿，慈禧一时不知道怎么搭救，只好同慈安、同治一起召见奕䜣等大臣商量办法。 结果，同治说自己没有派遣太监出去采办龙袍，慈安接着说祖制严禁太监私自出京，奕䜣就要求按照规定将安德海杀无赦。 大臣们也纷纷赞同。 慈禧被孤立了，不得不同意处决安德海。

如果说慈禧对处决安德海的命令一无所知，肯定是不符合情理的。 她执掌朝政多年，不可能错过任何朝堂上的政治信息。 最大的可能是慈禧知道了安德海遇险，虽然有心搭救却无力回天了。 首先，安德海"私自出京"这条最要命的罪行，单凭慈禧一个人无法为他洗刷。 当初慈禧疏于防备，没有给安德海正式的任命、没有经过朝廷手续，更没有得到同治皇帝的诏书。 现在同治、慈安都否认曾派安德海出去采办龙袍，慈禧不可能在朝堂之上批驳慈安和同治的说法。 第二，安德海其他罪行累累。 沿途僭越之举、扰民之事、中饱私囊和嚣张气焰，人所共知，难以否认。 丁宝桢还从安德海的两艘船上搜出黄金 1150 两、元宝 17 个、极大明珠 5 颗、珍珠鼻烟壶 1 个、碧霞犀数十块、骏马 30 余匹和其他珍宝玩物。 这些罪证如何销毁？ 最后，安德海的人缘实在太差，除了慈禧会救他之外，其他人都说安德海该死。 你让慈禧怎么办？ 安德海的人缘哪怕好那么一点点，出京前就会有人提醒他注意太监私自出京的规矩。 总之，慈禧是中了奕䜣等人的埋伏。

表面上看，这是奕䜣、慈安、同治三人要整死安德海，实质上是在发泄对慈禧的不满。 慈禧大权独揽，让三人都不舒服。 安德海只是慈禧强势的一个衍生物而已。 安德海的死，是三人对慈禧的一个打击。

也有人分析说，慈禧清楚奕䜣、慈安、同治三个人联合起来对付自己。 她不想和三位亲人的关系搞僵了，加上如果任由安德海继续胡作非为下去不知道会捅出什么更大的娄子来，所以"弃车保帅"，计划用安德海的死来缓和与三人的关系。 安德海疏于防范，自请出京的时候，慈禧就没有阻止。 慈禧一开始就知道安德海只要出京就会被杀。 据说，丁宝桢的奏折到的时候，慈禧故意继续装病休息或者装作沉迷于看戏，实际上是给奕䜣三人处决安德海创造机会。 事后，慈禧多次公开强调安德海私自出京，违制被杀，罪有应得，命令太监们引以为戒。 所以，在安德海之死这件事上，奕䜣三人是胜利者，装糊涂的慈禧也是胜利者。 只有自我膨胀到忘记自己是谁的安德海，是彻彻底底的失败者，丢了脑袋。

实际上，山东的丁宝桢为防夜长梦多，没等接到朝廷谕旨，就先把安德海给斩首了。 随从的太监也一并处决，其他人分别处以刑罚。 丁宝桢并没有因此受到慈禧太后的刁难，反而被认为是能臣干才，升任四川总督去了。

同治帝后

一

同治十二年（公元 1873 年），同治皇帝载淳 17 岁了。 这一年，他亲政了，并且结婚了。 婚礼是由奕䜣负责操办的，办得不错，事后两宫太后发懿旨奖赏，加恭亲王"世袭罔替"号。 这个"世袭罔替"的亲王就是民间称的"铁帽子王"。 清朝规定王爷的爵位是世代递减的，每过一代人降一级爵位。 比如奕䜣是亲王，儿子就只能是郡王，孙子只能是贝勒。 但加了"世袭罔替"后，子孙世世代代就都是亲王了。

这次婚礼选定的皇后是阿鲁特氏。 阿鲁特氏比同治皇帝大两岁，其父崇绮是清朝"立国二百数十年，满蒙人试汉文"考中状元的唯一一人。 阿鲁特氏从小受书香熏陶，知书达理，端庄贤惠。 在挑选皇后的时候，同治皇帝一眼就看上了她。 可慈禧太后看上了富察氏，要求同治皇帝选富察氏。 可慈安太后也喜欢阿鲁特氏，支持同治的选择，最后阿鲁特氏成了皇后。 慈禧对这个皇后儿媳从一开始就不喜欢，对儿子同治忤逆自己的意思站到慈安一边非常恼火（同治和慈安的关系比较亲近，和生母慈禧的关系反而不好）。 作为补偿，富察氏被封为慧妃，同时入宫。

婚后，同治皇帝的婚姻生活很不美满。 慈禧太后不允许他和皇后阿鲁特氏亲热，强迫他多亲热慧妃，还要求他俩赶紧生育。 强扭的瓜不甜，同治郁郁寡欢，加上正值叛逆年龄，他更不喜欢慧妃了。一边是不喜欢的慧妃，一边是不能亲近的皇后，同治干脆选择独居乾清宫。 这就造成了三个新婚男女的悲剧，同治和一后一妃各自独居宫中，形单影吊，郁郁不乐。

在治国方面，同治是个不合格的皇帝。 他从小顽劣，不好好学习，基础很差，亲政时连看奏章都感到困难，更不用说批阅和给出意见了。 亲政后，慈禧太后还要"训政"，奕䜣作为领班军机大臣也会提出处理意见，主客观因素一综合，同治还是一个茫然不作为的小皇帝。 权力结构并没有发生大的变化。

家庭生活和政治上的不如意，让同治心灰意冷。 宫中的生活无趣极了，同治又是血气方刚、青春好动的年纪，就动了出宫私访的心思。 奕䜣的长子载澄看出了同治的心思，主动陪同他微服出宫游玩。 这个载澄比同治小两岁，是同治的堂弟，两兄弟感情很好。 同治长在深宫，闷闷不乐又懦弱无能，载澄则从小在四九城玩大，顽劣不堪。 出了宫，同治就跟着载澄四处乱跑。 载澄尽带同治去那些乱七八糟的地方，勾栏瓦肆、戏院茶楼乃至妓院娼寮。 同治很喜欢在这些地方游乐，浏览于妓女的温柔乡里。 两个年轻人想玩又怕被长辈或者朝臣认出来，不敢去那些高档娱乐场所，只敢去胡同小院和暗娼私场，行乌烟瘴气之事。 世上没有不漏风的墙，同治和载澄的荒唐行径，很快就在京城里暗中传开了。 妓院玩场也猜出两个人的真实身份了，不便指出，只好装作不知，听任二人胡来。

对于同治的胡来，奕䜣听在耳里，知道在心，但因为事情与自己的儿子载澄有牵连，不便出面劝谏，就鼓动其他大臣上疏。 先后对同治皇帝以隐晦之语暗相劝谏者有十数名大臣，同治皇帝一概置之不理。 后来，同治发现有一件政务自己可以做主，那就是重修圆明园。圆明园在他父亲咸丰时被英法联军烧掉后，还余有相当规模的亭台楼榭。 同治在朝政上无法作为，在紫禁城生活得又不顺心，就以给慈禧太后修建养老之所的名义下令重修圆明园。 慈禧太后对圆明园有特殊的感情，年纪大了也想有个养老地，就赞同了儿子的决定。

奕䜣不赞成重修圆明园，因为国家财力承担不起，但他不便反对。 不过既然同治皇帝想全力做这一件事，奕䜣不得不违心地捐了两万两银子助修。 可同治皇帝亲自监工，工程规模越来越大，耗资越来越高，加上同治所用非人，采购原料人员出现经济丑闻。 国库实在承担不起圆明园工程了，而同治又想重修三海，奕䜣觉得不能再任由同治一意孤行下去了。 7 月 16 日，奕䜣、奕譞联合御前和军机十名重臣，共同上了名为《敬陈先烈请皇上及时定志用济艰危折》的奏折。 奏折一共谈了八件事： 停园工、戒微行、远宦寺、绝小人、警宴朝、开言路、惩吏患、去玩好。 这是对同治言行的全面否定和劝谏。 谁知道三天后，同治对这么重要的奏折竟然没有一字一句的回复——大量的奏折都压在他的案头上，任由尘土堆积。 奕䜣只好与十位重臣同时要求同治帝召见。 同治帝只好接见了他们。

一见面，同治就冷冷地问： "何事请见！"

惇亲王回奏： "臣等十人联名上奏，请皇上俯纳！"

同治打开奏折，没看几行，便生气一摔： "我停工何如，尔等尚有何饶舌！"

奕䜣接着奏道： "臣等所奏尚多，不止停工一事，容臣宣诵。"

然后开读奏折，边读边讲。 没读多少条，同治帝大怒断喝： "我这个位子让给你怎么样？"

奕䜣受此抢白，不再说话。 听到皇帝这般讲话，十位重臣都惊愕不已。 文祥伏地大哭，喘息不已，昏晕了过去。

醇亲王奕譞仗着是皇叔，哭着在此劝谏，一条一条地劝同治改过自新。 说到 "戒微行" 内容时，同治自以为微服出宫行动诡秘，无人知道，就要醇亲王说出证据来。 醇亲王也不客气，一桩一件指出同治在什么时候去过什么地方鬼混。 同治当众被揭了老底，极其窘迫，说不出话来。 尴尬了半天，让步说，众臣劝谏的八件事中，七项都可以采纳，只有圆明园工程一事需要转奏皇太后定夺。

打发走大臣后，同治思来想去，觉得出宫胡闹的事情只有他和载澄两个人知道，除了他们俩，最有可能知道的就是奕䜣了。 几天后，同治单独召见了奕䜣，追问： "微行一事，闻自何人？"奕䜣被逼无奈，只好说： "臣子载澄！"同治恼羞成怒，认定自己出丑是载澄把秘密泄露给了父亲奕䜣，奕䜣再把丑事渲染了出去。

同治没有接受教训，而是迁怒于奕䜣父子，决定重重惩罚他们父子俩。 他愤怒地召见全班御前大臣和军机大臣，宣布"恭亲王无人臣礼，当重处"，罢免奕訢所任军机大臣等一切职务，降为不入八分辅国公，交宗人府严议；免去载澄的贝勒郡王衔，免其在御前大臣上行走。 同治不仅拒绝了重臣联合劝谏，还重惩奕訢父子，让朝臣大失所望。 大臣们与同治帝反复折冲，迫使同治将奕訢革去亲王"世袭罔替"，降为郡王，仍在军机大臣上行走，并革去载澄贝勒郡王衔。 但同治以"朋比谋为不轨"的罪名，革去了十位上疏劝谏的王爷和大臣的职务，报复他们联名上疏。 如此一来，满朝寒心，都感叹同治简直是扶不起的阿斗。

事情闹到八月初一，两宫太后出面责备同治皇帝。 慈禧和慈安"垂泪于上"，同治皇帝"长跪于下"。 慈禧说："十年以来，无恭邸何以有今日，皇上少未更事，昨谕著即撤销。"同治不敢违背，只好收回成命，恢复奕訢父子等人的一切官爵。

同治皇帝经此一闹，事业心更没了，对政务更是不插手，剩下的只有荒唐胡为之举。 同治十三年十二月初五（公元 1875 年 1 月），19 岁的同治皇帝病死了。

宫廷说法是他死于天花，提供了详细的诊断材料。 亲历者翁同龢等人在日记中也记述了当日见到弥留之际的同治皇帝，症状的确像是出天花。 不过民间相信同治皇帝是死于梅毒，或者死于梅毒和天花两种病。 同治之死便成了清宫一大疑案。 不过可以肯定的是，同治皇帝是清朝后期比较昏庸的一个皇帝，也是个不幸的皇帝。

二

同治皇帝死时没有一儿半女，只是在皇后阿鲁特氏肚子里留有一个胎儿。

可惜的是，在同治帝死后百余日内皇后阿鲁特氏也死了，死期是光绪元年二月二十日（公元 1875 年 3 月 27 日）。 阿鲁特氏的死，是一个家庭悲剧。 死因很确定，自杀身亡。

阿鲁特皇后和慈禧太后的关系很不好。 一来慈禧太后本来就不喜欢这个媳妇，二来阿鲁特皇后出身诗书世家，和慈禧太后的兴趣爱好相差挺大。而阿鲁特氏又清高独立，不肯委屈逢迎慈禧。婆媳之间的矛盾就这么产生了。据野史传闻，慈禧爱看戏，不喜欢看戏的阿鲁特氏不得不陪侍左右。那时戏剧中有许多暧昧甚至淫秽的情节，阿鲁特皇后看到就把脸转向一边。慈禧看到后，更不喜欢她了。旁人就劝年轻的皇后不要和太后过不去，要搞好关系。不想，阿鲁特氏说："我乃奉天地祖宗之命，由大清门迎入者，非轻易能动摇也。"意思是自己是明媒正娶的皇后，不能随便废黜的。这话在慈禧听来，就像是在讽刺她不是咸丰明媒正娶的皇后，而是通过选秀进宫的一个侍妾一样。慈禧就更不喜欢阿鲁特氏了。在溥仪的《我的前半生》中，也记载了阿鲁特氏的这句话。不过出处不同。《我的前半生》中说同治病重时，阿鲁特皇后前去养心殿探视，二人说了些私房话，被慈禧皇太后知道。慈禧怒不可遏，闯入暖阁，"牵后发以出，且痛抶之"，并叫来太监备大杖伺候。据说皇后情急之下说了句："媳妇是从大清门抬进来的，请太后留媳妇的体面！"慈禧一直以侧居西宫为遗憾，也为咸丰临终前没有册封自己为皇后而不满，被阿鲁特皇后的话揭开了伤疤，对她简直是要由不喜欢到仇恨了。

同治病重，慈禧不让阿鲁特皇后去侍奉。阿鲁特氏也不敢去，又给了慈禧骂她的理由。慈禧说她"无夫妇情"。同治弥留之际，阿鲁特氏哭着去探视，还为同治擦拭脓血，慈禧却骂她："此时尔犹狐媚，必欲死尔夫也！"慈禧一开始就对阿鲁特氏有偏见，加上长期生活过程中慢慢积累的矛盾，在儿子临终前转化为了婆媳公开的冲突。

一些史料和民间传说都提到了同治皇帝留给阿鲁特皇后密诏的事情，这导致慈禧要了阿鲁特氏的命。《清朝野史大观》记载，同治帝死前，召他的师傅李鸿藻到御榻前。此时，正好皇后也前来问疾，站在皇帝一侧，欲引避。同治帝说："不用。师傅是先帝的老臣，你是我的媳妇，我正有要言，何必引避？"鸿藻见了皇后，急忙免冠伏地。 皇帝说："师傅快起，此非常时刻，我就要不行了！"此时鸿藻、皇后皆失声痛哭。 皇帝问皇后说："我如不讳，必立嗣子，你是何意，可快说明。"皇后说："国懒（赖）长君，我不愿居太后之虚名，拥委裘之幼子，而贻宗社以实祸。"皇帝听后笑了笑："你这么知礼，我就无忧了！"乃与师傅谋，以贝勒载澍入承大统。且口授遗诏，令师傅就榻而书之，凡千余言，书成，皇帝说："明日或能再见一面！"李鸿藻出宫，战栗无人色，赶忙跑到慈禧后宫，请急对。 慈禧召之入，李鸿藻把遗诏进呈慈禧。 慈禧阅毕，怒不可遏，立碎之，掷于地，叱鸿藻出。 而后命尽断同治帝的医药饮膳，不许入乾清宫。 没多久，人们就听到了皇帝的死讯了。

在这里，同治皇帝对身后事做了布置，选择年长的载澍继任皇帝，并且夸奖阿鲁特氏皇后不争名位，识大体顾大局。 慈禧为了继续把持朝政，不能让年长的皇帝继位，最后选择了年幼的光绪登基。为了实现目的，在李鸿藻的协助下，慈禧撕毁了同治的遗诏，还涉嫌害死了同治皇帝。

还有一个说法是，遗诏由同治交给了阿鲁特皇后。 慈禧就必须把阿鲁特皇后和遗诏一起消灭掉了。 慈禧从阿鲁特皇后那里看到真正的遗诏后，狠狠地用遗诏扇皇后的脸，说："你害死了我的儿子，还想做皇后吗？"

慈禧迅速把侄子兼外甥光绪扶上了龙椅。 阿鲁特皇后在宫廷的处境既危险又尴尬。 喜欢她的同治皇帝已经死了，而一贯讨厌她的慈禧太后开始凌辱她。 继位的光绪皇帝是同治皇帝的堂弟，是以承继咸丰帝为子登基的。 那么，阿鲁特皇后既不算皇太后（慈禧依然是皇太后），又肯定不能算是皇后，在宫中以何名义立足呢？ 处境危险，前途茫然，阿鲁特氏写了一张纸条，询问父亲崇绮现在应该怎么办。 崇绮在字条上批了一个"死"字，转给女儿。 绝望的阿鲁特氏带着肚子里的胎儿自杀了。

阿鲁特氏自杀后，慈禧依然没有放过她。 光绪二年（公元1876年）5月，御史潘郭俨请求更定阿鲁特氏的谥号："同治皇帝贺崩不到百日，皇后也驾崩了。 民间纷纷传闻，有说皇后是悲伤过度而死的，有说皇后是绝食殉节的。 现在不表彰阿鲁特氏，何以告慰她的在天之灵？"慈禧批示潘郭俨的奏请"其言无据"，是荒谬狂妄之语，下旨将其罢官。 我们很自然认为慈禧始终厌恶阿鲁特氏，不希望还有人提到这个儿媳妇，更不愿听到百姓还对她"道路传闻"。

慈安与奕䜣之死

一

同治朝皇帝的家事，从太后皇叔开始，说到宫廷斗争、皇帝身亡、皇后自杀，应该算是完了。我们在最后还要交代一下同治朝另外两个灵魂人物的结局：一个是慈安太后，一个是恭亲王奕䜣。

慈安太后死于光绪七年三月初十（公元 1881 年 4 月 8 日），时年44岁。

慈安太后是"暴亡"的。之前一段时间，倒是慈禧太后身体不好，不能理政，都是慈安一个人在垂帘听政。结果生病的慈禧太后没有死，慈安太后倒是在一天晚上突然死了。两宫太后共同听政，慈安的死，最大的受益者是慈禧。考虑到这两点，许多人认为慈安是被慈禧害死的。

民间传说慈安发现了慈禧的丑行，被慈禧灭口了。据说有一个姓金的男伶，受到慈禧专宠，随意出入宫禁。那一段时间慈禧生病，慈安就到慈禧的住处探病，正撞上慈禧和金姓男伶躺在一起。慈安太后是咸丰皇帝的皇后，在礼法上地位高于贵妃身份的慈禧太后。她见状就"痛责"了慈禧。慈禧吓得当场认错，并诛杀了那个男伶，但同时也对慈安起了杀心。

流传更广的一个说法是，咸丰皇帝临终前给慈安留有遗诏。咸丰皇帝看出慈禧的权力欲很强，心计重，担心日后皇权旁落，专门写下遗诏限制慈禧。遗诏内容是如果慈安日后发现慈禧有独揽朝政、专权独断的情况，可以召集大臣惩治慈禧。多少年过去了，慈安和慈禧都相安无事。据说慈安生病的时候，慈禧还曾割肉给慈安治病。慈禧的温良恭谨让慈安产生了错觉，以为不会出现咸丰担心的情况。她天真地把咸丰的遗诏拿出来给慈禧看了，看完说姐妹互信互敬，先帝的担心是多余的，于是就把咸丰的遗诏给烧了。可慈禧知道慈安手中竟然握有定时炸弹之后，内心大惊，表面对慈安表示感谢，回去后就筹划着如何除掉慈安了。

不过对于慈禧具体是怎么下手的，传说就没有进一步的说法了。清朝宫廷自然也公布了慈安的诊断记录。御医们都证明慈安是正常死亡。亲历者翁同龢等人也入宫见到了御医抢救慈安的情况，证明慈安是正常死亡。

民间传说慈安死后，慈禧把持慈安灵柩不让大臣接近瞻仰，同时迅速安排了慈安下葬，有做贼心虚的嫌疑。实际情况是慈安的遗体停放寝宫，供大臣们瞻仰。大臣们看到慈安的遗容正常。所以，慈安之死可以认为是突发急病，不幸死亡。她能够在复杂的咸丰、同治、光绪三朝善始善终，与她与世无争的态度和平和的心态有关。

二

奕訢从前半生的积极进取转变为了后半生的消极退让，是因为他遭受的打击太多了。

奕訢的一生有许多不如意的地方。辛酉政变后，他本以为能中兴王朝，干出一番事业来。尽管表面上办了洋务，中外和睦，造了轮船，也有中国人会说洋话了，但是按照洋务大将李鸿章的话来说，都不过是"纸糊"的把戏而已，并没有达到富国强兵的作用。内忧外患在奕訢主政后期表现出来，而奕訢又遇到了慈禧太后这么一位比他更有手腕的政治家，屡屡失利，难免政治态度消极起来。

年纪大了，身体也不太好，虽然还是领班军机大臣，奕訢处理政务不像以前那么勤勉了。1884 年中法战争爆发，奕訢经常缺席军机处会议，遭人诟病。奕訢的心态已经老化了，更主要的是他对中外战争已经失去信心。4 月 8 日，慈禧在奕譞的支持下突然发布懿旨，将以奕訢为首的军机处大臣全班罢免。这是慈禧继辛酉政变以后，发动的第二次宫廷政变，称"甲申易枢"。慈禧免去奕訢一切职务，让奕訢回家养病。但作为对他几十年从政的肯定，慈禧保留了奕䜣"世袭罔替"亲王的待遇，还赏食亲王双俸。 而换上来的奕劻、奕谟、世铎等人能力远不如奕䜣，只是对慈禧太后唯命是从而已。

奕䜣也不反击，平静地过起了退休生活，重拾笔墨，继续以诗书自娱。 比如他写道："纷纷扰扰起红埃，长夏闲居门不开。 心似蒙庄游物外，玑簪珠履愧非才。"一副居门不出、不问世事的样子。

有的时候七弟奕谟前来造访，奕䜣心存芥蒂。 后来奕谟经常前来，还带人到他家照相，奕䜣对照相渐渐入迷。 兄弟俩留下了许多单人照和合影，心里的疙瘩也化解了。 再后来，奕谟也在权力斗争中被慈禧弄了下来，也被安排"回家养病"了。 奕谟没有奕䜣那么好的修养，闷闷不乐，寡言少语的，最后憋出病来了。 奕䜣就写诗安慰奕谟："扰扰人间是与非，醉乡不去欲何归。 漫夸列鼎鸣钟贵，还得山家药笋肥。"

人生便是如此，不会总按照你的设想来走，而需要你去适应它的安排。 奕䜣把国事、家事和人生看得很开了，是是非非都动摇不了他的好心态。

光绪十七年（公元 1891 年），奕谟死了，同年与奕䜣共事二十多年的好友宝鋆也死了。 奕䜣受到了很大的打击。 四年后（公元 1895 年），打击接踵而来。 中国在甲午战争中输给了蕞尔小国日本。 新式海军全军覆没，标志着作为奕䜣主政时期主要政绩的洋务运动彻底失败。 更大的打击是，面临国家危亡，朝廷和慈禧要奕䜣再次出山，主持大局。 所谓的大局，就是向日本求和。 日本方面也传来消息，除非奕䜣或李鸿章出面，不然不以其他人为谈判对象。 奕䜣只能勉为其难，年过花甲再任领班军机大臣。

在任上，奕䜣支持李鸿章与日本谈判，同意割地赔款。 最后商定的中日《马关条约》内容之苛刻、对中国危害之巨大，举国哗然。 慈禧看到条约内容对国家伤害太大，又见群情激奋，对是否接受条约犹豫不决。 翁同龢等人主张拒绝批准条约，还为光绪帝拟定拒约的宣示稿。 最后，慈禧、光绪让军机大臣们去恭王府找奕䜣定夺和战大计。 奕訢认为中国已经没有再战的可能，劝光绪尽早批准条约。条约签订后，奕訢再次成为众矢之的，旋即去职。

光绪二十四年四月初十（公元 1898 年 5 月 29 日），恭亲王奕訢突然病死。 此时，维新变法的浪潮正席卷北京城，人们正在热议祖宗之法的变与不变，奕訢对人们来说似乎不过是一个过去年代的回响罢了。

珍妃井——晚清乱局和光绪皇帝的情感悲剧

「亲爸爸」慈禧

珍妃进宫

瀛台时光

"亲爸爸"慈禧

一

同治死后无嗣，光绪皇帝载湉并非皇位的有力竞争者，是伯母兼姨娘慈禧力排众议将他迎立为新皇帝的。当时，载湉只有 4 岁。

《翁同龢日记》记载诸王大臣对着同治皇帝的遗体哭灵完之后，都赶到养心殿朝见慈禧太后，商议新皇帝人选问题。慈禧太后询问："此后垂帘如何？"

两年前，同治皇帝就已经亲政了，两宫太后垂帘听政结束。现在慈禧不急着挑选皇帝却想自己垂帘，大臣中马上有人（疑为恭亲王奕訢）反对："宗社为重，请择贤而立，然后恳乞垂帘。"

慈禧太后就说："文宗（咸丰皇帝）无次子，今遭此变，若承嗣年长者，实不愿，须年幼者，乃可教育。现在一语既定，永无更移，我二人（指与慈安太后）同此一心，汝等敬听，则即宣曰醇亲王之子载湉。"在这里，慈禧以年幼者"乃可教育"为理由，不愿挑选年长宗室为皇帝，挑选了醇亲王奕譞的儿子载湉。奕譞是咸丰皇帝的七弟，娶了慈禧的妹妹生下了载湉。所以载湉既可算是慈禧的侄子又可算是慈禧的外甥，加上年纪很小，对想继续揽权的慈禧来说，无疑是继承皇位的最佳人选。

根据《慈禧外纪》记述，载湉不是第一选择，经过了一番讨论才被扶立为新君。当日养心殿内，两宫太后对面而坐，王大臣们跪在地上。同治死后，阿鲁特皇后正怀着身孕，她肚子里的胎儿应该是皇位的第一继承人。可是，慈禧首先发言否定了这个胎儿："皇后虽怀有身孕，不知何日诞生，皇位不能久悬，宜即议立嗣君。"

恭亲王奕訢反对："皇后诞生之期已近，应暂秘不发丧，如生皇子，自当嗣立。如所生为女，再立新帝不迟也。"

慈禧坚持说："现在南方尚未平定，如知朝廷无主，其事极险，恐致动摇国本。"

慈禧的意见也有道理。一旁的慈安太后就说："据我之意，恭王之子载澄可以继承大统。"

载澄为什么成为皇位的第二继承人了呢？因为和同治皇帝血缘最近的就是他的堂兄弟们，其中六叔奕訢的长子载澄又是堂兄弟中血缘最近的（载澄在宗法上是咸丰最大的侄子）。奕訢听说要立自己儿子为皇帝，连忙叩头逊谢，连说不敢——自古儿子当皇帝的，老子的日子都不好过，何况还有一个强权太后在那呢。

既然堂兄弟不行了，慈安太后又提出第三个选择，在同治的侄子辈中选择："在下一辈里，按序当立者为载治之子溥伦。"

载治是郡王衔贝勒，道光皇帝长子奕纬的儿子。他的儿子溥伦是同治皇帝侄子中最大的一个。载治听说要立自己的儿子为皇帝，也慌忙叩头，连说不敢。慈禧太后见慈安太后提出的人选都不符合自己心意，越说越远了，便亲自出马。她说载治是"过承子"否定了溥伦。原来，道光皇帝长子奕纬早死，没有儿子，载治是从远支亲属中过继而来的，宗法地位虽高，血缘却很远。

慈禧接着提出立奕譞之子载湉为皇帝，并明确说："宣即决定，不可再延误！"

奕訢闻听，冲着奕譞发火："立长一层，能全然不顾吗？"他的愤怒其实是说给慈禧听的。载湉无论是从宗法、从血缘、从年龄各方面考虑，都不是最佳人选。奕訢为国家考虑，觉得年长者为帝，对国家有利，所以反对立载湉为皇帝。

最后，御前会议投票表决新皇帝人选。结果3人赞成立载澄，7人赞成立溥伦，15人赞成立载湉。在慈禧的力挺下，载湉继承了皇位，成了光绪皇帝。

也许是吸取和亲生儿子同治皇帝母子不和的教训，慈禧太后倾注了不少心血来抚育教导4岁的光绪皇帝。光绪的穿衣、吃饭、洗澡、睡觉等生活琐事，慈禧都亲自过问，甚至亲力亲为。据说光绪的肚脐有病，慈禧就每天给他擦身子，衣服也要一天三换；光绪的身体虚弱，慈禧命令御膳房要注意伙食，荤素搭配，每天必须变换花样，少食多餐。光绪从小胆子小，怕雷怕闪电，每当这个时候，他总会钻进慈禧的怀里。这个时候，慈禧也会紧紧地搂着他，拍他入睡。这些母爱，慈禧甚至都没给过亲生儿子同治。

慈禧将光绪看做是自己的亲生儿子，让光绪喊自己"亲爸爸"。

现代心理学告诉我们，一个人对另外一个人关心照顾越多，对他的期望值就越高，相反期望不能满足时的失望也就越大。

二

光绪十三年（公元 1887 年），光绪皇帝 17 岁了，应该娶妻成亲，也可以亲政了。

和同治时代一样，慈禧开始操办小皇帝的婚事。经过一番挑选，有 5 个女孩子进入最终的角逐，分别是：慈禧的侄女、副都统桂祥的女儿叶赫那拉氏，江西巡抚德馨的两个女儿，礼部左侍郎长叙的两个女儿。

5 个女孩子全被叫到殿上来，由光绪皇帝亲自挑选。慈禧和一群贵妇坐在后面。慈禧把一柄玉如意交到光绪手中，说："皇帝看谁中选，你自己决定。谁被你选中皇后就授给玉如意。"光绪皇帝推托说："这件大事当由皇爸爸（指慈禧）做主。子臣做不了主。"慈禧很大度地让光绪自己做主，毕竟这是他的终身大事。于是，光绪就拿着玉如意，上前端详起 5 个女孩子来。他看中了德馨的一个女儿，在她面前停了下来，想把玉如意给她。突然，背后传来慈禧太后低沉而有威严的喝声："皇帝！"光绪皇帝一惊，顿时明白了慈禧的真实意思。她是要光绪"自由"地执行她的意志。无奈，光绪只好把玉如意递给了慈禧的侄女、自己的表姐叶赫那拉氏。

慈禧对光绪所有的关爱，在选后这件事情上表现得清清楚楚。她的关爱是有目的的，就是要求光绪按照她的意思行事。慈禧想用关爱来培养一个俯首帖耳的皇帝。这是她和光绪日后矛盾爆发的根本原因。

光绪把玉如意递给叶赫那拉氏后，慈禧为防再出现差错，便宣布立桂祥的女儿叶赫那拉氏为皇后，也就是日后的隆裕皇后。 长叙的15岁和13岁大的两个女儿分别被选为瑾嫔和珍嫔，德馨的两个女儿被礼送出宫。 有一种说法是选后前，长叙家贿赂了总管太监李莲英万两白银，希望李莲英能够做些手脚，让自己两个女儿中的一个被选为皇后。 李莲英知道慈禧的真实意思，觉得让长叙的女儿为皇后难以做到，退求其次，对慈禧进言，让长叙的两个女儿都留在宫中做了嫔妃作为补偿。 而德馨既没有背景又事先没有活动，两个女儿只能双双出宫了。

婚姻不能自主，对光绪皇帝的打击很大。 身为皇帝，却不能选择自己心爱的女子。 况且当时光绪正踌躇满志准备亲政，不想遭遇了人生大事的挫折，心里委屈懊恼极了。 慈禧指定给他的隆裕皇后比他大3岁。 表姐弟俩从小就在一起玩，光绪对表姐有好感，却从未想过要娶她为妻。 隆裕皇后事后曾对弟弟德锡透露：当时在洞房里，心情坏到极点的光绪一下扑在表姐隆裕的怀里，号啕大哭，并对隆裕说："姐姐，我永远敬重你，可是你看，我多为难啊！"慈禧让光绪多亲近皇后，光绪偏偏就没有兴趣。

其实隆裕也很为难。 她同样没有想到要和表弟结婚，她也是被慈禧指定为皇后的。 但是隆裕在传统礼教中长大，思想保守，性格懦弱，咬咬牙接受了现实。 德锡说："偏偏隆裕皇后是一个旧时代的女人，学的是贤淑之道，欠缺的是政治远见，比起珍妃来就差得更多了。 这样一来，老太后不但没促成光绪和隆裕，反而更让光绪冷落了隆裕。"

和同治的情况一样，慈禧的乱点鸳鸯谱又造成了一对男女的悲剧。 光绪和隆裕这对夫妻生活得很不快乐。

珍妃进宫

一

让光绪皇帝惊喜的是，慈禧太后指定给他的珍嫔是个青春活泼的小姑娘，他很喜欢。

珍嫔入宫的时候只有 13 岁，青春可爱，活泼好动，人也聪明，常常笑声不断。 紫禁城里的人们都喜欢她，毕竟在深宫高墙内的笑声已经是久违了。

光绪皇帝成长和生活的环境很压抑，珍嫔像天使一样给他带来大自然的清新之风，能让他在烦恼的时候开怀大笑，能拉着他在平常之中寻找到乐子。 光绪皇帝禁不住经常去找珍嫔。

就连慈禧太后，也对珍嫔这个小丫头有好感。 "老太后在接触中也发现珍妃的确是一个非常聪明漂亮的人，一时之间，好像找到了自己年轻时候的影子，因此，她也非常喜欢珍妃，并愿意接近珍妃。"当然，慈禧的喜欢不是无缘无故的，也不是"免费"的，她对珍嫔的认可和喜欢是有条件的。 那就是她希望珍嫔站在自己一边，利用光绪对她的喜欢去影响光绪，让光绪在思想上、行动上和太后保持一致。 慈禧希望珍嫔能够为己所用，进而影响光绪也为己所用。

但是慈禧忽视了一点前提条件： 年轻的珍嫔是否和自己同心同德呢？

珍嫔和慈禧年纪相差很大，思想性情也大不一样。 她还是一个不懂事的小孩子，不明白宫中复杂的权力布局，只是想让自己的宫廷生活过得有滋有味。 她把宫外的照相机等新玩意引进了宫廷，又喜欢女扮男装，曾经装扮成太监逗光绪皇帝玩。 对慈禧的潜在意思和宫廷许多潜规则，珍嫔都领会不了，更不用说执行了。 慈禧和她的关系慢慢地就疏远了，且开始紧张起来。 德锡说："其实只是一件事情，让两个人闹得比较僵，就是：老太后说珍妃不守妇道。因为珍妃当时通过关系从外国人的手里买了相机，在宫里随便照相，并且穿的衣服在当时来说是失了体面的。另外一个原因是当时老太后还没有认识到照相机的作用，认为是妖术、邪术，所以就很反对这些东西在皇族中使用，但即使是这样，在当时的一些大臣家里还是藏有相机。再一个让老太后比较反感的事情就是珍妃喜欢穿着男服在宫里走动，这让老太后认为是给皇家丢了脸面。其实珍妃是一个很开朗大方的女人，有点大大咧咧的。但是当时的宫廷是非常严谨的，从来没出现过这种情况。所以，她们之间还是产生了隔阂。"

珍嫔自身有许多毛病，除了年轻不懂事、贪玩外，还花钱大手大脚。她出身满族世代权贵人家，锦衣玉食，讲排场惯了，进宫后也是用度无计，对太监、宫女时有赏赐，花钱如流水。清朝给后宫妃子们发的"例钱"（也就是工资），珍嫔早早就花光了，暗中靠向姐姐瑾嫔借贷和吃老本过日子。有的时候，光绪皇帝也塞给珍嫔一点钱财，但很快也花完了。甲午战争期间，巨大的战争成本压得清朝和光绪喘不过气来。后宫以身作则，带头缩减开支，共度国难。这可把珍嫔给难倒了。珍嫔从小在富贵人家长大，不知道"节约"为何物。本来日子就紧巴巴的，现在缩减开支，珍嫔的日子完全过不下去了。内心失去平衡开始骄纵的珍嫔失去了理智，决定搞创收——卖官。

珍嫔的能力着实不错，很快就组成了一条"买官—卖官"的产业链。堂兄志锐负责抛头露面，联络买主，提供商品；珍嫔负责给光绪吹枕边风，塞条子请托。珍嫔还勾结奏事处太监，掌握人事消息，又拉拢住所景仁宫的太监上传下达。买卖的官职也从县官逐步上升为道台知府，利润可观。珍嫔拿大头，其余由各个环节人等分配。看着源源不断而来的钱财，珍嫔可以在紧缩银根的背景下大把花钱了。她很喜欢享受这样的生活。光绪依然宠幸珍嫔，只当爱妃开始关心朝政了，没有其他的想法。最后珍嫔卖官成了后宫半公开的秘密，蔓延到社会上，引起了不小的骚动。

19世纪末期，民间报纸和笔记闲书流行，为我们记下了不少珍嫔卖官的趣闻轶事。

江苏苏松太道道台的位置很重要。它名义上是管理苏州、松江两府和太仓州的道台，但驻扎在最先开放、迅速发展的大上海，兼管上海海关事务，俗称"上海道"。这个职位虽肥但职责重大，牵动东南，因此官员们虽然内心垂涎却不敢贸然请任。有个叫鲁伯阳的富豪，见上海道台出缺，就给珍嫔塞钱，想得到这个肥缺。光绪看到珍嫔请求任命鲁伯阳为上海道台的条子后，批准了，转给军机处。军机处的各位大人浸淫官场几十年，人脉极广，可就是没有听说过鲁伯阳这个人，查阅所有具备相关任职资格人员的档案也没有此人，只好不耻下问，询问朝中大臣。满朝大臣都不知道鲁伯阳是何方神圣。军机处只好回报光绪皇帝，不知鲁伯阳为何人，请皇上明示。光绪皇帝只见过珍嫔递的条子，他也不知道鲁伯阳为何许人也，就说你们去吏部查查天下所有官员的资料，我也不知道他是谁。当时礼亲王是首席军机大臣，听光绪这么一说，明白了。皇帝都不知道鲁伯阳是谁，却直接任命他为官，一准是走后门的暴发户，翻遍吏部档案也不会有这个人的。礼亲王聪明，回答说，既然皇上恩准特任了，就不用查了，发布委任状吧。

珍嫔卖官事件中最出格的一次是任命一个叫做玉铭的人担任四川盐法道。地方主官赴任前要进宫"陛见"，接受光绪皇帝的询问、告诫和慰勉。光绪一"关怀"就出事了。他先问玉铭的履历："你以前在哪个衙门任职啊？"光绪这是问他之前的官职。玉铭没当过官，又不会说话，张嘴回答："回皇上，奴才在木器厂当差。"话一出口，朝堂上的大臣们都乐了，原来又是一个"特任"官员啊。光绪脸上也挂不住了，叫玉铭将履历详细写来。玉铭就拿着纸张笔墨，跪到殿门外面写去了。问题是玉铭压根儿就不识字，玉铭不识字但是有钱，想买个官光宗耀祖，珍嫔和她兄弟也没细问就收钱了。谁想还要当着满堂文武的面写字啊？过了好大一会儿时间，光绪问怎么还没把履历交上来啊，太监出去一看，玉铭跪在地上，汗流浃背，只在纸张上画了歪歪扭扭几条杠。 新任四川盐法道竟然不识字！ 消息传出，舆论哗然。

于是就有大臣弹奏珍嫔卖官鬻爵了，还有人把消息捅到了慈禧太后那里。 此时的慈禧刚刚"归政"光绪没多久，对光绪掌权不放心，现在丑闻爆发，慈禧也爆发了。 她当众拷问珍嫔，从其住处搜获记有卖官收入的账本。 之前，慈禧对珍嫔已经没有了好感，现在卖官一事让慈禧厌恶起了珍嫔这个恃宠挥霍、干涉朝政的后妃。 据说，性情倔强的珍嫔和慈禧发生了激烈的言语冲撞。 慈禧说她干预朝政，她就反唇相讥，说就慈禧"没有"干政。 慈禧勃然大怒，将珍嫔"褫衣廷杖"，也就是扒去衣服当众杖打。 这次惩罚很重，珍嫔先是"人事不省，六脉沉伏不见，抽搐气闭、牙关紧急"，后来"周身筋脉颤动、痰中带血"，经过二十多天卧床休息和治疗才痊愈。

这是光绪二十年（公元 1894 年）10 月月底的事情。 之前珍嫔因为慈禧六十大寿已经升为珍妃，没当几天就被慈禧太后降为贵人，姐姐瑾妃也受连累，被降为贵人。 珍妃手下的太监数十人，有的被发配充军，有的被秘密处死，有的被立毙杖下，就连伺候珍妃的宫女也被驱逐出宫。

经过这件事后，慈禧与珍妃的关系决裂了。 珍妃在后宫的日子很难过，经常受到慈禧的责骂。 德锡在晚清宫中担任侍卫，回忆说，在这种情况下珍妃曾经怀过孩子。 但是就在珍妃怀孕大约三个月的时候，她与慈禧之间的关系变得更加不好了，还产生了比较大的冲突。 珍妃顶撞了慈禧，于是慈禧就派人打了珍妃，光绪一看情况不好，马上给慈禧跪下，并且告诉慈禧，珍妃已经怀孕了。 这让慈禧接受不了。 因为当年慈禧把隆裕嫁给光绪的时候，她的期望值是非常高的，据说还在懿旨中讲明： 他们的儿子就是将来皇位的继承人。 慈禧希望以此"把大清皇帝的血统与自己家族叶赫那拉氏紧紧联系在一起"。 后来，慈禧通过一些手段让珍妃流产了。 婆媳两人的关系就更差了。

1898 年，戊戌变法失败后，光绪皇帝被幽禁于中南海瀛台；珍妃也被幽闭于宫西二长街百子门内牢院。 很多人认为珍妃被打入冷宫，是因为她支持光绪维新变法，与擅权专政的慈禧太后产生了直接矛盾。 珍妃有个弟弟叫志锜，在戊戌变法期间和维新派关系密切，也有"尝侦宫中密事，输告新党"的记载。 但说珍妃在遭到慈禧惩处的情况下依然参与变法，则缺乏证据。 很可能是慈禧镇压了维新变法之后，顺带着把讨厌的珍妃打入了冷宫。

二

1900 年，八国联军兵临北京城下。 慈禧携带光绪仓促西逃。 临行前，紫禁城乐寿堂前的井盖被打开，珍妃掉到井里死了，时年 26 岁。 这就是"珍妃落井事件"。

在细节上，珍妃落井疑问重重。 首先，凶手是谁？ 有人说是李莲英推珍妃入井，有人说是太监崔玉贵推的，有人说是珍妃被逼自己跳入井中的。 多数人认为不管谁是直接凶手，慈禧肯定是幕后的黑手。 不过德锡为自己的姑姑慈禧辩解说："（慈禧和珍妃关系不好）但是隔阂归隔阂，老太后要杀珍妃的心却没有。"他觉得这是一桩突发事件。

第二，珍妃为什么会被推入井中杀掉，难道仅仅是慈禧先前对她的恶感，还是另有原因？ 清宫末代大太监小德张过继的孙子张仲忱在《我的祖父小德张》中说慈禧挟光绪西逃之时，珍妃正患天花，病卧在床。 珍妃恳求放归娘家养病。 但这与宫中礼制不合，慈禧遂逼迫珍妃投井自尽。 这又是一个珍妃掉井的版本。

第三，珍妃临死前有什么言行？ 许多材料提到珍妃反对慈禧裹胁光绪西逃，认为西方对光绪皇帝友善，能够接受光绪皇帝。 在国破之际，光绪皇帝应该留在北京主持残局。 这恰恰打中了慈禧的软肋： 西方接受光绪不接受我慈禧，我留光绪在北京不是自弃权力，让光绪掌权吗？ 这可能导致慈禧下定决心要处死珍妃。 那么，珍妃在死前有无抗辩，有没有提议光绪帝留在北京收拾残局？

最后，光绪皇帝有无在场呢？

我们先来看看隆裕皇后是怎么说的。 民间流传隆裕皇后和珍妃的关系很不好。 因为珍妃得宠，也因为珍妃很聪明，把宫里的典礼礼节学得很好，而隆裕皇后却老出错，结果许多宫中典礼只好由珍妃代替皇后来主持。 这些都引起了隆裕皇后的忌恨。

隆裕说："很多人都说是我嫉妒告她黑状，所以老太后派人把她推到井里去了。 其实事情是这样的： 当时与八国联军战败后，洋人军队打到了北京。 于是在完全没有取胜希望的情况下，老太后西行。 当时的情况非常紧急，因为谁也不清楚这帮洋人最后会干什么？ 会不会像烧圆明园那样，把紫禁城也烧了。 当然西行带不了那么多人，因为人多了就会成为负担。 但是因为当时光绪是皇帝，而我是皇后，同时又是老太后的亲侄女，要带也只能带我和皇上走。而其他的一些亲属就地回娘家躲避，妃子们也不例外。 可是当时的珍妃非常气盛，不服从老太后的指挥，并当场顶撞了老太后。 在那个紧急时刻，珍妃一直对老太后说： '我是光绪的妻子，我要跟着去。 您有偏见，皇后是您的侄女，所以您带她走。 所以我也请求您带我走。'这就让老太后非常难堪，带走一个珍妃，就必须带走瑾妃，还有其他的一些人，所以要开这个口子很难，加上洋人已经打到北京了，再不走就来不及了。 于是老太后当时非常不高兴，认为珍妃根本不识大体。"

"从另外一层上讲，本来老太后就对珍妃平日的作为有点不高兴，再加上这紧急时刻的顶撞，老太后气得脸色发白，直打哆嗦。在皇宫里，大清朝几百年来从来没有人敢于这么顶撞太后，即便是皇上都从来没有过，何况一个珍妃。 老太后也是一个非常要脸面的人，所以气得当时抬脚就走，珍妃一直跟着老太后说自己的理由，于是就来到了距离珍妃住所不远处。 珍妃这时候还不死心，对太后说： '我是光绪的妻子，就要跟皇上在一起，不在一起，宁愿死。活着是皇家人，死了是皇家鬼。'老太后一听，就更加生气，本来火烧眉毛的事情，哪还有时间吵架啊，于是就对珍妃说： '你愿意死就死去吧！'当时说话的地方不远处就有一眼井，于是珍妃紧走两步，说：'那既然这样，我就死给你看。'于是直接就奔井口去了。 老太后一看情况不对，这孩子跟我顶撞两句，怎么还真的去死啊！ 于是对崔玉贵说：'赶紧去拉住她。'但是这个时候已经晚了，当崔玉贵跑过去的时候，珍妃已经跳下去了。 老太后一看没办法了，内忧外患啊，于是没来得及管她，就走了。"

按照隆裕的说法，珍妃坚持要随太后皇帝一起逃难，慈禧不允许，两人发生了激烈争吵，说了过火的话。 最后珍妃自己跳井了，慈禧让崔玉贵去拉，结果没拉住。 事后，慈禧将珍妃的死归罪于崔玉贵。 德锡家的人证实，崔玉贵一度被赶出宫来，无处容身，被桂祥家收留了几年，最后慈禧松口，崔玉贵才回到宫中。

但是根据慈禧身边宫女和太监们的回忆，勾勒出来的珍妃落井的经过，却和隆裕的讲述大不一样。 伺候过慈禧的一个何姓宫女的相关回忆是：

逃跑是光绪二十六年（公元 1900 年），即庚子年的 7 月 21 日。头一天的下午，老太后在乐寿堂屋里睡午觉。 我和往常一样，陪伴在寝宫里，背靠西墙，坐在砖地上，面对着门口。 这是侍寝的规矩。 突然，老太后坐起来了，撩开帐子。 平常撩帐子的事是侍女干的。 那天很意外，吓了我一跳。 老太后匆匆洗完脸，一声没吩咐，竟自己走出了乐寿堂。 我们跟随老太后走到西廊子中间，老太后说："你们不用伺候。"这是老太后午睡醒来的第一句话。 我们眼看着老太后自个儿往北走，进了颐和轩。 大约有半个多时辰，老太后从颐和轩出来，铁青着脸皮，一句话也不说。 我们是在廊子上迎老太后回来的。 晚上便有人偷偷地传说，老太后赐死珍妃，让人把珍妃推到井里了。 我们更不能多说一句话。

珍妃落井当日守卫乐寿堂的太监唐冠卿的回忆是：

联军入京，崔玉贵率快枪队四十人守蹈和门，予亦率四十人守乐寿堂。时甫过午，予在后门休息，突觇慈禧后自内出，身后并无人随侍，私揣将赴颐和轩，遂趋前扶持。乃至乐寿堂后，后竟循西廊行，予颇惊愕，启曰："老佛爷何处去？"曰："汝勿须问，随予行可也。"及抵角门转弯处，遽曰："汝可在颐和轩廊上守候，如有人窥视，枪击勿恤。"予方骇异间，崔玉贵来，扶后出角门西去，窃意将或殉难也，然亦未敢启问。少顷，闻珍妃至，请安毕，并祝老祖宗吉祥。后曰："现在还成话么，义和拳捣乱，洋人进京，怎么办呢？"继语音渐微，哝哝莫辨，忽闻大声曰："我们娘儿们跳井吧！"妃哭求恩典，且云未犯重大罪名。后曰："不管有无罪名，难道留我们遭洋人毒手么？你先下去，我也下去。"妃叩首哀恳。旋闻后呼玉贵。贵谓妃曰："请主儿遵旨吧！"妃曰："汝何亦逼我耶！"贵曰："主儿下去，我还下去呢！"妃怒曰："汝不配！"予聆至此，已木立神痴，不知所措。忽闻后疾呼曰："把她扔下去吧！"遂有挣扭之声，继而怦然一响，想妃已坠井矣。斯时光绪帝居养心殿，尚未知之也。

何姓宫女和唐冠卿虽然没有目睹，但旁听了慈禧、珍妃、崔玉贵三人的对话和珍妃落井的声音。两人的回忆相互印证，加上何姓宫女还说民国初年崔玉贵亲口讲述了处死珍妃的经过，与唐冠卿所讲的基本一致。因此，慈禧让崔玉贵杀死珍妃的事实被许多人采信。

1901年，慈禧带着光绪返京。珍妃尸体从井中被打捞上来，清廷追封她为珍贵妃。追封珍贵妃的谕旨说："上年京师之变，仓猝之中，珍妃扈从不及，即于宫中殉难，洵属书烈可嘉，恩著追赠贵妃位号，以是褒恤。"在这里，慈禧掩饰了自己杀害珍妃的罪行，将珍妃之死说成来不及逃跑，在宫中"殉难"，给人的印象是珍妃国难当头以身殉国。珍妃因为"贞烈殉节"，所以晋升为贵妃。这是传统后宫政治话语体系下的逻辑。

珍妃最初葬在阜成门外恩济庄的宫女墓地，名实不符，也可以看出慈禧对她的真实态度。民国二年（公元1913年），珍妃的姐姐瑾妃熬出了头，成了端康皇太妃。她主持将珍妃迁葬光绪景陵妃嫔园寝，并修建了一个小灵堂供珍妃的牌位。灵堂上悬挂有"精卫通诚"的匾额，颂扬珍妃对光绪的一片真情。这又是传统后宫政治话语体系下的评价。

瀛台时光

一

慈禧镇压戊戌变法是她和光绪皇帝关系恶化的转折点。 之前，慈禧虽然对光绪的行动有所掣肘，有所约束，但光绪多数时候可以自由施政，自由度相当大。 两人的关系也和和气气。 之后，光绪被软禁在瀛台至死，慈禧重新走回前台发号施令。

瀛台位于北京三海之南海，四面环水，北面一桥相通，主体建筑是涵元殿。 涵元殿原本是皇室游览、避暑的胜地，1898 年 9 月后则成了光绪的囚禁地。 慈禧派来的太监日夜监视着光绪帝。 每天，光绪只有在上早朝的时候，才能被太监看押着走出瀛台。 早朝时，光绪呆坐无语，散朝后再被押回瀛台。

是什么导致慈禧和光绪关系急转直下的呢？ 之前的说法是光绪任用康有为等人，推行的改革侵犯了慈禧为首的"后党"的权力。而康有为等人举止失措，在改革面临被扼杀的时候竟然要"围园捕后"（发兵围困颐和园，捉拿慈禧太后），激发了后党的镇压。 "围园捕后"并非光绪的意思，却让慈禧误解为是光绪不忠不孝的恶行。这实在是变法期间光绪和慈禧缺乏沟通交流所致。 慈禧太后发动政变后，斥责光绪道："我抚养汝二十余年，乃听小人之言谋我乎？"光绪跪地浑身颤抖，良久才嗫嚅道："我无此意。"慈禧大骂："痴儿，今日无我，明日安有汝乎？"没有慈禧，可有光绪？ 这一句话，就注定光绪的维新变法不能绕开慈禧。

不主张变法的陈夔龙说："光绪戊戌政变，言人人殊，实则孝钦（指慈禧）并无仇视新法之意，徒以利害切身，一闻警告，即刻由淀园还京。"慈禧也认识到清朝应该改革图强，开始也支持光绪的举措，可当康有为等人要侵夺她的权利，特别是听说要抓她时，就发动政变了。

支持变法的维新党人王照则说："戊戌之变，外人或误会为慈禧反对变法，其实慈禧但知权力，绝无政见，纯为家务之争，故以余人之见，若奉之以变法之名，使得公然出头，则皇上之志可由屈而伸，久而顽固大臣皆无能为也。"王照的关键认识是改革也是慈禧和光绪的"家务事"。康有为怂恿光绪处处出头、事事独断，让慈禧心里厌恶。如果事事奉慈禧之名进行，维新变法可能就是另一种结局了。王照"亦屡向南海劝以此旨，而南海为张荫桓所蔽，坚持扶此抑彼之策，以那拉氏为不可造就之物"。康有为党人对慈禧的仇视和忽视，导致了变法运动的失败，也造就了光绪的个人悲剧。

<h2 style="text-align:center">二</h2>

与光绪开始瀛台囚禁生活相始终的是有关光绪"龙体欠安"的消息。

光绪的身体不好，这是事实。当时有人希望光绪的身体越来越差，最好是能够早死。这些人包括在变法中被光绪处置的人、依附慈禧发动政变的人、囚禁光绪的人和觊觎皇位的人，等等。尤其是光绪的年纪比慈禧年轻很多，一旦慈禧死了，光绪就能够名正言顺地走出瀛台，处理朝政，处理那些敌人了。所以，光绪的病情在1898年之后成了朝野谈论的焦点。御医们忙着给瀛台的光绪看病，御医不够还向天下征集名医。朝廷公布光绪的病情越严重，反对慈禧的人就越觉得这是慈禧一党的阴谋。

与光绪病情相呼应的是，慈禧开始紧锣密鼓地给不到30岁的光绪挑选继承人了。

从感情上来说，慈禧实在是对光绪太失望了。她在光绪身上倾注了大量心血和关爱，希望光绪能够延续自己的政治理念治理好国家，想不到光绪竟然信任康有为等人要捉拿自己，置自己于死地。她对光绪绝望了，决心找人替换光绪。所谓的"继承人"是幌子，慈禧估计先挑选着，等待时机成熟就把光绪换下马来。慈禧的这个主意，立刻在反对光绪的人群中迎来了喝彩声。

1900 年 1 月 24 日，清廷发布上谕，宣布立端郡王载漪之子溥儁为"大阿哥"。

这个载漪，没有任何过人之处，慈禧也不太喜欢他。可载漪的妻子是桂祥之女、隆裕皇后的姐姐，也就是是慈禧的侄女。载漪的妻子常常围着慈禧，讨慈禧欢心。慈禧就选定了她的儿子，也就是自己的侄外孙溥儁来替代光绪——慈禧挑选皇帝的标准看起来很固定，主要是两条：第一必须是叶赫那拉家的孩子；第二必须年幼无知。那个溥儁年纪就很小。你想光绪都不到 30 岁，溥儁又是光绪的侄子兼继子，能力有多大啊。这个溥儁进宫"不乐读书"，整天就和太监们玩要，最喜欢做的事情是打水漂。

慈禧试探性的举动，本想看看外界对可能废黜光绪的反应，不料引起了轩然大波。

首先是列强明确反对废黜光绪。光绪皇帝励精图治、变法自新的形象很得西方列强的喜欢。加上康有为等人在外国一个劲儿地"保皇"保光绪，使得列强都反对慈禧废黜光绪。当然了，他们主要是怕中国皇帝更替导致政局不稳，危害到他们的在华利益。其次，地方督抚也反对废黜光绪皇帝。他们也觉得光绪皇帝没什么过错，突然废立皇帝容易引起人心不稳，地方难治。

宫廷不是不断传出光绪皇帝病重的消息嘛，不是向地方征求名医嘛，西方列强就照会中国政府，要求派西医替光绪诊治。慈禧没料到洋人来这一招，百般不愿，可又没法拒绝。最后，庆亲王奕劻出面安排了法国使馆的德对福医生为光绪诊视。洋人公布的诊视结果是光绪确实有病，比如腰痛、遗精、呕吐等，但身体基本情况良好，饮食、运动都很正常，并非"病重"。据此，列强照会清朝现阶段只承认光绪是中国的皇帝，不以其他人为交涉对象。

这下，算是把慈禧太后废黜光绪的路给堵死了。慈禧受此挫折，把和洋人的新仇旧恨都联系起来，恨死了列强。刚好当年直隶山东地区兴起的义和团"扶清灭洋"，说到了慈禧的心里去。列强要求清朝镇压义和团，慈禧置之不理，还扶持义和团运动，希望给洋人看看厉害。就此，慈禧与洋人的矛盾激化了。随着义和团杀洋人烧教堂，列强在华利益受到极大侵害，最终派兵来华保护。在天津大沽口，列强联军和清军开战了。慈禧不知道从哪里得到了洋人的"照会"。"照会"要求慈禧归政光绪、惩办对外强硬分子、允许列强驻军，等等。慈禧失去判断，向十一国列强宣战，引发了八国联军侵华战争。

战争的结果是北京城第二次被列强联军攻陷，慈禧第二次逃亡。

1900年8月14日，八国联军进攻北京了。慈禧如坐针毡，不知如何是好。突然，载澜慌慌张张冲入宫内，急喊："夷兵已入内城，要攻打东华门了！"慈禧大惊失色，沉静片刻慌忙穿上太后宫服，想投水自尽。载澜忙拦住太后，跪奏："不如且避之，徐为后计。"慈禧想了想，脱去太后宫服，改穿普通农妇的青衣，脸也不洗、头发凌乱，打扮成逃难模样，带上若干侍卫宫人出宫，向西北方向逃去。光绪穿着一件黑纱长衫和黑布长裙，被太监从瀛台带出，随慈禧逃亡。之前，珍妃被推入井中，死了。

慈禧此次逃亡狼狈异常，一路狂奔连续饿了两天，蓬头垢面的，最后才在路上看到穿着肮脏官服的怀来县知县吴永赶来迎驾。慈禧太后竟然对着一个知县，一把鼻涕一把泪地哭诉："连日奔走，不得饮食，又冷又饿。途中口渴，命太监取水，井内竟有死尸。不得已，采秫秸秆与皇帝共嚼。夜里既无床铺，只好躲在凳子上。晨夜寒气透骨，难以忍耐。尔看我，全然一个乡姥姥。今至此已两日不得食，腹内殊馁，此间如有食物，赶快拿来。"吴永回答："此处本已准备了肴席，已被溃兵抢掠。还有煮好的三锅小米绿豆粥，也被抢食二锅。仅余一锅，因恐粗粝，未敢上进。"慈禧太后也不嫌弃，把小米绿豆粥喝得津津有味。

八国联军之乱是慈禧政治生涯最大的失败，而它很大程度上起源于慈禧和光绪的家庭矛盾。这场大乱的结果是清朝被迫接受《辛丑条约》，慈禧最担心列强要求惩治自己的结果没有出现。不过她和光绪的关系应列强的要求回复到了 1898 年的状态。溥儁被撤去大阿哥名号，迁出宫去，只领俸禄不得当差。溥儁之后无所事事，有人常见他在北京什刹海蒙右罗王府后面一带茶坊里喝茶，最后不知下落了。

转眼到了光绪三十四年（公元 1908 年）11 月 14 日。这一天上午，清朝宫廷又颁布一道征召良医上谕，称从去年入秋以来，直隶、两江、湖广、江苏、浙江各督抚先后保送了名医多人来京诊治光绪的疾病，却没有见效。光绪的病情反而加重了，"阴阳两亏，标本兼病，胸满胃逆，腰腿酸痛，饮食减少"，"夜不能寐，精神困惫，实难支持"。因此朝廷再次命令各省将军、督抚遴选名医，迅速保送来京候诊。这本是一道很寻常的上谕，可各省的督抚可能都还没看到这道上谕，光绪皇帝就在 14 日下午酉时（5 到 7 时）在瀛台涵元殿死了，终年 37 岁，无子嗣。上午发布的上谕就成了光绪皇帝的死亡预告书。

一天前（11 月 13 日）午后，也正在生病的慈禧太后在寝宫召见军机大臣之后，内阁即颁布两道上谕，第一是让醇亲王载沣之子溥仪进宫教养，第二是任命醇亲王载沣为摄政王。联系到第二天光绪的死，慈禧显然是在提前进行光绪死后的权力布局。难道慈禧她知道光绪会在第二天死亡吗？

更蹊跷的是，11 月 15 日午后未时（1 到 3 时），74 岁的慈禧太后也死了，离光绪皇帝的死还不到 20 小时。

人们很自然怀疑光绪的死是不是正常死亡，该不会是被慈禧或者其他人害死的吧？

除了两人死亡前后的蹊跷情形外，最大的怀疑就是慈禧死后光绪如果活着必然对许多人不利。1904 年，外间盛传慈禧太后病危。日本驻华公使内田康哉专门询问外务部侍郎伍廷芳：太后驾崩后，皇上命运会如何？伍廷芳婉转地向内田表示：太后驾崩便是皇上身上祸起之时，"今围绕皇太后之宫廷大臣，及监官等俱知太后驾崩即其终之时。于太后驾崩时，当会虑及自身安全而谋害皇上"。会不会是慈禧预感到自己来日不多，赶紧布置后事再把光绪杀掉呢？或者是袁世凯、李莲英等得罪过光绪的人，怕光绪在慈禧死后反攻倒算，赶在慈禧死之前先害死光绪呢？这些怀疑合乎情理，之前朝廷不断公布的光绪的病情可能就是阴谋的"伏笔"。

光绪和慈禧的病案和《起居注》保留了下来，大臣们的宫中日记等资料也留下来很多，通过对它们的解读，一个基本事实是：慈禧太后病重之后，一直"病病恹恹"了十年的光绪皇帝的病情急剧恶化。一些名医本以为入京为皇帝看病是名利双收的好事，来京后纷纷发出"不求有功但求无过"的感慨，有人暗示"此中情形复杂"。在光绪生命的最后十几天中，瀛台到底发生了什么？这是后人猜测的一大疑团。近年来，清史专家利用现代科技检测了光绪皇帝的遗骨和毛发，证明光绪皇帝是被砒霜毒死的。光绪被毒杀的基本事实清楚了，但凶手是谁呢？没有确切的结论。

如果是慈禧指使毒死的光绪，那么这简直是一场家庭人伦惨剧。

曾经伺候慈禧的宫廷女官德龄回忆说，光绪在瀛台的时候一直坚持学习外语，关注国内外时事。德龄离开清宫前，光绪私下告诉她"有意振兴中国"。可惜，光绪皇帝没有等来这样的机会。

三

光绪和"亲爸爸"慈禧一起走入了陵墓，隆裕皇后还得继续过着枯燥苦闷的宫廷生活。

在许多历史书中，隆裕的形象负面为主。而在隆裕的弟弟德锡眼中，姐姐是一个温良恭俭让、与世无争的好脾气的人："事实并不像人们想象的那样。隆裕虽然长相不如珍妃，但是并不像人们所说的那么坏。她在家时就对我们弟妹们很好，她很和善，样子有点忧郁，一点傲慢的意思都没有。后来进了宫，她就更加忧郁了。但是她还是对人很和善，别人觐见时向她问候或者致意，她总是以礼相待，从不多说一句话。老太后和光绪接见其他人时，隆裕也总是陪伴在场，但她坐的位置却与他们有一点距离。有时候她从外面走进老太后和光绪所在的大殿，便站在后面一个不显眼的地方，侍女站在她左右。 这个时候有人会给她让出位置来，但她还是不愿意在更多人面前说话。 她总是在别人不注意的时候，退出大殿或者到其他房中。 每到夏天，隆裕总是孤独地在侍女的陪伴下漫无目的地散步，她脸上常常带着和蔼安详的表情，她总是怕打扰别人，也从不插手任何事情。 到了冬天，她也是在身边宫女的陪伴下写写书法，或者做点其他事情。 就是这么一个与世无争的人，在死后人们还对她妄加指责，把老太后与珍妃的矛盾说成是她挑拨的，这是不对的。"（《我所知道的慈禧太后》）

德龄也对隆裕的印象很好："皇后总是话不多，每天早上她都是第一个到太后寝宫问安，并告诉我们怎么讨太后欢心。 一次太后早晨起来发脾气，她告诉我说只有我才能让太后情绪好起来，因为太后最喜欢我了。 我们吃完饭后到皇后那里去，她总是问我们吃好了吗？ 并且，会时常赏赐我们一些小东西。"

好脾气的隆裕的悲惨命运，肇因于慈禧"赐予"的婚姻。 慈禧让她走入了深宫大院，以为能给她带来幸福，却事与愿违。 光绪不喜欢隆裕，随着不断遭遇打击和挫折，他对皇后的态度也日渐恶劣。后期，隆裕和光绪过着事实分居的生活，几乎没有什么交流。

光绪被囚禁瀛台的时候，隆裕在瀛台陪伴着丈夫。 皇帝和皇后第一次也是唯一一次长时间相处在一起。 当时光绪的情绪很糟糕，夫妻俩当天晚上就打了一架。 隆裕就搬到了另外的一间房子去住。

"但隆裕想抚慰光绪心情的想法并没有变，在陪伴光绪的这段时间里，隆裕尽量不去想皇宫里发生的事情，仿佛除了瀛台，外边的任何纷争都与自己没有关系。 每天早上，隆裕照例要去问候光绪，并且陪着光绪一起吃早饭。 剩下的时间，隆裕让手下的太监们给她带来小蚕蛹，开始自己动手养蚕。 看着蚕从孵化开始，一直到吃桑叶、结蚕架，然后缫丝，隆裕日子倒也过得顺畅。 同时也离开了纷争，隆裕的心情大好。"

"当第一只小蚕宝宝出生时，隆裕兴奋得像个孩子，招呼光绪过来看她养的蚕宝宝。 光绪在瀛台没有什么事情可做，也在反思自己对待后宫的行为，对隆裕似乎也有了一些同情。 于是在隆裕招呼光绪看自己养的蚕宝宝时，光绪也非常惊奇，他没想到隆裕还有这么一手，对她的态度也渐渐好了起来。 后来，两个人就一起培育这些蚕。 当然光绪是不插手做这些事情的，只是在旁边不停地看，所有这一切，对于光绪来说，都是非常新鲜的。"（《我所知道的隆裕皇后》）

可惜的是，这样的好日子没过几年，光绪死了，隆裕从皇后变成了皇太后。

慈禧对死后的权力结构的设计类似于当年自己和恭亲王奕䜣叔嫂联合的样子，布置了隆裕和载沣共治的局面。 可隆裕没有慈禧的能力和手腕，载沣也不是奕䜣，隆裕和载沣的合作执政不到 3 年就走到了尽头。 清王朝风雨飘摇，南方革命党起义风起云涌，内部又是袁世凯的北洋势力在逼宫。 隆裕手忙脚乱，先是让载沣"回家休息"，把权力交给袁世凯，结果就面临是否终结清王朝的问题了。

1912 年 2 月 12 日，隆裕颁布了《清帝退位诏书》，亲手终结了中国的王朝政治。 这让隆裕永远刻在了史册之中。

埋葬王朝的压力让原本脆弱的隆裕难以承受。 她起居无常、饮食无节，常常在宫中没有目的地行走，饿了就随便吃点东西。 退位的第二年（民国二年，公元 1913 年）隆裕就病逝了，享年 45 岁。 隆裕死后，倍极哀荣。 民国政府隆重召开了全国国民哀悼会，参议院参议长吴景濂主祭，并恭读祭文，盛赞隆裕太后的逊位之德，以"尧舜禅让"之心赞同"共和之美"。

其实"共和之美"与隆裕何干？ 她只是一个大动荡大变革时代一个不幸福的皇后而已。

隆裕曾经对弟弟德锡谈了很多，其中有自我评价的内容："从进入这个皇宫起，我的心就一天也没踏实过。 说实话，我没进宫之前，就对皇宫没什么兴趣。 我是个与世无争的人，在皇宫里，恰恰是什么事情都会有人给你下绊子。 我以前就听说过老太后怎么在宫里与陷害她的人作斗争，在这些方面，老太后是个聪明人，所以她成功了。 别看后宫这些人举止端庄，可私底下心眼儿很坏，这一点我是知道的。 我想以我这样的性格，如果皇上喜欢，我可以生活得舒心一点；如果皇上不喜欢，那就是我的命不好了。 我知道，很多人质疑我的长相，可我当年也不输给其他人。 只是这种在夹缝里生存的日子实在难熬，放在任何人身上，都是非常难过的。 很多人都说皇上喜欢恪顺皇妃，不喜欢我。 也的确，入宫的时候，还是珍嫔恪顺年纪小，才 13 岁，而皇上也只有 17 岁。 都是小孩儿的心性，能玩在一起也不足为奇。 在宫里，我的岁数最大，所以我要举止得体，不能跟着珍嫔乱疯乱玩，这对于我来说是最基本的。 珍嫔可以穿男装逗皇上高兴，而如果我穿上男装跟皇上一起玩乐，这个皇宫成了什么？ 好歹我有这个位置，所以要有自己的尊严，这也是皇上不太喜欢我的主要原因吧。"

从咸丰和慈禧时代开始，经同治和阿鲁特皇后，再到光绪和隆裕，家庭生活都远远谈不上幸福。 看似无比尊贵的皇室，往往得不到幸福的家庭生活，这可能算是皇室的一大"特色"吧！

后记　中国历史的男尊女卑

感谢您阅读本书。

这是一本讲述中国古代政治人物的感情纠结、内心挣扎和情感经历，进而探讨政治和情感关系的通俗读物。

成功的政治人物（在历史上，他们通常是男的）往往不说一句废话，不做一件错事。但也有例外的时候，那就是当他们遇到令其怦然心动的女子。在心爱的女子和美妙的爱情面前，政治人物的智商仿佛直线下降，偏离一贯的稳重、进取、凌厉和成功。毕竟政治不是人生的全部，爱情也是人类生活的重要内容。如果说成功的政治人物有什么弱点的话，那么情感世界的致命邂逅、左右支拙就是他们的软肋。

因此，历史上的政治人物习惯于隐藏自己的感情。他们装出不食人间烟火的样子，几乎不谈及情感。同样，很少有史书记载传主的感情经历，如果难以避免，也只用寥寥数语一笔带过，或者用春秋笔法隐晦地分散在各处。前人越是隐瞒，原本可以说清楚的事情就越说不清楚了，后人就越有兴趣，想要探究个一清二楚。

于是，中国人就产生了一个有趣的心理现象：一方面对情感内容非常敏感，兴趣浓厚，八卦得很；一方面却紧绷着脸，不好意思也很少公开交谈这方面的内容。在中国历史上也顺带产生了一个突出的现象：由男性垄断的政治史将男女共同出演的感情史几乎挤压得干干净净，似乎中国历史主要就是政治斗争史外加经济发展、社会变迁、自然演变的合体。女性和男女感情被掩盖住了，埋没了。其实，人们的感情贯穿于人类历史的始终。

我们可以称之为中国历史上的"男明女暗"，男性主演的政治史是明的，女性主演的情感史是暗的；或者说它是中国"男尊女卑"观念在历史上的反映。 人类历史上，女性地位低于男性是不争的事实，不然为什么会在近代兴起男女平等的呼声呢？ 但像中国这样男尊女卑的国家并不多。 在西方，虽然女性地位也低于男性，可也没少出女皇帝、女国王和女性贵族。 君位空缺的时候，女性的继承权也得到承认。

当然，男尊女卑在中国帝制社会有一个发展的过程。 春秋的时候，女性的身影在政治舞台上还很多。 比如楚国的"绝缨大会"，楚庄王就让爱妃出来斟酒犒赏将领。 与之相关联的，男女关系也比较正常，人们比较宽容地对待男欢女爱。 比如刘邦年轻时风流成性，与情人曹氏生了私生子刘肥。 西汉建立后，曹氏的身份是公开的，朝野和嫔妃们都没有异议。 刘肥还被封为齐王。 到隋文帝的时候，独孤皇后还可以在宫殿外监视丈夫处理朝政，发现不对的地方就公开斥责皇帝丈夫。 这虽然是特例，也可证明女性在政治上还有相当的地位。

女性地位骤然降低恰恰是在隋唐时期。 武则天成了前无古人后无来者的女皇帝，之后女性就处处受到制度、道德各方面的束缚。 缠足、"三从四德"等陋习似乎也是在这一时期兴起的。 比如杨玉环独霸后宫——主要原因还是唐玄宗的宠爱，在享受盛唐丰裕的同时也遭到了前所未有的谴责。 人们把唐朝由盛而衰的原因归咎为杨玉环的媚主祸国。 杨玉环最后被愤怒的禁军士兵缢死了。 其实放在汉代，杨玉环的行为十分寻常，就是一个很普通的宠妃，连干预朝政都算不上——两汉时期的后妃可是公开走到前台干政，带动了外戚的兴起，发展为汉朝的政治"癌症"。

唐朝以后，女性被锁到了闺房之中，多读几本书认识几个字就被认为"失德"。 之后也在不得已的情况下出现过几个临朝听政的太后，不过前面都要垂张帘子。 因为男女大防，后妃的脸不能被大臣看到。 那时候，男人如果对一个女子的脸看了几眼就不得了。 你如果不娶那女子，人家就可能一辈子都嫁不出去了。 到明清时期，男尊女卑发展到了极致。 最后一个垂帘的慈禧太后铲除了政治对手，已经事实上把持朝政了，可是还需要大臣们讨论"太后临朝"的合法性。 拍马屁的人千方百计从故纸堆里搜索慈禧太后可以垂帘的证据和先例来。 这从侧面证明，大权在握的慈禧太后也受到了男尊女卑的束缚。

清朝灭亡后，慈禧遭到了一致谴责，不仅一般人大骂她，就是清朝的遗老遗少也指责慈禧干政是清朝灭亡的重要原因。 所有谴责者都有一个潜在的认识，女人当国本身就是国家不幸。 女子怎么可能治理好国家呢？ 有一个贬义成语专门形容女主当国："牝鸡司晨"。 古人认为公鸡报晓，母鸡下蛋，是各自的职责。 女主当国类似于母鸡来报晓，不管能不能把国家治理好，本身就是国家失调、政治不当的表现。

与之相对应，男女情感在公开场合消失了。 公开讨论男欢女爱被视为不道德的行为，男女恋爱只能暗中进行。 男女授受不亲，中医给女子诊脉都只能悬着线进行，青年男女示爱的难度就可想而知了。 门当户对、父母之命、媒妁之言，甚至被视为天经地义的"亲上加亲"等陋习，衍生了多少人间悲剧。 社会风俗的演变，缘起于政治领域的权衡取舍。 社会风俗强化后，又反作用于政治领域。 我们会发现，唐朝以后政治人物的"绯闻"随之骤然降低。先秦和汉朝时期的许多男女故事、感情纠纷，到唐宋以后几乎成了神话。

好在，我们还可以从正史、野史和前人的研究成果中搜索出若干中国政治人物的情感纠葛来，给帝国政治抹上一道鲜艳的玫瑰色。于是，就有了这本《帝国瑰色》。

本书的许多内容是人们耳熟能详、众说纷纭的历史谈资。 我只是做进一步的深入搜集、资料遴选和演绎讲述。 在写作过程中，我参考了部分文献资料的相关内容。 图书有马东玉著的《慈禧与恭亲王：正说清朝非常人物》（团结出版社 2009 年 9 月出版）、叶赫那拉·根正和郝晓辉著的《我所知道的慈禧太后：慈禧曾孙口述实录》（中国书店 2007 年 7 月出版）、叶赫那拉·根正和郝晓辉著的

《我所知道的末代皇后隆裕》（中国书店 2008 年 1 月出版）、徐广源著的《正说清朝十二后妃》（中华书局 2005 年 8 月出版）、林金树和高寿仙著的《天启皇帝大传》（中国社会出版社 2008 年 1 月出版）、吴蔚著的《帝国的神话》（陕西人民出版社 2008 年 11 月出版）、黎东方著的《细说清朝》（上海人民出版社 2002 年 10 月出版）、阎崇年著的《清宫疑案正解》（中华书局 2007 年 3 月 出版）等。 主要的参考文章有： 陈锡生的《江南往事——说不尽的西施》（载于《太湖》2009 年第 4 期）、顾希佳的《西施的传说、史实及其他》（载于《民间文化》1998 年第 1 期）、林华东的《西施辩》（载于《东南文化》1989 年第 3 期）、孙旭的《西施和潘金莲情欲撕裂的同一命运——兼论男权的操纵模式及运作机制》（载于《松辽学刊（哲学社会科学版）》2000 年第 5 期）、曾甘霖的《西施下落考》（载于《船山学刊》2009 年第 1 期）、许晖的《赵飞燕姐妹与汉嗣中绝》（载于《文明》2009 年第 1 期）、孟祥才的《扑朔迷离的赵飞燕姊妹谋杀皇子案》（载于《聊城师范学院学报（哲学社会科学版）》2000 年第 6 期）、叶辛的《陈圆圆其人》（载于《我生命的两极》，上海人民出版社 2004 年 4 月出版）、崔志海的《光绪皇帝和慈禧太后之死与美国政府的反应——兼论光绪死因》（载于《清史研究》2009 年第 3 期）等。

需要说明的是，本书选述的故事并没有囊括历史上所有的政治情感事件。 一些重大事件，比如凤仪亭上的吕布与貂蝉、出塞的王昭君等都没有收录进来。 原本《长恨歌》一章就没有收录，而是根据出版社的要求补写的。

最后要感谢所有为本书的诞生提供帮助和付出劳动的人们。 首先要感谢浙江大学出版社的黄宝忠老师、陈丽霞编辑和谢焕编辑。 他们的肯定和鼓励让我信心百倍，他们的宽容是本书完成的重要保证。 我要感谢浙江大学出版社为本书的编印发付出心血与汗水的同行们。 我还要感谢肯定本书并热心推荐的蔡元元、云岩涛、张玉霞等老师。 谢谢大家！

我要特别感谢唐琳娜。 我长期写作，唐琳娜给予了巨大的支持，并是我许多作品的第一读者。 本书不仅是我的创作，也是她的作品。

张 程

2009 年 12 月于朝阳水南庄

2010 年 10 月修改于朝阳水南庄

图书在版编目(CIP)数据

帝国瑰色：那些邂逅政治的红颜/张程著. —杭州：浙江
大学出版社，2011.1
ISBN 978-7-308-08114-6

Ⅰ.①帝… Ⅱ.①张… Ⅲ.①中国－古代史－通俗读物
Ⅳ.K209

中国版本图书馆 CIP 数据核字（2010）第 219424 号

帝国瑰色

张 程 著

责任编辑	陈丽霞 clixia@163.com	
出版发行	浙江大学出版社	
	（杭州市天目山路 148 号 邮政编码 310007）	
	（网址：http://www.zjupress.com）	
排 版	杭州大漠照排印刷有限公司	
印 刷	杭州杭新印务有限公司	
开 本	710mm×1000mm 1/16	
印 张	18.25	
字 数	254 千	
版 印 次	2011 年 1 月第 1 版 2011 年 1 月第 1 次印刷	
书 号	ISBN 978-7-308-08114-6	
定 价	38.00 元	

版权所有 翻印必究 印装差错 负责调换
浙江大学出版社发行部邮购电话（0571）88925591